Dr. Doris Eller-Berndl
Univ.-Prof. Dr. Erich Roth

Good by(e) Stress

Hilfe durch Präventivmedizin und Body-Mind-Thera…

VERLAGSHAUS DER ÄRZTE

Impressum

© Verlagshaus der Ärzte GmbH
Nibelungengasse 13
A-1010 Wien

www.aerzteverlagshaus.at

1. Auflage 2014

ISBN 978-3-99052-088-8

Umschlag & Satz: Grafikbüro Lisa Hahsler, 2232 Deutsch-Wagram
Umschlagillustration: Lisa Hahsler
Projektbetreuung: Hagen Schaub
Druck & Bindung: FINIDR, s.r.o., 73701 Český Těšín

Printed in Czech Republic

Sämtliche Angaben in diesem Buch erfolgen trotz sorgfältiger Bearbeitung und Kontrolle ohne Gewähr und müssen vom jeweiligen Anwender im Einzelfall anhand anderer Literaturstellen auf ihre Richtigkeit überprüft werden. Eine Haftung der Autoren oder des Verlages aus dem Inhalt dieses Werkes ist ausgeschlossen.

Aus Gründen der leichteren Lesbarkeit – vor allem in Hinblick auf die Vermeidung einer ausufernden Verwendung von Pronomen – haben wir uns dazu entschlossen, alle geschlechtsbezogenen Wörter nur in eingeschlechtlicher Form – der deutschen Sprache gemäß zumeist die männliche – zu verwenden. Selbstredend gelten alle Bezeichnungen gleichwertig für Frauen.

Vorwort

„Wenn etwas Schlechtes auf dich zukommt,
dann umarme es, als ob es etwas Gutes wäre."

Ein Enxet-Mann.

Die Enxet sind eine aus ca. 17.000 Personen bestehende indigene Gruppe im Regenwaldgebiet West-Paraguays

Die meisten Menschen in allen Kulturen dieser Welt sind bestrebt, Unglück zu vermeiden und wollen stattdessen möglichst oft, schnell oder für immer glücklich sein oder sich einfach nur wohlfühlen, im Einklang mit sich und ihrem Umfeld stehen. Dieses universelle Grundbedürfnis war, wie die Kulturgeschichte der Menschheit bezeugt, schon immer vorhanden, erreichte aber nie einen dermaßen hohen Grad an öffentlicher Artikulation und medialer Vermarktung: durch einschlägige Publikationen, Seminare, Filme. Keine Zeitschrift oder Tageszeitung, welche nicht „simple Tipps" für mehr Lebensfreude offeriert.

Wozu dann also noch ein weiterer „Glücks-Ratgeber"?

Weil der vorliegende Band gleichermaßen die neuesten Erkenntnisse von Medizin, Biochemie und Neurophysiologie mit alten und rezenten europäischen, asiatischen und indigenen Weisheiten über ein glückliches Leben verknüpft, Rankings von glücklichen Nationen mit kulturanthropologischen Studien kontrastiert, unterschiedliche wissenschaftliche Zugänge aufzeigt und so ein sehr umfassendes und profundes Bild über die Vielfalt an Szenarien und Repertoires zur Glücksmaximierung herzustellen vermag.

Wohlbefinden oder Glück, wie immer wir es nennen mögen, wird auf der individuellen, körperlichen Ebene erfahren (die dabei ablaufenden komplexen biochemischen und neurophysiologischen Prozesse werden ausführlich im Text beschrieben): ICH fühle mich wohl, glücklich – und doch darf der gesellschaftliche Anteil an Vorgaben, welche diese „Glücksszenarios" generieren sollen, nicht unterschätzt werden.

Der enge Zusammenhang von Emotion und Kognition weist darauf hin, dass die Wahrnehmung von Glück davon abhängt, wie unser Gehirn befindet. In der „Datenbank" des Gehirns sind aber auch all jene Fakten gespeichert, welche sich aus der individuellen Biographie einer Person (z.B. das Einstellen von Glücksgefühlen nach der Bewältigung von schweren Schicksalsschlägen) und der sie umgebenden Umwelt, des internalisierten kulturellen Kontextes ergeben:

Welche Haltungen/Handlungen werden kulturell geschätzt und machen bei Einhaltung den/die Einzelne/n im Sinne des Belohnungsmechanismus zufrieden, froh und glücklich? Darf Glück überhaupt im Diesseits und nicht erst in einem späteren Leben erreicht werden? Sollen die kurzfristigen Glücksgefühle (pleasure) unterdrückt oder dürfen sie ausgelebt werden? Wird der Ausdruck von Emotionen gesellschaftlich geschätzt oder unterbunden, privat, öffentlich? Welches Emotionsvokabular steht zur Verfügung, um die „guten Gefühle" auszudrücken?

Fragen, welche die kulturspezifische Abhängigkeit von kurzen Glücksmomenten, aber insbesondere bei der „Erarbeitung" von länger andauerndem Wohlbefinden, bei der „Lebenskunst", deutlich machen.

Es ist ein Verdienst dieses Buches, die gesellschaftlichen Vorgaben zur Erreichung von Wohlgefühlen nicht nur auf die sogenannte „westliche Welt" und ebenfalls gerne zitierte asiatische Weisheiten zu beschränken, sondern auch kultur- und sozialanthropologische Studien über „Wohlbefinden" bei indigenen Kulturen heranzuziehen.

Gerade das Denken und Handeln traditioneller indigener Kulturen hat die „westliche Welt" schon immer abgestoßen, angezogen oder einfach nur Verwunderung und Unverständnis für andere Lebensentwürfe hervorgerufen. Im Gegensatz zu Sozialwissenschaftern und Psychologen haben die Kultur- und Sozialanthropologen selbst der Glücksforschung im indigenen Kontext bislang nur wenig Beachtung geschenkt, das intensive Studium von unterschiedlichen Lebensformen und humanitäre Anliegen standen im Vordergrund. Warum sollte man auch über Glücksmomente bei vom Aussterben bedrohten Kulturen, die überwiegend zu den ärmsten der Welt zählen, berichten, wo doch gerade „Reichtum" bei vielen Untersuchungen ganz oben im Ranking steht?

Und doch sind die (bedauerlicherweise) wenig vorhandenen rezenten Studien bei Indigenen unverzichtbar, weil sie die Palette der „Glücksfacetten" erweitern und andere Dimensionen, welche nicht unbedingt mit jenen der „westlichen Welt" konform gehen, sichtbar werden lassen.

Gesundheit zählt, zusammen mit Reichtum und Lebensqualität, bei sehr vielen sozialwissenschaftlichen Untersuchungen zu den wichtigsten (messbaren) Indikatoren für ein „gutes" Leben. Wie eine Untersuchung bei den Matsigenka, einer aus ca.10.000 Personen bestehenden indigenen Gruppe im Regenwaldgebiet Perus, zeigt, muss aber ein deutlich verbesserter Gesundheitszustand auf Grund verbesserter Gesundheitsversorgung nicht unbedingt glücklicher machen.

Die gegenwärtige Wahrnehmung von „sich wohlfühlen" bei den Matsigenka, ihre Klagen über verminderte physische Gesundheit stehen in krassem Gegensatz zu objektiven medizinischen Untersuchungsergebnissen: Wie Longitudinaluntersuchungen beweisen, befanden sich die Matsigenka zum Zeitpunkt der

Studie in einem weit besseren Gesundheitszustand als vor 20 Jahren. Für beide Geschlechter waren auf Grund besserer Ernährung, mehr Hygiene, westlichem Gesundheitswesen und Medikamenten die Proteinwerte und Hämoglobin signifikant höher, der Parasitenbefall deutlich reduziert.

Warum also die subjektiv negative Einschätzung des Befindens, die bei Befragungen geäußert wurde?

1998 wurden unter dem Territorium der ursprünglichen Hortikultur-, Jäger- und Sammler-Gesellschaft die größten natürlichen Gasreserven Lateinamerikas entdeckt. Derzeit führen multinationale Konzerne Millionen-Dollar-Projekte mitten im Gebiet der früher eher isoliert lebenden Matsigenka durch und verursachen Verunsicherung und Ängste über alte Lebensstrukturen, welche auf die Aufrechterhaltung von Harmonie mit dem sozialen, physischen und spirituellen Umfeld beruhten und nun nicht mehr aufrecht zu erhalten sind.

Möge das vorliegende Buch für Sie ein erkenntnis- und hilfreicher Wegweiser bei allen auftretenden Herausforderungen auf der Suche nach dem Wohlbefinden, dem Glück sein, um jenes so ersehnte und nicht immer leicht zu erreichende Gefühl der Leichtigkeit des Seins zu verspüren.

Dr. Jana Salat

Freie Kulturanthropologin und Lektorin am Institut für
Kultur- und Sozialanthropologie der Universität Wien,
Gastdozentin an ausländischen Universitäten

Zum Geleit

„Good by(e) Stress" – so haben Doris Eller-Berndl und Erich Roth ihren persönlichen Wegweiser für Streben nach Wohlbefinden und Gesundheit überschrieben.

Sicher ein guter Schachzug, dieser Titel: Das Oxymoron überliest man nicht so einfach – es lässt aufmerken! Bei einem aktuellen Angebot von etwa 500 deutschsprachigen Büchern zum Thema Stress muss man auffallen!

Warum so viel über Stress, Überforderung, Burn-out geschrieben und gelesen wird? Jeder Zehnte leidet unter starkem Stress, so aktuelle Studienergebnisse des Robert-Koch-Instituts in Berlin (Hapke 2013): chronischer Stress – die Epidemie unserer Zeit! Eine Epidemie, der man vorbeugen kann, wie uns die Autoren von „Good by(e) Stress" klar machen.

Hält der Inhalt, was der Titel verspricht? Findet man Hilfe durch Präventivmedizin und Body-Mind-Therapien und damit konkrete Hinweise zu Entstehung und Folgen von Stress? Geben die Autoren praktische Empfehlungen zur Vermeidung von „bad" Stress („good bye, stress") und dazu, wie man von „good" stress profitieren kann („good by stress")?

Machen Sie sich auf ein anregendes Duett gefasst: Biochemistry meets Prevention.

„Good by(e) Stress" – keine leichte Kost. Man sollte schon naturwissenschaftlich interessiert sein, um von der ausgiebigen Forschungstätigkeit Erich Roths bezüglich des Stressstoffwechsels sowie der jahrelangen Praxiserfahrung in der Präventivmedizin von Doris Eller-Berndl profitieren zu können.

Aber ich kann Ihnen versichern: Selten erleben Sie Darstellungen von Stress-Biochemie und -Physiologie einprägsamer als hier.

Und selten wird so plastisch vermittelt, wie äußere Einflüsse (Stress), persönliches Verhalten (Prävention von bzw. Umgang mit Stress) und Gesundheit/Wohlergehen interagieren.

Ich wünsche mir, dass meine Freude an Good by(e) Stress von Vielen geteilt wird.

Prof. Dr. med. Dr. rer. nat. Günter Ollenschläger

Internist & Apotheker
Institut für Gesundheitsökonomie & Klinische Epidemiologie (IGKE), Universitätsklinikum Köln
Schriftleiter, German Journal for Evidence in Healthcare ZEFQ
Leiter i.R. des Ärztlichen Zentrums für Qualität in der Medizin ÄZQ, Berlin
Internet: www.evimed-institut.de

Inhalt

Stress wissenschaftlich erkennen – eine Aufgabe der Präventivmedizin

Überall Stress

*„In der Mitte von Schwierigkeiten
liegen die Möglichkeiten."*
Albert Einstein

1,5 Millionen Österreicher sind burn-out-gefährdet, doppelt so viele leiden an Schlafstörungen. 30 Prozent der Beschäftigten sind wegen psychosomatischer Erkrankungen in Behandlung.

Diese Daten stammen aus dem Jahr 2010. Was uns damals belastete, hat sich bis heute eher noch verschärft. Stress ist ein Wort in aller Munde geworden.

Das Motto hinsichtlich Stress ist Komplexizität, und wenn ein österreichischer Bundeskanzler einst gesagt hat: „Es ist alles sehr kompliziert ...", so hätte er wohl besonders bei diesem Thema recht. Denn beim Stress ergeben sich bei näherem Hinsehen viele Fragen:

- Welche Hintergründe, welche Ursachen und Wirkungen spielen dabei eine Rolle?
- Gibt es möglicherweise keine ausschließlich psychischen oder körperlichen Erkrankungen?
- Sind chronische Erschöpfung und Depression vielleicht Symptome? Oder sind sie lediglich eine gemeinsame Endstrecke unterschiedlichster innerer und äußerer Trigger?
- Ist unser Lebens- und Arbeitsstil „nicht artgerechte Haltung"? Strapazieren wir dadurch unsere biologischen Regulationssysteme über die Gebühr?
- Und warum beansprucht uns ein und dieselbe Belastung so unterschiedlich?

Im Folgenden versuchen wir darauf Antworten zu geben.

*„Gefühle machen Moleküle,
und Moleküle machen Gefühle."*
Prof. Dr. Alfred Wolf

Der Beitrag der Präventivmedizin zum Thema Stress besteht im Erkennen der biologischen Mechanismen, die dahinterliegen, aber auch im Verständnis für den eigenen Körper – und er ist damit auch eine Entlastung, da gewisse Symptome nichts mit „Charakterschwäche" oder „mangelndem Willen" zu tun haben, sondern mit Vorgängen im Körper, die durch ein bisschen Genetik und viele Umwelteinflüsse, kombiniert mit dem Faktor Zeit, entstanden sind.

Bei der Behandlung des chronischen Stresses, der im schlimmsten Fall zum Zusammenbruch geführt hat, geht es primär um das Wiederherstellen einer körperlichen Handlungsfähigkeit, um das Erkennen der zugrunde liegenden Triggerfaktoren und um Entlastung, die es dann ermöglicht, die eigene Situation einzuordnen und wieder Entscheidungen in Eigenverantwortung treffen zu können. Immerhin sind wir nicht nur Arbeitnehmer und Arbeitgeber, sondern nehmen viele Rollen im Leben ein. Stressbelastung kann uns dabei überall begegnen.

Was ist Präventivmedizin?

Neben unserer hochwertigen kurativen Medizin erfährt die Präventivmedizin durch den demografischen Wandel immer mehr Bedeutung. Seit über 150 Jahren geht die Entwicklung konstant in eine Richtung. „Alle zehn Jahre werden wir mit zweieinhalb zusätzlichen Lebensjahren beschenkt", stellte der Bevölkerungswissenschaftler Prof. Dr. James W. Vaupel vom Max-Planck-Institut für demografische Forschung in Rostock fest.

Die Menschen leben aber nicht nur immer länger, sie altern auch später und bleiben länger gesund. Das Alter verschiebt sich nach hinten, während wir länger jung bleiben. Wer jung und wer alt ist, ist immer auch abhängig davon, aus welchem Blickwinkel man dies betrachtet. Aus wirtschaftlicher Sicht werden Arbeitnehmer bereits ab 40 Jahren als alt bezeichnet, in der Biologie gibt es meist nur fließende Übergänge und keinen Zeitpunkt für Alterung. Hier zählt mehr das biologische als das chronologische Alter.

Intensive medizinische Forschung trägt dazu bei, dass nun auch die Entwicklung von sogenannten „Volkskrankheiten", wie z.B. Atherosklerose, Diabetes Typ 2, Osteoporose oder Altersdemenz, frühzeitiger erkannt werden kann. Noch lohnender ist allerdings das Erkennen funktioneller und damit reversibler Veränderungen, bevor strukturelle und damit nur bedingt rückgängig zu machende Veränderungen auftreten. Dazu zählen die Analyse persönlicher Ressourcen und Risikofaktoren sowie die genetische Prädisposition, die Einflussfaktoren, auf die wir seit unserer Zeugung gestoßen sind, die individuelle Lebensweise und die Umweltbedingungen. Moderne Diagnostik und Therapien ermöglichen es, degenerative Veränderungen zu verlangsamen und so die funktionell gute Lebensspanne zu verlängern und Lebensqualität zu erhalten.

Präventivmedizin hat also einen breiten Ansatz und umfasst:

- genetische Prädisposition (Genvarianten/Epigenetik),
- Ernährung,
- Bewegung,
- Umgang mit chronischer Stressbelastung,
- Alterung des Immunsystems, chronische Minimalentzündungen,
- Neurodegeneration,
- Männergesundheit und Frauengesundheit,
- Gefäßprävention,
- Knochen- und Gelenksprävention,
- Endokrinologie,
- Umweltmedizin,
- Krebsprävention und -früherkennung,
- Stammzelltherapie und regenerative Medizin,
- Hautalterung,
- Mund-, Kiefer- und Zahnalterung.

Im Laufe des Lebens kumulieren zwangsläufig Belastungen, die damit zu Stressbelastungen für den Körper werden können. Fast jeder ist zum Beispiel in seiner Kindheit an Feuchtblattern (Varicellen) erkrankt. Doch auch nach der Genesung verlassen diese Viren unseren Körper nicht mehr. Sie verbleiben und werden vom gesunden Immunsystem in Schach gehalten. Jahrzehnte später können sie wieder aktiv werden, wenn das Immunsystem durch Stress überbeansprucht oder zu schwach geworden ist. Es tritt Herpes zoster (Gürtelrose) auf, derselbe Virus, der die Kinderkrankheit verursacht hat. So „schlafen" viele Viren in uns, zu denen wir einmal Kontakt hatten, und unser Immunsystem wacht darüber, sodass wir normalerweise nicht wieder erkranken.

Neben Infektionen sind es auch Umweltfaktoren wie Metalle, Chemikalien und Kunststoffe, die sich im Köper ansammeln. Ob sie zu einer Belastung werden, hängt davon ab, wie gut der Körper damit zurechtkommt. Es geht also nicht um gewisse Mengen, sondern ob gerade diese Menge für diesen Menschen „verwaltbar" ist. Stress kann dann der entscheidende Faktor sein, der diese Umweltfaktoren nicht mehr „verwaltbar" macht. Die Summe von negativen und positiven physischen und psychischen Einflüssen kann so zu einer Einflussgröße werden, die aber bis zu einem gewissen Grad ausreguliert werden kann.

Diese Regulationsfähigkeit ist vor allem durch das Zusammenspiel des unbewussten autonomen Nervensystems, zahlreicher Hormone und des Immunsystems

Belastungen versus Regulationsfähigkeit

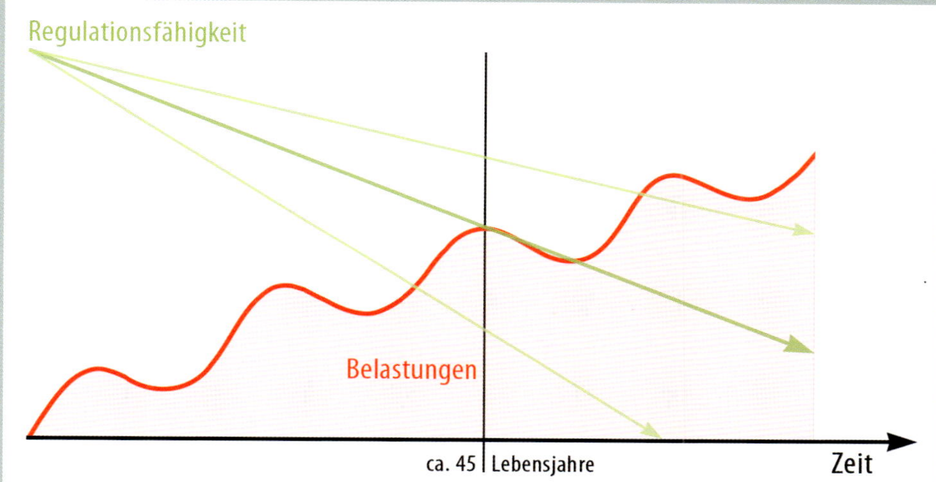

bedingt und individuell ganz unterschiedlich ausgeprägt. Genvarianten beeinflussen diese Regulationsfähigkeit, aber je älter wir werden, umso mehr dominieren unser Lebensstil und unsere angesammelten „Altlasten" diese Fähigkeit der Regulation.

Normaler Altersgang, leise schwelende Entzündungen, Infektionen, toxische Einflüsse und chronische Stressbelastung führen zu vorerst funktionellen und dann strukturellen Veränderungen des autonomen Nervensystems, des Hormon- und Immunsystems und damit zur Abnahme der Regulationsfähigkeit.

Auf den Punkt gebracht

Ziel der Präventivmedizin ist es, Belastungen zu verringern und die Regulationsfähigkeit zu erhalten, um eine möglichst lange, funktionell gute Lebensspanne zu erreichen.
Stress ist nicht nur etwas, was von außen kommt, sondern Stress hängt damit zusammen, wie unser Körper auf Einflussfaktoren reagieren kann. Gesteuert werden diese Reaktionen durch unser autonomes Nervensystem und Hormone. Diese stehen mit dem Immunsystem in engster Verbindung und beeinflussen unser körperliches und psychisches Befinden.

Stress ist nicht gleich Stress

Heutzutage klagen die meisten über „Stress“. Für jeden bedeutet Stress etwas anderes, aber meist wird er als negativ empfunden. Dabei ist Stress nicht zwangsläufig etwas Schlechtes. Er ist auch „Salz in der Suppe des Lebens“, er sorgt für Aufmerksamkeit und Motivation. Außerdem hat er uns im wahrsten Sinn des Wortes das Leben gerettet. Beziehungsweise das Leben jener unserer Vorfahren, die unser Leben erst ermöglichten. Wie wir sehen werden, ist es der chronische Stress, der die positiven Effekte von Stress ins Negative verkehrt und das Gleichgewicht der Gesundheit in Richtung Krankheit verschiebt.

Good Stress versus Bad Stress

Georg gehört zu den Menschen, die für die Bühne leben. Vor dem Auftritt kennt er kein Lampenfieber, im Gegenteil, er hat viel Spaß mit seinen Musikerkollegen, und er freut sich, da er jetzt mit ihnen auf die Bühne tritt. Es ist, als wenn mit den Scheinwerfern auch bei ihm ein Schalter umgelegt wird. Nun lebt er ganz den Moment, nimmt alles um sich herum besonders gut wahr und kann es genießen, die Aufmerksamkeit des Publikums, die Stimmung und die Musik. Man könnte es auch als „Flow“ bezeichnen, ein Gefühl der völligen Vertiefung und des Aufgehens in dem Erlebnis.

Sogenannter „Good Stress“ oder „Eustress“ ist die Art von Stress, die wir fühlen, wenn wir begeistert und aufgeregt sind. Unser Puls beschleunigt sich, unsere Hormone verändern sich, aber wir fühlen keine Bedrohung oder Angst. Wir spüren diese Art von Stress, wenn wir Hochschaubahn fahren, uns zum ersten Rendezvous treffen oder wenn wir ein lang gehegtes Ziel erreichen. Es gibt viele Auslöser für „Good Stress“, und er verhilft uns zu Lebensfreude und besonderer Lebendigkeit.

Eine gewisse Menge an Stress ist auch für unser Gehirn wichtig, um uns in einen Bereich zu bringen, der optimale Aufmerksamkeit und kognitive Leistungsfähigkeit ermöglicht.

Während zu wenig Stress zu Langeweile und Depression führen kann, verursacht zu viel Stress Angst und einen schlechteren Gesundheitszustand. Die richtige Portion „Good Stress“ jedoch verbessert unsere Gehirnleistung.

Auch „Good Stress“ kann sich aber ins Negative verkehren, wenn er einfach zu viel wird. Stellen Sie sich Aktivierung durch Stress einerseits und Erholung andererseits wie eine Schaukel vor. Man kann hoch schaukeln, allerdings muss der Gegenschwung genauso intensiv ausfallen. Regeneration und effektive Erholung, ein balanciertes Immunsystem und eine gute hormonelle Versorgung sind also wichtig, damit wir Stress als positiv empfinden können.

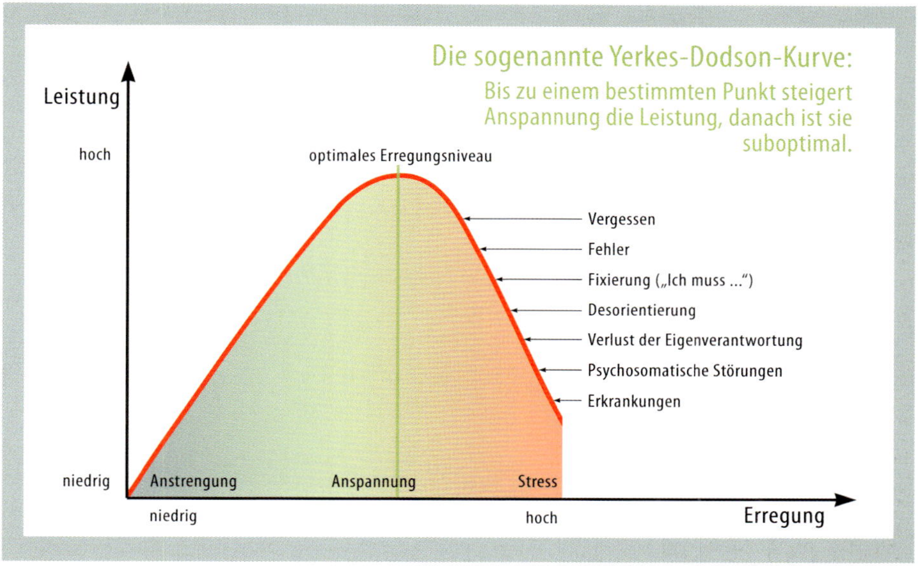

Akuter Stress

Stunden später, angegessen bis zum Erbrechen, wachte er jäh auf. Ohne zu wissen warum, setzte er sich in der Dunkelheit auf. Während ringsum sämtliche Mitglieder der Gruppe tief und satt schliefen, lauschte er in die Nacht. Nichts war zuhören, außer den schweren Atemzügen seiner Gefährten. Der Mond stand hoch, und die Felsen hinter dem Höhleneingang glitzerten in seinem fahlen Licht wie bleiche Knochen. Die ganze Umwelt schien friedlich zu schlafen. Da vernahm er das Geräusch eines fallenden Kiesels. Ängstlich, doch neugierig kroch er aus der Höhle und blickte den Abhang hinunter.

Was er sah, war so entsetzlich, dass er sekundenlang unfähig war, sich zu rühren. Nur zwanzig Fuß unter ihm sah er zwei topasfarben leuchtende Augen. Er war wie gelähmt vor Furcht, starrte in diese hypnotischen Lichter und bemerkte kaum den geschmeidigen Körper, der behende von Stein zu Stein glitt. Nie zuvor war der Leopard so weit hinaufgeklettert. Sekunden später schrillten die Schreckenschreie der Menschenaffen aus der darüberliegenden Höhle.

(nach Arthur C. Clarke, Odysee 2001, Dawn of Man)

Ein anderer Typ Stress ist der akute Stress. Er triggert die Antwort des Körpers ebenfalls, nur sind diese Auslöser nicht immer erfreulich und aufregend, sondern manchmal durchaus lebensbedrohend.

In unserem Beispiel ist es gut ausgegeangen, der Leopard konnte in die Flucht geschlagen werden und wurde durch den Absturz von den Felsenhöhlen in die Schlucht darunter getötet. Selbst dieses dramatische Ereignis belastet uns nicht, wenn wir danach die Möglichkeit finden, rasch zu entspannen und zu regenerieren.

Wenn wir den Stressor bewältigt haben, müssen wir unseren Körper wieder ins Gleichgewicht bringen und quasi den Rückschwung der Schaukel erleben, um gesund und leistungsfähig zu bleiben.

Lange Zeit, berauscht von dem Sieg, tanzten sie frohlockend vor dem Höhleneingang und stießen Jubellaute aus. Dann gingen sie in die Höhlen zurück und erfreuten sich erstmals seit langem eines sorglosen Schlafes.

(nach Arthur C. Clarke, Odysee 2001, Dawn of Man)

Chronischer Stress

Die Sorte von Stress, die uns Sorgen bereiten sollte, ist der chronische Stress. Hier werden wir ständig mit Alarmreizen konfrontiert, ohne dazwischen regenerieren zu können. Sie belasten uns stark, und wir können ihnen auch nicht ausweichen.

Da wir für chronischen Stress nicht gerüstet sind, müssen wir sowohl mit psychischen als auch körperlichen Folgen rechnen.

Wolfgang ist Informatiker und hat seit Jahren einen stressigen Job. Sein innerlicher Halt ist seine Familie – seine Frau und seine Töchter. Als ihm seine Frau überraschend mitteilt, dass sie sich von ihm trennen möchte, erleidet er vor dem Supermarkt einen Zusammenbruch mit Notarzteinsatz. Er wird im Krankenhaus eine Woche lang gründlich durchuntersucht. Organisch ist er gesund, doch er kann ab diesem Ereignis das Haus nicht mehr verlassen. Er leidet unter Schlafstörungen und Panikattacken. Neben der chronischen Stressbelastung über Jahre wurde durch das zusätzliche private Ereignis der Trennung „das Fass quasi zum Überlaufen" gebracht.

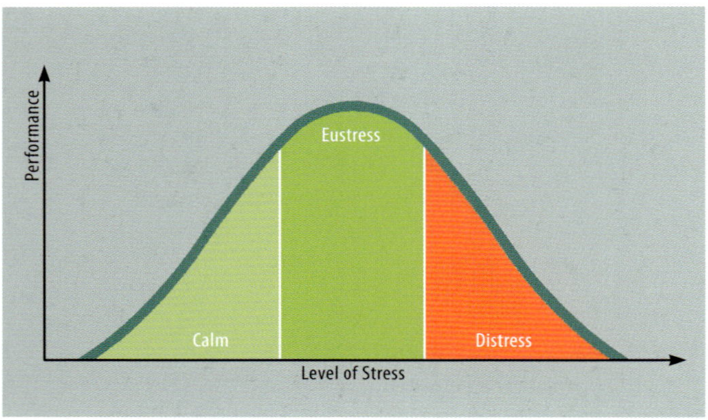

Eine Studie der Yale-Universität zeigt: Können Sie die positiven Aspekte von Stress, wie höhere Aufmerksamkeit und höhere Leistungsfähigkeit, für sich sehen, so profitieren Sie auch von diesen Effekten und lassen weniger Stresssymptome erkennen. Sehen Sie jedoch die typischen Gefahren von Stress, wirkt der Stress auch negativ auf Sie. Es liegt also auch an unserer Ansicht, ob Stress seine positiven oder negativen Wirkungen entfaltet, und es gibt kein allgemein gültiges Maß an Belastung.

In der Studie der Yale-Universität wurden 380 Angestellte einer Bank in drei Gruppen eingeteilt:

- Der Gruppe 1 wurden Videos mit der positiven Wirkung von Stress gezeigt.
- Gruppe 2 sah Videos über die Gefahren von Stress.
- Gruppe 3 war die Referenzgruppe ohne Videos.

Die Untersuchung ergab, dass Mitarbeiter der Gruppe 1 im Anschluss eine nachweisbare Verminderung der körperlichen Stresssymptome zeigten.

In einer Studie mit 29.000 Personen, die über 8 Jahre beobachtet wurden, hatten Menschen mit hohem Stresslevel, welche auch glaubten, dass der Stress sich stark auf ihre Gesundheit auswirkte, ein um 43% (!) erhöhtes Sterberisiko. Am seltensten verstarben jene, die viel Stress hatten, diesen aber nicht als negativ empfanden. Warum ist dies so? Wie wir noch sehen werden, können hier spezielle Genvarianten zum Tragen kommen.

In einer weiteren Untersuchung wurden 850 Personen zwischen dem 39. und 94. Lebensjahr zu Stressereignissen und Hilfsbereitschaft für andere befragt und über 5 Jahre beobachtet. Jedes bedeutende Stressereignis erhöhte das persönliche Sterberisiko um 30 %. Dieses erhöhte Risiko wurde jedoch erstaunlicherweise durch hohe Hilfsbereitschaft gegenüber anderen wieder ausgeglichen, auch wenn gleichzeitig eine hohe Stressbelastung vorlag.

Unsere Empfindung und Bewertung scheinen also eine wichtige Rolle zu spielen.

Ob wir Belastung als positiv einstufen, hängt unter anderem mit dem Abbau von Stresshormonen und der Fähigkeit zum Abbau belastender Substanzen zusammen, die genetisch mit beeinflusst ist. Es gibt also Menschen, welche gut und andere, welche weniger gut mit Stress umgehen können, darüber werden wir noch ausführlicher berichten.

Der „Erfinder“ des Stresses Hans Seyle

Hans Selye (1907–1982) war der erste, der die Reaktion des Köpers auf Belastungen erkannte und als Stress bezeichnete. Er wurde in Wien geboren und studierte an der deutschen Universität in Prag Medizin, verbrachte ein Jahr an den Universitäten in Paris und Rom, bevor er 1929 Arzt wurde. 1931 promovierte er zusätzlich in organischer Chemie. Er wanderte in die USA aus und übernahm letzlich eine Dozentenstelle für Biochemie in Montreal. Seyle erzählte oft die Geschichte seiner Entdeckung des Stresses: Er hatte sich schon früh gefragt, warum die unterschiedlichsten Krankheiten besonders in der Frühphase ähnliche Symptome aufweisen, verlor dieses „Sickness-Syndrom" dann aber für ein Jahrzehnt aus den Augen. Erst 1935 stieß er wieder darauf. Auf der Suche nach einem Hormon injizierte er Ratten ein Extrakt aus Rinder-Eierstöcken. Dies rief charakteristische Reaktionen hervor. Die äußere Schicht der Nebennieren vergrößerte sich, gleichzeitig traten Magengeschwüre auf. Diese Reaktion blieb immer gleich, auch als er alle möglichen Organextrakte injizierte. Es schien, als würde jede toxische Substanz zu den beschriebenen Reaktionen führen. „Ich glaube nicht, dass ich jemals gründlicher enttäuscht worden war. Plötzlich waren alle meine Träume, ein neues Hormon zu entdecken, zerstört", sagte Seyle später. Dann allerdings erinnerte er sich an die Beobachtungen aus seinen Studententagen. Er rief sich die Symptome ins Gedächtnis, die viele der an Infektionskrankheiten leidenden Patienten gezeigt hatten und erkannte ein ähnliches Reaktionsmuster wie bei seinen Versuchsratten. „Wenn wir nachweisen könnten", schrieb Selye, „dass der Organismus über ein allgemeines, nicht spezifisches Reaktionsmuster verfügt, mit dem er auf die potentiellen Schäden durch krankheitsauslösende Faktoren antwortet, dann könnten wir diese Verteidigungsreaktion einer streng objektiven und wissenschaftlichen Analyse unterziehen." Das Stresskonzept war entstanden. Seyle unterteilte es in drei Phasen: dem ersten Stadium, der Alarmreaktion, folgen das Widerstandsstadium und schließlich das Erschöpfungsstadium. Selye wusste sicherlich selbst, was Stress bedeutet: Von 1945 bis zu seiner Pensionierung 1975 war er Professor und Direktor am Institut für experimentelle Medizin und Chirurgie der Universität Montreal, er hielt sich aber sein Leben lang körperlich fit, heiratete 3 Mal, sprach angeblich 10 Sprachen und war sicherlich ein „Workaholic". Er starb am 16. Oktober 1982.

Alte Baupläne treffen auf modernen Lebensstil

„Hinter jedem lebenden Menschen
stehen 30 Geister."

Arthur C. Clarke

Unsere Baupläne sind seit etwa 50.000 Jahren unverändert. Viele tausend Jahre lebte der Mensch als Jäger und Sammler, und in dieser Zeit haben sich körperliche Eigenschaften, Triebe und Verhaltensformen entwickelt, die bis heute ein Teil von uns sind.

Jeder von uns ist das Endglied einer langen Kette, die ununterbrochen unseren Ursprung als Menschen mit dem Heute und über unsere Kinder mit der Zukunft verbindet. Alle einzelnen Glieder waren immer erfolgreich gewesen, auch wenn ihre Lebensspanne vielleicht nur kurz war – aber lang genug, um die Information, die Botschaft, der sie ihre Geschichte hinzugefügt haben, weiterzugeben.

Unsere Geschichte ist voller Abenteuer, Konflikte und jeder Menge Sex. Sie zieht sich durch alle Generationen und über alle Kontinente.

Jeder Mensch, der heute lebt, trägt mit seinen Genen eine direkte Verbindung zu den Anfängen in sich und steht an der Spitze von Generationen von Vorfahren, die erfolgreich überlebt haben. Unsere Baupläne sind seit etwa 50.000 Jahren unverändert, unser Lebensstil und die Umwelt haben sich jedoch drastisch verändert.

Es ist also eines unserer Probleme, dass unsere Biologie einerseits nicht für die Art von Stress ausgelegt ist, mit der wir heute konfrontiert sind. Unsere ererbten Regulationssysteme sind auf Inspiration und Begeisterung beim Erforschen und Erlernen neuer Fähigkeiten sowie auf wiederkehrende Flucht- und Kampfsituationen ausgerichtet. Jedoch nicht auf die Spielarten der anhaltenden und vielfach quälenden Belastungen, wie z.B. Termindruck und Infomationsüberlastung, aufgepfropft auf ein biologisches System, welches sich um Anpassung an veränderte Umweltbedingungen bemüht und dessen ursprüngliche Regulationsfähigkeit meist längst eingeengt wurde. Heute leben wir in einer „Matrix des empfundenen Stresses" – Zeitdruck, ständige Anforderungen, hastige soziale Kontakte, hastiges Essen ...

In Wahrheit muss aber keiner ständig rund um die Uhr erreichbar sein und die belastende E-Mail-Flut ist selten das Ergebnis betrieblicher Notwendigkeit, sondern das Resultat schlechter Kommunikationskultur.

Andere Stressfaktoren sind „nicht artgerechte Haltung" durch Bewegungsarmut, ungünstige Ernährung, Belastungen durch Umweltfaktoren oder Vereinsamung. Der Mensch als soziales Wesen, der Jahrtausende in Kleingruppen gelebt hat, gerät sowohl in der Isolation als auch in der Masse der Überbevölkerung unter Stress.

Auch belastende Lebensereignisse hinterlassen Spuren im menschlichen Organismus, die handfeste Auswirkungen auf die körperliche, aber auch auf die psychische Gesundheit haben können. Nicht nur bei uns selbst, sondern auch bei unseren Kindern und Enkeln. Wie diese Weitergabe an zukünftige Generationen erfolgt, erfahren Sie später im Kapitel Epigenetik auf Seite 59.

Auf den Punkt gebracht

Die Unterscheidung zwischen „Good Stress" und „Bad Stress" ist wie das Zünglein an der Waage – es ist der Moment, in dem sich zum Beispiel Angst von einem überaus motivierenden Faktor zu einer Gewalt steigert, die wir nicht mehr bewältigen können. Wir wissen, dass ein schwerer, lang dauernder Angstzustand die körpereigenen Stresssysteme in unkontrolliertes Trudeln versetzt, vor allem, wenn diese in der Fähigkeit der Regulation eingeschränkt sind. Es geht sogar so weit, dass dadurch gewisse Genaktivitäten im Gehirn verändert werden. Die durch Umweltereignisse bedingten veränderten Genaktivitäten können sogar mehrere Generationen betreffen.

Ich bin dauernd so erschöpft – das Symptom des 21.Jahrhunderts

Michaela, 49 Jahre alt, kommt in die Sprechstunde. Zuerst erzählt sie, warum sie Hilfe sucht: „Frau Doktor, ich kenne mich selbst nicht mehr! Ich bin so unruhig und mache mir über Dinge Sorgen, die mich früher nicht belastet haben. In letzter Zeit habe ich auch immer wieder Schmerzen, aber ich kann Ihnen gar nicht genau sagen wo, weil das ist einmal hier und einmal dort. Ich, die nie Kopfschmerzen kannte, leide nun fast täglich darunter. Ich schlafe schlecht und werde immer zur selben Zeit gegen 3.00 Uhr munter. Ständig fühle ich mich erschöpft, und außerdem habe ich zugenommen, da ich an Süßigkeiten überhaupt nicht mehr vorbeikomme."

Michaela wirft sich selbst Schwäche und mangelnde Disziplin vor. Sie fühlt sich regelrecht erleichtert, als ich ihr erkläre, dass sie mir soeben alle wichtigen

Symptome eines Serotoninmangels geschildert hat und es wahrscheinlich handfeste biologische Gründe gibt, warum sie sich derzeit so fühlt.

Was kann Serotoninmangel nun mit Erschöpfung und Stress zu tun haben, und gibt es vielleicht auch andere Ursachen?

Das Symptom Erschöpfung, welches ein Leitsymptom chronischer Stressbelastung ist, kann viele verschiedene Auslöser haben.

Am Anfang der Diagnostik steht daher immer ein ausführliches Gespräch. Die Befragung erlaubt die Entscheidung, welche Untersuchungen in weiterer Folge wesentlich und sinnvoll sind.

Dabei werden auch ungewöhnliche Dinge gefragt, wie zum Beispiel: „Was wissen Sie über Ihre eigene Schwangerschaft?", oder: „Träumen Sie?" Über die Hintergründe dieser Fragen erfahren Sie später noch mehr.

Heutzutage können wir fast alles messen und bestimmen, es ist nur die Frage, ob sich aus diesem Befund eine Konsequenz ergibt, die richtungsweisend ist und weiterhilft. Sich Zeit für ein ausführliches Gespräch (= Anamnese) zu nehmen, erspart daher so manche Untersuchung.

Basis bleibt jedoch immer eine körperliche und eine Routine-Labor-Untersuchung, welche unter anderem „Verdächtige" wie Schilddrüsenfunktion, Eisenstoffwechsel und Entzündungstendenzen als Verursacher abklärt.

Information ist alles

Auch die Informationssysteme unseres Körpers spielen im Zusammenhang mit chronischer Stressbelastung und Erschöpfung eine wesentliche Rolle und bestehen

- aus dem **autonomen Nervensystem**, welches Information besonders schnell vermitteln kann,
- dem **hormonellen System**, welches zwar langsamer agiert, dafür aber differenzierte Informationen über den Blutweg weitergibt,
- und dem **Immunsystem**.

Das autonome Nervensystem mit dem „Aktivierer" Sympathikus und dem „Dämpfer" Parasympathikus arbeitet mit verschiedenen Botenstoffen und Immunzellen quasi Hand in Hand. Alle Systeme gemeinsam ermöglichen unsere Anpassungs- und Regulationsfähigkeit unter verschiedene Alltagsbedingungen innerhalb einer gewissen Bandbreite. Diese wollen wir als Variabilität bezeichnen, sie ist ein gewisser Spielraum, der flexible Anpassungen an Situationen ermöglicht. Je besser wir dies können, umso jünger und gesünder sind wir. Zu viel und zu wenig wäre dabei schlecht. Daher gibt es immer Starter und Bremser innerhalb dieser drei Systeme, die dafür sorgen sollen, dass es zu keinen Entgleisungen kommt.

Da wir es im Zusammenhang mit Stress häufig mit funktionellen Veränderungen zu tun haben, ist die Diagnostik oft schwieriger, da verfügbare Untersuchungsmethoden oft nur strukturelle Veränderungen nachweisen können. Eine funktionelle Diagnostik des autonomen Nervensystems stellt die Herzratenvariabilitätsmessung in Form eines besonders hochauflösenden 24-Stunden-EKGs dar, das hormonelle und Immunsystem werden am besten durch die Laboruntersuchung zugänglich.

Chronische Stressbelastung führt langfristig zu Botenstoffdefiziten mit unterschiedlichen Symptomen, je nach verbleibendem „Botenstoffmix" dominieren depressive Verstimmung mit Rückzugstendenzen, Angstzustände oder Aggressivität.

Die Stressspirale verläuft über das Stadium längerfristiger Fehlbelastung mit Müdigkeit über das chronische Überlastungssyndrom mit abnehmender Erholungsfähigkeit. Ein sogenanntes Burn-out-Syndrom bedeutet letztlich den vollständigen Verlust an Regulationsfähigkeit, sowohl die Aktivierbarkeit als auch die Erholungsfähigkeit gehen verloren.

Asche kann man nicht mehr anzünden – das „Unwort" Burn-out

Derzeit existiert keine einheitliche Definition von Burn-out. In den Niederlanden haben sich 2011 drei Dachverbände von Ärzten und Psychologen nach langwierigen Vorarbeiten auf eine Definition von Fehlbelastung und Burn-out geeinigt, welche für die Praxis einsetzbar erscheint.

Man spricht von Fehlbelastung, wenn alle vier der folgenden Kriterien erfüllt sind:

A Mindestens drei der folgenden Beschwerden sind gegeben:
- Müdigkeit
- gestörter oder unruhiger Schlaf
- Reizbarkeit
- Druck und Unsicherheit, nicht gewachsen sein
- emotionale Labilität
- Grübeleien
- Gefühl von Gehetztheit
- Konzentrationsprobleme und/oder Vergesslichkeit

B Gefühle von Kontrollverlust und/oder Hilflosigkeit treten als Reaktion auf die Unfähigkeit auf, Stressoren beim alltäglichen Funktionieren zu bewältigen. Die Stressregulation ist unzureichend; die Betroffenen kommen nicht mehr dagegen an und haben das Gefühl, die Dinge nicht mehr im Griff zu haben.

C Es bestehen deutliche Einschränkungen im beruflichen oder sozialen Funktionieren.

D Spannungsbeschwerden, Kontrollverlust und Funktionsstörungen sind nicht ausschließlich die Folge einer psychiatrischen Erkrankung.

Auf den Punkt gebracht

Derzeit sprechen wir von Burn-out, wenn alle der drei folgenden Kriterien erfüllt sind:

1. Es handelt sich um Fehlbelastung.
2. Die Beschwerden dauern seit mehr als sechs Monaten an.
3. Gefühle von Müdigkeit und Erschöpfung stehen deutlich im Vordergrund.

Diese Einteilungen sind rein symptombezogen und berücksichtigen keine biologischen Hintergründe.

Tipp:
Lassen Sie Symptome wie Erschöpfung und Müdigkeit, wenn sie länger bestehen, ärztlich abklären und schieben Sie sie nicht sofort auf psychische Belastung.

Wer viel weiß, macht vieles richtig

Um chronische Stressbelastung zu vermeiden, ist es hilfreich, die Ursachen und Folgen von Stress auf unseren Körper zu verstehen. In den folgenden Kapiteln zeigen wir Ihnen daher Zusammenhänge, für deren Verständnis auch ein klein wenig Physik und Chemie des menschlichen Körpers notwendig sind.

Stress und Energie

Dass Stress etwas mit Energie zu tun hat, können wir spüren. Dass es auch eine messbare zelluläre Erschöpfung gibt, werden wir im Folgenden sehen.

Woher nehmen wir unsere Energie?

Seit unseren Anfängen sind wir durch den Wechsel von Licht und Dunkel geprägt. Nicht umsonst haben die Sonne und das Firmament der Nacht die Phantasie unserer Vorfahren beschäftigt. Das Sonnenlicht erscheint uns als kontinuierliche Strahlung, in Wirklichkeit treffen unzählige Photonen als Lichtteilchen auf die Erde. Nach der Quantentheorie wird jede Energie in Portionen, sogenannten Energiequanten, transportiert und aufgenommen. Licht ist elektromagnetische Energie, also gleichzeitig Teilchen und Welle.

Pflanzen können in der Photosynthese Lichtenergie in Materie übersetzen. Der zyklische Elektronenfluss, der durch Licht angetrieben wird und chemische Energie freisetzt, ist einzigartig und zeichnet photosynthetisierende Zellen aus. Pflanzen bauen so Materie aus Energie auf. Diese verwenden Tiere und Menschen in Form von Zucker, Fett und Eiweiß, um mit Hilfe von Sauerstoff mittels Elektronentransfer wieder Energie zu erzeugen.

Mitochondrien – die Kernkraftwerke in uns

Im Jahr 1850 entdeckten Forscher kleine Körnchen im Inneren der Zellen und bezeichneten diese als Mitochondrien, indem sie die beiden griechischen Wörter „mitos" (Faden) und „chondros" (Korn) zusammenfügten.

Mitochondrien sind winzige Zellbestandteile, die sich außerhalb des Zellkernes befinden und eigentlich Bakterien, mit denen wir vor Millionen von Jahren einen Handel eingegangen sind: mehr Energie für uns, im Gegenzug Vollpension für die Bakterien. Diese besitzen immer noch ihre eigenen Gene, die sie unabhängig von unserem Erbgut mit jeder neuen Menschengeneration weitergeben.

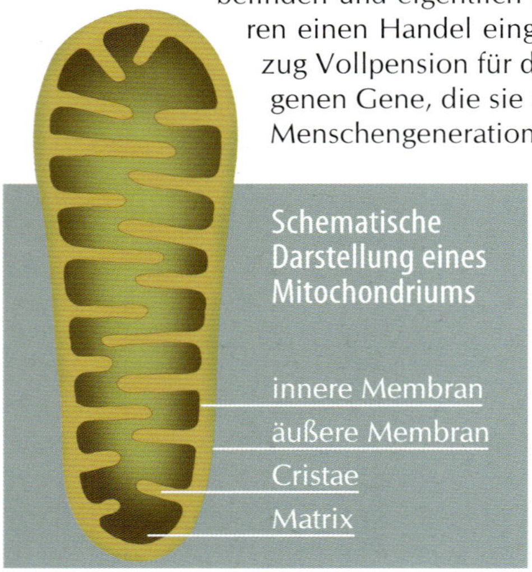

Schematische Darstellung eines Mitochondriums

Unsere Mitochondrien stammen mit sehr seltenen Ausnahmen nur von unseren Müttern, da die Mitochondrien der Väter deren Spermien antreiben und wie ein Außenbordmotor zwischen Kopf und Schwanz der Spermien sitzen. Bei der Befruchtung dringt nur der Kopf des Spermiums in die Eizelle ein, die väterlichen Mitochondrien bleiben draußen. Daher werden die mütterlichen Mitochondrien an den neu entstehenden Menschen weitergegeben. Am zwölften Tag nach unserer Zeugung beginnt unsere eigene Energieproduktion.

In der Familienanamnese frage ich daher aus gutem Grund nach dem erreichten Alter und eventuellen Erkrankungen der Mütter, Groß- und Urgroßmütter mütterlicherseits: Wenn diese alt wurden und keine Krebs- oder Autoimmunerkrankungen erleben mussten, haben Sie quasi einen Mitochondrien-„Lamborghini" geerbt. Es könnte aber auch ein „Smart" sein ...

Mitochondrien sind die Kraftwerke in unseren Zellen, und je nachdem, ob das Hochleistungsmodell oder das Sparmodell angeschalten ist, veratmen sie Sauerstoff oder arbeiten mittels Gärung und versorgen uns aus Kohlenhydraten, Fetten und Eiweiß mit Energie. Dies wird als Zellatmung oder „innere Atmung" bezeichnet. Die zelluläre Atmung mittels Sauerstoff ist ein sehr effizienter Prozess, um aus wenigen Molekülen Zucker und Sauerstoff viel Energie zu gewinnen. Der Nachteil ist das Entstehen von freien Radikalen. Mitochondrien reduzieren 98 % des Sauerstoffs zu Wasser, aus den verbleibenden 2 % entstehen jedoch hochreaktive Sauerstoffradikale, die sofort abgebaut werden müssen, da sie sonst die Zelle schädigen würden. Ein beachtlicher Teil dieses sogenannten Superoxids entweicht der Atmungskette und stellt eine Gefahr für die Erbinformation im Zellkern oder für andere wichtige Zellstrukturen dar. Allerdings hat die Evolution vorgesorgt und Zellen mit umfangreichen Mechanismen ausgestattet, die diese in der Zelle entstehenden freie Radikale abbauen und so Schäden verhindern können. Diese Mechanismen arbeiten hoch effizient und gut koordiniert, atmende Zellen sind also normalerweise durchaus in der Lage, mit der erhöhten Bildung von freien Radikalen umzugehen.

Stress ist aber einer der wichtigsten Produzenten von zusätzlichen freien Radikalen. Dies ist der Grund, warum Stress Alterungsprozesse beschleunigt und chronische Krankheiten verschlimmert, so wie auch umgekehrt.

Das Sparmodell, welches mittels Gärung arbeitet, ist langsamer, die Energieausbeute deutlich geringer, aber es ist weniger zellgefährdend, da keine freien Radikale entstehen. Dies ist in der Phase der Zellteilung besonders wichtig und zu diesem Zeitpunkt ein regulärer Vorgang.

Im Normalfall schaltet eine Zelle je nach Bedarf zwischen beiden Modellen hin und her. Jedoch bei Stressbelastung der Zelle scheint das Sparmodell eine ständige Einrichtung zu bleiben, die Mitochondrien produzieren nun ständig deutlich weniger Energie. Auch Tumorzellen bevorzugen aus verschiedenen Gründen dieses Sparmodell.

Der letzte Abschnitt der Energiegewinnung ähnelt einer Knallgasexplosion, nur dass der Wasserstoff nicht gasförmig, sondern gebunden vorliegt. Bei dieser Reaktion werden Elektronen und auch Protonen übertragen, was die gesamte Zelle zum Explodieren bringen würde, sodass der Transfer der Elektronen stückchenweise über die sogenannte Atmungskette erfolgt. Möglicherweise geht es bei diesem Prozess nicht nur um Energiegewinnung, sondern auch um Informationsübertragung. Nachdem Elektronen, wie Photonen, also Teilchen- oder Wellencharakter haben können, wären diese zur Feinsteuerung in unserem Informationssystem geeignet und sind möglicherweise die raschesten Vermittler zwischen Umwelt und unserem Körper.

Mitochondrien können aber noch mehr: Sie produzieren „die Großmutter" aller Hormone, das Pregnenolon, und beeinflussen unsere gesamte Hormonproduktion.

Die in der Zellatmung freigesetzte Energie wird in Form von ATP gespeichert und ist auch durchaus im Labor in Blutzellen messbar. ATP bedeutet Adenosin-Tri-Phosphat. Adenin besitzt eine Ringstruktur, an der ein Zucker (D-Ribose) hängt und an diesem wiederum drei Phosphatgruppen. Die chemischen Bindungen zwischen den drei Phosphatgruppen gelten als sehr energiehaltig. Spaltet man eine solche Bindung, so wird ein hoher Energiebetrag freigesetzt, der dann verwendet werden kann.

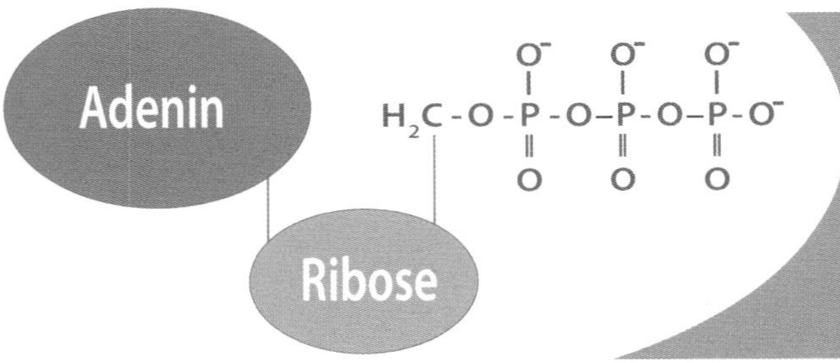

Das ATP-Molekül besteht aus drei Komponenten: dem Adenin, der Ribose (einem Zucker) und – im vollgeladenen Zustand – drei Phosphatgruppen.

Unser Vorrat an ATP reicht für fünf Sekunden. Alle fünf Sekunden passiert neben der Energiegewinnung möglicherweise auch ein Update, eine innere Anpassung an die Vorgänge im Außen. Pro Tag produzieren wir ungefähr 60 bis 70 kg ATP, ein Hochleistungssportler rund eine Tonne!

Im Rahmen eines normalen Büroalltags ist es ausreichend, jeweils eine Phosphatgruppe (32,3 kj/mol) abzuspalten, wobei sich ein Gleichgewicht zwischen ATP und ADP (Adenosin-Di-Phosphat) einstellt. Die Regeneration dieses Energiedefizits ist relativ einfach, hier sollten wir uns bewegen können. Wird die Tätigkeit anstrengender, so ist es notwendig, auch die jeweils zweite Phosphatgruppe zu verbrauchen. Das Produkt, das nach Abspaltung zweier Phosphatgruppen von ATP entsteht, wird als AMP (M für Mono) bezeichnet. Wenn Sie einen Marathon laufen würden, wären auf einem Schlag alle drei Phophatreste verbraucht, und es würde je nach Trainingszustand bis zu acht Wochen benötigen, um die leeren Akkus wieder zu füllen. Chronische Stressbelastung hat diesbezüglich also genau den selben Effekt wie Marathonlaufen! Daher ist es auch keine gute Idee, bei ohnehin bereits leeren Batterien noch für einen Triathlon zu trainieren. Da empfehle ich nur mehr Spazierengehen an der frischen Luft! Wir lernen: Gegen negativen Stress hilft auspowernder Sport nicht wirklich – und wir wissen jetzt auch, warum das so ist. In die Kraftkammer gehen und sich ordentlich auspowern, wie vielfach bei Stress durchaus freundlich angeraten, ist also ein fataler Tipp.

Je aktiver Zellen sind, umso mehr Energie benötigen sie und umso mehr Mitochondrien enthalten sie. Spitzenreiter sind die weiblichen Eizellen, die mehrere 100.000 Mitochondrien besitzen, wie alle Organe mit hohem Stoffwechsel.

Bei allen sogenannten Zivilisationserkrankungen ist die Mitochodrienfunktion immer gestört.

Auch die Wirkung unserer Stress-Regulationssysteme hängt von der Energiebeschaffung ab.

Da ATP die Form unmittelbar verfügbarer Energie in jeder Körperzelle ist, wird es für nahezu alle ablaufenden Prozesse benötigt. Dazu zählen vor allem der Ablauf von Muskelbewegungen sowie der Aufbau von körpereigenen Stoffen und der aktive Transport durch Biomembranen.

Bei länger andauernden Muskelkontraktionen kann die Durchblutung des Muskels so schlecht werden, dass die Muskelzellen nicht mehr ausreichend ATP produzieren können. Vielleicht war ihre Fähigkeit schon vorher nicht mehr optimal. Kalzium verbleibt dadurch in der Zelle und die Muskelkontraktion bleibt bestehen. Erst eine Verbesserung der Durchblutung und eine gute Sauerstoffversorgung können solche Myogelosen, wie hartnäckige Verspannungen bezeichnet werden, lösen. Rückenprobleme treten häufig im Zusammenhang mit Stress auf.

Körperzellen sind vollgestopft mit Bio-Kraftwerken namens Mitochondrien. Unsere Batterie heißt ATP und könnte auch Information übertragen.

Chronischer Stress ist wie Marathonlaufen.

Rückenprobleme sind bei jedem Dritten stressbedingt.

Wer viel Stress hat, braucht Mitochondrien, die auch gut funktionieren und ausreichend ATP bilden!

Auf den Punkt gebracht

Tipp:

Lassen Sie den aktuellen ATP-Gehalt in Ihren Zellen durch eine Blutabnahme bestimmen. Ist der Wert zu niedrig, zeigt dies eine zelluläre Erschöpfung an. Durch Bereitstellung von Betriebsmitteln der Mitochondrien kann der ATP-Spiegel meist innerhalb mehrerer Wochen wieder angehoben werden.

Stress im Gehirn

„Die Hauptaufgabe des Körpers besteht darin, den Kopf zu tragen."

Thomas Alva Edison

Im Kopf befindet sich die Nummer 1 im Energieverbrauchen: unser Gehirn. Die Energiezufuhr unseres Gehirns hat oberste Priorität, immerhin geht es um „neuronale Sicherheit" – das Gehirn muss bei Gefahr, Bedrohung oder Angriff möglichst einwandfrei funktionieren können!

Das Gehirn macht zwar nur 2 % des Körpergewichts aus, verbraucht aber rund ⅔ der zugeführten Kohlenhydrate.

Der begehrteste Rohstoff für das Gehirn ist Zucker, es ist ein richtiger Zucker-Junkie! Zucker ist ein einfaches Kohlenhydrat und zirkuliert im Blut als Glukose (Traubenzucker). Die Nervenzellen sind regelrecht abhängig von Glukose und Ketonkörpern, sie können im Gegensatz zu Herz und Muskulatur Fettsäuren nicht direkt nutzen und auch keine Energie speichern. Das Gehirn beansprucht von den ca. 200 g Glukose, die ein Mensch derzeit durchschnittlich pro Tag aufnimmt, alleine 130 g! Sie können sich diese Menge als eine Tasse Zucker vorstellen. Diese wird täglich in unser Gehirn transportiert. In Stresssituationen kann der Energiebedarf sogar bis auf 90 % ansteigen. Glukose war jedoch in unserer Evolution, im Gegensatz zu heute, immer ein extrem rarer Bestandteil unserer Ernährung. Deshalb haben wir verschiedenste Möglichkeiten entwickelt, Glukose nicht nur besonders gut zu speichern, sondern auch bei Bedarf aus Fetten und Eiweiß selbst herzustellen. Im Prinzip können wir aus allem, was wir in den Mund stecken, Glukose machen. Die Aufnahme von Glukose in die Zellen erfolgt über einen sehr ausgeklügelten Mechanismus, der durch unser wichtigstes Speicherhormon Insulin geregelt wird. Da unsere Ernährung in der Zeit, als unsere Baupläne entstanden sind, aber immer sehr arm an einfachen Kohlenhydraten war und wir an Hungerzeiten angepasst sein mussten, können auch Ketonkörper, welche aus der

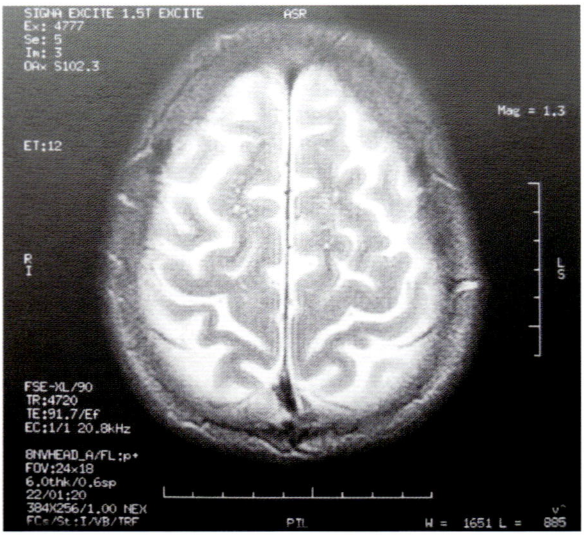

Fettverbrennung entstehen, einen beträchtlichen Anteil zur Energieversorgung des Gehirns beitragen.

Die Aufnahme der Glukose erfolgt unter der Kontrolle unseres wichtigsten Speicherhormons Insulin. Durch das Andocken an einen Insulinrezeptor verschiebt es Glukose in die Zellen hinein. Im Gehirn gibt es ein dichtes Netzwerk an Insulinrezeptoren, welches sich vor allem in der Steuerzentrale, dem Hypothalamus, befindet. Insulin ist an der Regulation des Essverhaltens, am Belohnungssystem, an der Gedächtnisbildung und kognitiven Funktionen beteiligt. Bei entsprechender kohlenhydratreduzierter Ernährung kann das Gehirn nach einer Adaptationsphase von Tagen bis Wochen ⅔ seines Energiebedarfs wieder insulinunabhängig aus Ketonkörpern decken.

Energiesubstrate werden also durch das Blut herbeigeschafft, und dies erfolgt nicht zufällig, sondern auf Bestellung des Gehirns. Der Botenstoff Leptin berichtet dem Gehirn über die Lagervorräte in Fett- und Muskelgewebe. Leptin ist ein Hormon des Fettgewebes und wird in Abhängigkeit zur vorhandenen Fettmasse gebildet. Es ist das Hormon, das dem Gehirn Auskunft über die Energievorräte seiner Trillionen von Zellen gibt.

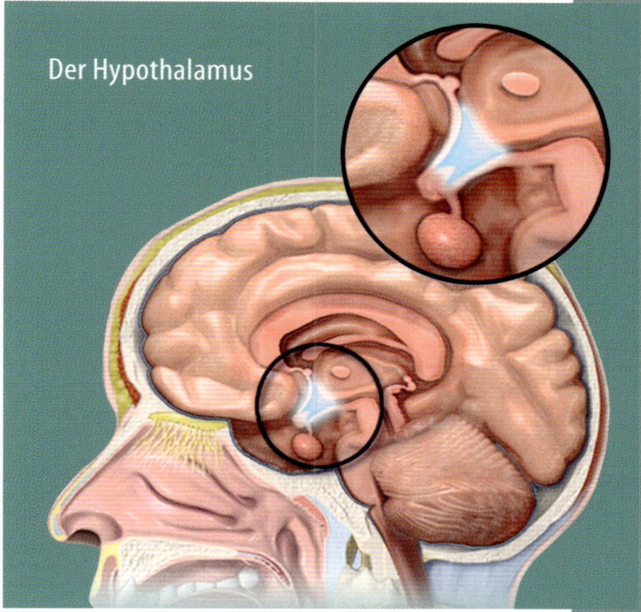

Insulin und Leptin arbeiten vor allem im Hypothalamus eng zusammen.

Die Steuerung übernimmt der Hypothalamus mittels des Stresssystems, welches aus dem autonomen Nervensystem und Hormonen besteht, die den „verlängerten Arm" unseres Gehirns in der Peripherie unseres Körpers darstellen.

Auf den Punkt gebracht

Das Gehirn ist unser größter Energieverbraucher. Es kann über das autonome Nervensystem und Hormone Energie bestellen, es bevorzugt Zucker, kann aber auch Ketonkörper verwenden. Unter Stress steigt der Energiebedarf steil an.

Der Dirigent – unser Hypothalamus

Der Hypothalamus ist eine relative kleine, aber die wichtigste Hirnregion für die Aufrechterhaltung unseres inneren Gleichgewichts. Er sorgt für unsere Anpassungsfähigkeit bei Belastungen und ist auch das wichtigste Steuerzentrum des autonomen Nervensystems, welches selbst aus verschiedensten Regelkreisen besteht. Der „Aktivierer" Sympathikus und der „Dämpfer" Parasympathikus sind Partner innerhalb dieses Systems und bedingen unsere Anpassungsfähigkeit an unterschiedlichste Bedingungen. Sie sind für Körpertemperatur, Blutdruck, Blutsalze, Regulation der Nahrungs- und Wasseraufnahme, Tag-Nacht-Rhythmik, Schlaf und für die Steuerung des Sexual- und Fortpflanzungsverhaltens zuständig.

Insulinresistenz

Wenn der „Schlüssel" Insulin das „Schloss" Insulinrezeptor nicht mehr aufsperren kann, um Glukose in die Zelle hereinzulassen, wird dieser Zustand als Insulinresistenz bezeichnet. Vielleicht haben Sie davon bereits im Zusammenhang mit Übergewicht und Diabetes gehört. Doch auch chronischer Stress kann dazu führen, und dies bedeutet für die Nervenzellen des Gehirns einen Mangelzustand mit Leistungsverlust: Wichtige Botenstoffe, wie Serotonin (Beruhigung und Entspannung), Acetylcholin (Gedächtnis, Lernen, Motivation, autonomes Nervensystem), GABA (natürliches Beruhigunsmittel des Gehirns), Glutamat (Gehirn-Kommunikation) werden nicht mehr ausreichend produziert. Sie erinnern sich: „Moleküle machen Gefühle!" Der Mix der verbleibenden Botenstoffe entscheidet über Ihre Symptome in der chronischen Belastungssituation. Chronischer Stress wirkt sich also auch radikal auf unsere Hirnleistung aus und verändert unsere Hormonproduktion!

Auf den Punkt gebracht

Eine Glukoseverwertungsstörung (Insulinresistenz) durch chronische Stressbelastung führt zu ernsten Versorgungsproblemen in dieser wesentlichen Hirnregion des Hypothalamus, vor allem, wenn wir verlernt haben, Ketonkörper auch als Energiequelle zu nutzen. Diese „Energiekrisen" verändern Hormon- und Botenstoffspiegel.

Tipp:

Eine Leptin- oder Insulin-Resistenz kann am besten durch eine hochwertige Ernährung mit wenig einfachen Kohlenhydraten rückgängig gemacht werden.

Das egoistische Gehirn

Achim Peters, ein bekannter deutscher Stoffwechselforscher, entwickelte die These des Selfish Brain, die inzwischen wissenschaftlich untermauert werden konnte.

Wie dargestellt, ist das Gehirn hauptsächlich auf Glukose als ATP-Substrat angewiesen, da es bei unserer heute üblichen Ernährung meist verlernt hat, auch auf Ketonkörper zurückzugreifen. Durch die Blut-Hirn-Schranke ist das Gehirn außerdem großteils von der restlichen Durchblutung im Körper abgegrenzt. Der Blutzucker muss durch einen besonderen insulinunabhängigen Transporter zu den Nervenzellen gebracht werden. Da das Gehirn Energiesubstrate nicht speichern kann, fordert es Energie bei Bedarf an, dabei ist es auf eine funktionierende Lieferkette aus Körperspeichern und Umgebung angewiesen, die als Brain Pull bezeichnet wird.

„Das Gehirn steht mit den anderen Organen im Wettbewerb", erklärt Peters, „es beschafft seine Energie durch Umverteilung: Anderen Organen wird Glukose entzogen, um diese selbst zu verbrauchen."

Peters vergleicht in einem Interview in der Österreichischen Ärztezeitung vom April 2010 Brain-Pull-Störungen gerne mit Computerstörungen: „Es liegt entweder ein Hardware- beziehungsweise Software-Fehler vor, oder Viren stören das Programm. Hardware-Störungen sind selten, sie werden zum Beispiel durch Tumore oder seltene Gen-Defekte ausgelöst und führen zu Übergewicht. Häufig sind hingegen Software-Probleme. Eine Programmierung des Brain Pull gibt es schon im Mutterleib, später im Jugendalter und beim Erwachsenen durch Trauma und Stress, durch Signale von außen, die zu einer Konditionierung führen. Der häufigste Faktor ist chronischer Stress. Das Gehirn braucht dann ständig mehr Energie und aktiviert den Brain Pull, daraus folgt, dass die Stimmung schlecht wird."

Schon länger ist bekannt, dass die Entscheidungsfähigkeit morgens und nach dem Essen besser ist und mit der aktuellen Glukoseversorgung des Gehirns zusammenhängt. Im Lauf des Tages trefffen Menschen, die kognitiv belastet sind, auch eher egoistische Entscheidungen und oberflächliche Urteile. Auch Auswirkungen auf das Verhalten und Emotionen wie Aggression sind beschrieben.

Benötigt man also unbedingt etwas Süßes, wenn man am frühen Nachmittag im Büro einen Einbruch seiner Leistungsfähigkeit erfährt, obwohl die meisten von uns eigentlich genug Energie eingelagert hätten?

Sowohl Selbstkontrolle als auch kognitive Anstrengung sind energieraubende Arbeit für unser Gehirn. Wenn ich Sie durch eine Rechenaufgabe in Stress versetze (für deren Lösung würden Sie auch jede Menge Selbstkontrolle benötigen) und Ihnen danach einen Joghurt mit Beeren oder ein Tiramisu anbieten würde – was würden Sie wählen? Studien haben gezeigt, dass Menschen, die mit einer anspruchsvollen kognitiven Aufgabe und einer Versuchung konfrontiert sind, eher einer Versuchung nachgeben. Folglich werden wir eher zum Tiramisu greifen.

Kognitive Anstrengung ist aber nicht der einzige Grund für eine geschwächte Selbstkontrolle: Auch Alkohol oder eine schlaflose Nacht können dies bewirken. Selbstkontrolle erfordert Aufmerksamkeit und Anstrengung und damit Energie. Voraussetzung für Energie ist die entsprechende Versorgung mit Glukose oder Ketonkörpern.

Neue Studien zeigten interessanterweise aber auch, dass reine Willenskraft ausreicht, um ohne zusätzlichen Zucker hervorragend weiter arbeiten zu können. Zucker hilft also gegen die nachmittägliche Ermattung nur dann, wenn wir über wenig Willenskraft verfügen. Es geht also möglicherweise gar nicht um ständig mehr Zucker, sondern um eine Veränderung der Einstellung.

Warum Stress Heißhunger macht

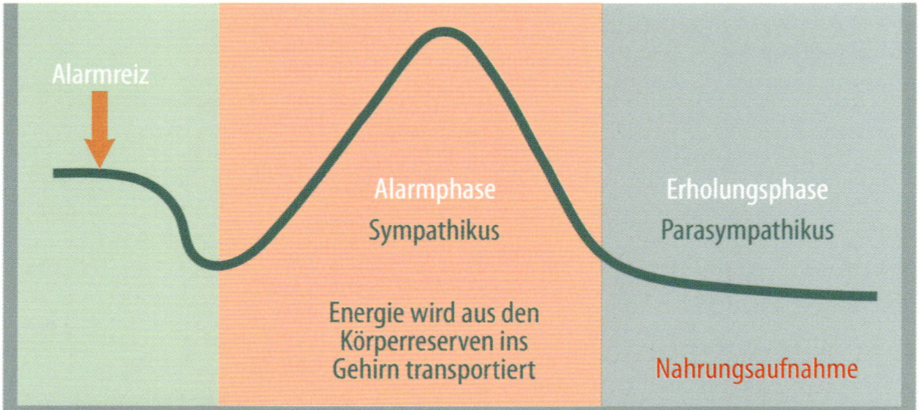

Der Zusammenhang von Stress und Nahrungsaufnahme

Nur 10 Minuten psychosozialer Stress verbrauchen ungefähr so viel Energie, wie in einem Kornspitz steckt (34 Gramm Extrakohlenhydrate). Bereits kurzzeitige Leistungssteigerungen des Gehirns können uns erschöpft und müde machen.

Aber wie sieht das nun bei chronischem Stress aus?

Da gibt es offensichtlich zwei Typen von Menschen:

- Bei der einen Gruppe passt sich der Brain Pull an, sie müssen aber mehr essen, um ihr Gehirn zu versorgen – dadurch nehmen sie zu.
- Bei den anderen Gruppe passt sich der Brain Pull nicht an, sie haben ständig einen hohen Brain Pull, der die Energie aus dem Körper ins Gehirn umlenkt. Diese Menschen nehmen ab, ihre Laune wird schlechter, im schlimmsten Fall geht das bis zur depressiven Verstimmung.

Die Prägung in Richtung Insulinresistenz/gestörtem Brain Pull beginnt bereits im Mutterleib. Epigenetische Einflüsse, also Einflussnahme der Umwelt auf unsere Genaktivität, können dann auch später im Sinne der persönlichen Stressbiographie stattfinden. Falschsignale wie Alkohol, Süßstoffe und Medikamente spielen ebenfalls eine Rolle.

Chronische Stressbelastung wirkt sich vor allem über den erhöhten Glukoseverbrauch des Gehirns aus. Um diesen lebenswichtigen Energiestoffwechsel aufrecht zu erhalten, werden andere Bedürfnisse wie Verdauung, Immunsystem und Regeneration der Nervenzellen, die viel Energie benötigen, vernachlässigt.

Die Beruhigungs- und Erholungssysteme, welche „energiesparend" wirken – Serotonin, Melatonin, DHEA, Parasympathikus – altern und können durch chronische Stressbelastung regelrecht „voraltern". Interessanterweise gilt dies nicht für die aktivierenden Stresssysteme!

Bevor Sie jetzt nach all diesen Überlegungen zur Milchschokolade greifen:

Zucker wirkt zwar besonders schnell, aber nur sehr kurz. Starke Oszillationen des Blutzuckers mit sehr hohen und sehr tiefen Werten sind für uns langfristig besonders ungesund. Selbst in ganz normalen Mengen kommt es zu einer Beschleunigung der Entzündungs- und Alterungsvorgänge durch Advanced Glycation Endproducts (AGEs). Klingt bereits so, wie sie wirken!

Wenn Sie eine Pfanne nehmen, Zucker in Fett schmelzen und bei starker Hitze unter ständigem Rühren bräunen, nennt man dies Karamellisieren. Wenn Zucker mit Fett oder Proteinen in Ihrem Körper reagiert, passiert Ähnliches und es entstehen AGEs. Wenn Sie also viel Zuckerhaltiges zu sich nehmen, aber auch Stärkehaltiges wie Brot, helle Nudeln, Pizza, Mais u.Ä., die sehr rasch zu Zucker umgesetzt werden und hohe Blutzuckerspitzen verursachen, produzieren Sie eine Menge AGEs. Sie können diese auch schon fertig mit der Nahrung aufnehmen. AGEs sind ziemlich trügerisch, weil sie unserem Essen wünschenswerte Gerüche und Geschmäcker verleihen können und in vielen Produkten enthalten sind.

In Summe gesehen ist es daher besser, darauf zu achten, den Blutzuckerspiegel möglichst gleichmäßig ohne große Schwankungen zu halten. Nachhaltigere Energielieferanten für Ihre anhaltende Entscheidungsfähigkeit, Konzentration und aufrechte Selbstkontrolle sind sogenannte komplexe Kohlenhydrate mit niedriger glykämischer Last, wie viel Gemüse, Salate, Kräuter, ein wenig Vollkornprodukte und etwas Obst, vor allem Beeren, sowie Nüsse, Olivenöl, Leinöl und pflanzliches sowie tierisches Eiweiß. Wer starken Süßhunger verspürt und kurz gehofft hatte, dass sein hoher Zuckerkonsum gut gegen Stress ist, sollte beim Botenstoff Serotonin nachschlagen und kann außerdem gerne zu Schokolade greifen, die einen möglichst hohen Kakaoanteil, zumindest über 75 %, enthalten sollte!

Chronische Stressbelastung kann uns also über kurz oder lang entweder depressiv, verstimmt oder dick machen – und langfristig letztlich oft beides. Einen besonderen Stellenwert nimmt hier eine „artgerechtere" Ernährung ein.

Auf den Punkt gebracht

Top-Energieverbraucher im Fahrwasser des Gehirns: Muskulatur und Immunsystem

Die zwei anderen größten Energieverbraucher neben dem Gehirn sind die Muskeln und das Immunssystem. Der Energieverbrauch bei körperlicher Belastung hängt einerseits von der eingesetzten Muskelmasse ab, andererseits von der Intensität der Muskelarbeit.

Sind die Regenerationsfähigkeit und -dauer längerfristig herabgesetzt, wird die Muskelarbeit immer unökonomischer und der Energieverbrauch immer höher. Dies führt in einen Teufelskreis mit letztendlich völliger Entgleisung des Energiestoffwechsels.

Leiden wir unter einer Infektion oder einer anderen Entzündung, beträgt der Energieverlust durch Aktivierung des Immunsystems 25 bis 30 %! Wenn wir krank sind, fühlen wir uns müde und würden uns am liebsten nur ins Bett legen und schlafen. Dies ist hinsichtlich des Energiehaushalts eine durchaus gewünschte und sinnvolle Strategie. Im Schlaf ist einerseits das Immunsystem hoch aktiv, außerdem ist der Schutz der Energiespeicher eine wichtige Aufgabe des Schlafes. Deshalb ist es auch einer der besten Ratschläge, sich bei Infekten, die viel Energie benötigen, wirklich einen Tag ins Bett zu legen und sich gesund zu schlafen. Während des Schlafes kann der Energiebedarf wieder um 25 % gesenkt werden.

D-Ribose und Galaktose – besondere Zucker

D-Ribose ist ein körpereigener Zucker und spielt im Energiestoffwechsel eine entscheidende Rolle. Sie ist ein Baustein von ATP, unserem Energiespeicher, der RNA und DNA, unserer Erbsubstanz, sowie von wichtigen Co-Faktoren im Energiestoffwechsel.

Ein hoher Energieumsatz durch körperliche Anstrengung, aber auch durch Krankheit und Stress, geht mit dem Verlust und Abbau von ATP einher und führt damit zum Verlust der Zelle an D-Ribose. Durch eine hohe verfügbare Menge an D-Ribose wird dieser Energieverlust schneller ausgeglichen. Eine durch chronischen Stress bedingte Glukoseverwertungsstörung (Insulinresistenz) im Gehirn kann und sollte umgangen werden:

Der Schwesterzucker der Glukose, die Galaktose, kann im Gegensatz zur Glukose insulinunabhängig und nur über ein Konzentrationsgefälle in die Zelle gelangen. Galaktose ist ein einfacher natürlicher Zucker, der auch in der Muttermilch vorkommt. In der Zelle wird Galaktose rasch und vollständig zu Glukose umgewandelt.

Auf den Punkt gebracht

Stress ist ein Energieproblem
Lang andauerende Belastungen erfordern außergewöhnlich viel Energie. Glukose muss dazu auch in die Zellen hineinkommen. Dies ist vom Speicherhormon Insulin abhängig. Ketonkörper aus der Fettverbrennung können einen Teil der Energieversorgung übernehmen. Chronischer Stress und falsche Ernährung verschlechtern die Energieversorgung im Gehirn und dessen Funktion.

Tipp:

Besondere Zucker stellen dem Körper – insbesondere dem Gehirn – nötige Energie zur Verfügung. Sie beeinflussen dabei den Blutzuckerspiegel nur gering und verhalten sich stoffwechselneutral, das heißt, sie führen zu keiner Insulinerhöhung.

Stress und Entzündungen

Um diesen wichtigen Zusammenhang verstehen zu können, müssen wir zunächst etwas weiter ausholen und verstehen, was Entzündungen eigentlich sind.

Wir sind Lebewesen, die sich ständig an Umweltbedingungen anpassen konnten.

Sehr lange Zeit waren dies nur Luft und Licht, Wasser und Erde und unsere Nahrung.

Wir besaßen dazu eine gewisse genetische Ausrüstung, die durch Umweltreize moduliert werden konnte. Auch diese sogenannten epigenetischen Prägungen waren nicht unveränderlich, sondern wurden durch jede aktuelle Situation beeinflusst.

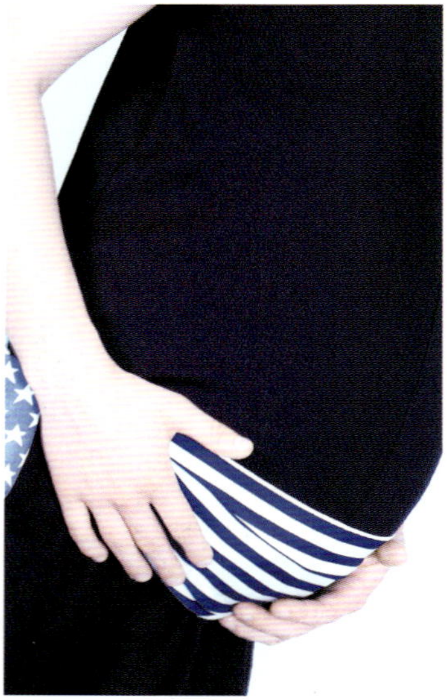

Dadurch waren unsere Informationssysteme Nervensystem, Hormonsystem und Immunsystem in ihrer Empfindlichkeit feineingestellt.

Bakterien fanden uns sehr attraktiv und besiedelten uns innen und außen. Manche machten sich mit uns ein bilaterales Handelsabkommen aus, so kamen wir zu mehr Energie durch Mitochondrien (diese durften sogar herein) und zu Vitamin K durch Darmbakterien (die mussten aber draußen bleiben). Voraussetzung dafür war die Entwicklung einer Immuntoleranz, das heißt, unser Immunsystem durfte diese speziellen Bakterien nicht angreifen. Übrigens galt dies auch für unseren eigenen Nachwuchs. Beim Heranwachsen eines Embryos im Körper seiner Mutter musste deren Immunsystem ebenso tolerant sein, immerhin war das Kind zu 50 % „unbekannt" – Mutter und Kind haben bis heute ein Stillhalteabkommen auf neun Monate.

Besonders schlau waren auch viele Viren, die es schafften, unsere Immunabwehr zu überlisten und sich sogar in unsere Erbinformation einzubauen. Zum Teil zum Vorteil, zum Teil zum Nachteil für uns, reisen sie seither mit uns zusammen durch die Zeit.

Noch heute läuft das Immuntraining im Darm ab und dieser verrichtet quasi eine Fließbandarbeit mit extremster Präzision. Im Verdauungsprozess muss Fremdheit beseitigt werden: Wenn Sie ein Steak essen, dann ist das Fremdeiweiß. Eigentlich müsste es sofort wieder raus. Das Rindereiweiß muss erst in der „staatenlosen Transferzone" des Darms in die einzelnen Bestandteile, möglichst in Aminosäuren, zerlegt werden, um vom Immunsystem als vertraut – weil nun nicht mehr Rind, sondern neutral – eingestuft zu werden. Ohne diese Toleranz würden wir selbst bei vollster Schüssel verhungern.

Gibt es ein Problem im Darm und werden nicht Aminosäuren, sondern Eiweißketten in das Blut abgegeben, wird das Immunsystem diese als fremd ablehnen. Es kommt zu einer Entzündung.

Eine Entzündung ist eine bewährte Abwehrstrategie gegen Infektionen mit Parasiten, Bakterien, Viren und anderen Eindringlingen. Sie ist auch eine Schutzmaßnahme gegen Verletzungen. Ziel ist es, den Auslöser der Entzündung zu eliminieren, unschädlich zu machen oder zumindest zu kontrollieren.

Manchmal kam es zu Fehlern, und die Abwehr richtete ihr friendly fire gegen körpereigene Strukturen. Wir sprechen dann von Autoimmunreaktionen.

In den letzten hundert der vielen hunderttausend Jahre der Menschenevolution kamen dann plötzlich ziemlich viele neue und unerwartete Aufgaben für das Immunsystem hinzu: dem Körper bis dahin unbekannte Partikel, chemische Verbindungen, Legierungen und Metalle, Strahlung ...

Andererseits haben chronische entzündliche Erkrankungen, wie zum Beispiel Allergien, Autoimmunerkrankungen oder auch nur Zahnfleischentzündungen, drastisch zugenommen. Ein Zufall?

Unser Immunsystem ist ein Regulationssystem und kein reines Angriffssystem, es bewegt sich zwischen Angriff und Toleranz. Es gibt also eine Variabilität, eine Balance zwischen sich wehren oder einer Akzeptanz, einen Starter und eine Bremse. Der Angriff dient der Infektabwehr, wobei die Symptome wie Müdigkeit, Fieber, Schmerz sinnvoll sind und in Kauf genommen werden. Sinnvoll deshalb, weil sie so wie früher auch heute noch dafür sorgen sollten, dass wir „in der Höhle bleiben" und keine unnötige Energie verschwenden. Wenn die Strategie früher nicht zur Infektüberwindung führte, war dies ohnehin das Ende, heutzutage verfügen wir glücklicherweise über Unterstützungsmöglichkeiten der modernen Medizin.

Eine weitere Aufgabe des Angriffs war die Tumorüberwachung, also die Entstehung entarteter und damit fremder Zellen zu erkennen und diese rechtzeitig zu beseitigen.

Die Immuntoleranz gegenüber eigenen Strukturen verhindert im Normalfall Autoimmunerkrankungen. Angriff ist also prinzipiell gut, er muss aber adäquat und richtig dosiert sein. Alle Körperzellen werden vom Immunsystem ständig gescreent, und der Grat zwischen Elimination und Toleranz ist ein schmaler!

Die Toleranz, der Bremser im Schlitten der Immunabwehr, ist der Garant, dass wir immunologisch nicht aus der Kurve fliegen: denn wenn die Toleranz versagt, entstehen chronisch-entzündliche Erkrankungen.

Inzwischen wissen wir, dass sich hinter fast allen chronischen Erkrankungen und sogenannten Zivilisationskrankheiten Entzündungsreaktionen verbergen. Und nun kommt der Stress ins Spiel, denn auch er hat eine starke Verbindung zur Inflammation.

Die Entzündungsreaktion ist ein komplexer Prozess, an deren Regulation unter anderem Immunzellen, Antikörper und Entzündungsmediatoren beteiligt sind.

Die Entzündung darf sich nur in einer bestimmten Intensität und Dauer abspielen, sie muss begonnen, aber auch wieder beendet werden. Sie muss in einem gewissen Bereich reguliert werden, da sowohl eine übermäßige als auch eine zu geringe Entzündungsreaktion Schaden bewirken würde. Anfangs- und Nebenwirkungen spielen dabei eine wichtige Rolle. „Der Keim ist nichts, der Nährboden ist alles", sagte bereits der französische Forscher, Arzt und Physiologe Claude Bernard und meinte damit, dass es mehr auf die Schlagkraft des Immunsystems und unsere Regulationsfähigkeit als auf die Art des Erregers selbst ankommt, ob wir einer Infektion unterliegen oder gesund werden.

Das Immunsystem ist dabei nicht – wie lange geglaubt – unabhängig, sondern wird vom autonomen Nervensystem beeinflusst, welches den Vermittler zwischen der Chefetage Gehirn und dem Rest des Körpers darstellt.

Der Parasymphatikus wirkt als „Dämpfer" einer Entzündungsreaktion, damit diese lokal wirken, sich aber nicht auf andere Regionen des Körpers unkontrolliert ausbreiten kann.

Eine akute Entzündung, zu der übrigens auch die Wundheilung oder das Einnisten eines Embryos in die Gebärmutter gehört, ist also biologisch sinnvoll, und der Auslöser ist meist ein tatsächliches „Problem", wie ein krankheitsverursachender Erreger, aber auch gealterte oder entartete körpereigene Zellen.

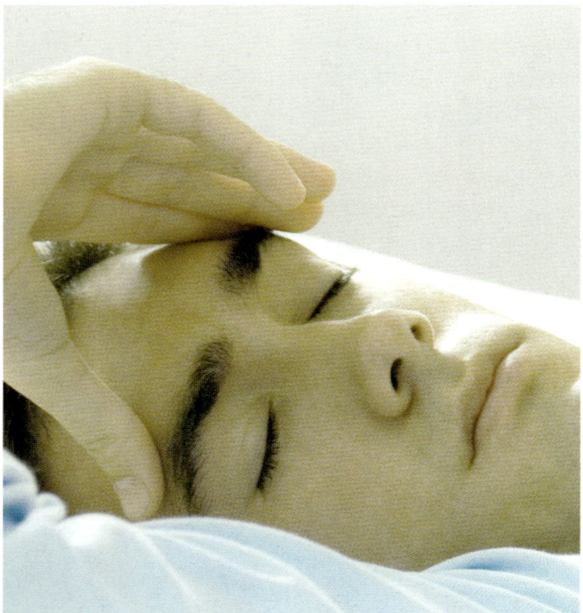

Anders sieht es aus, wenn eine akute Entzündung zu einer chronischen Entzündung wird. Chronisch-entzündliche Erkrankungen haben eines gemeinsam: sie beruhen auf einer „Über-/Fehlreaktion" des Immunsystems z.B. gegenüber (wenig krank machenden) Bakterien, Pilzen oder Viren, Allergenen, köpereigenen Strukturen, Umweltschadstoffen und so weiter. Somit zählt der jährliche Heuschnupfen ebenfalls dazu, wie alle Autoimmunerkrankungen, Paradontitis, rheumatische Erkrankungen, Depression, zu viel Bauch- und Leberfett, Atherosklerose, Diabetes, Demenzen und so weiter und letztendlich auch die Alterung.

Diese entzündlichen Erkrankungen wirken sich nicht einzeln, sondern als Summe auf unser System aus, wir sprechen von Entzündungsbelastung (inflammatory burden).

Auch bei chronischen Entzündungen spielt nun der erhöhte Energiebedarf eine Rolle, dieser steigt bei Aktivierung unseres Immunsystems um 25 bis 30 %. Ebenso muss man berücksichtigen, dass Alterung und entzündungsbedingte „Voralterung" des Parasympathikus eine Verschlechterung der Regulationsfähigkeit und damit eine Neigung zu anhaltenden Entzündungen begünstigt. Dadurch nimmt unsere Belastbarkeit unter chronischem Stress weiter ab. Umgekehrt fördert chronischer Stress die Entzündungstendenz, so steigt zum Beispiel die Paradontitisanfälligkeit unter Stress deutlich an.

Auf den Punkt gebracht

Jede Entzündung macht müde.
Wenn eine Entzündung im Körper aktiv ist, ist immer der ganze Körper davon betroffen, auch unser Gehirn. Dieses hat aber keine Schmerzempfindung, sondern wir fühlen uns müde und es arbeitet langsamer als sonst.

Normalerweise fühlt man sich bei einer chronischen Entzündungsreaktion eingeschränkt, und erst recht merkt man eine akute Entzündung: die Stelle ist gerötet, geschwollen und es tut weh! Es gibt jedoch chronische Entzündungen, die so minimal sind, dass wir nichts davon merken, oder zumindest nicht durch die üblichen Zeichen darauf aufmerksam werden. Diese können wir nur in Laboruntersuchungen nachweisen. Zu diesen zählt etwa die Atherosklerose, deren Spätfolge Schlaganfall oder Herzinfarkt sein können.

Tipp:

Nehmen Sie Entzündungen immer ernst, auch wenn sie nur in Laborwerten nachweisbar sind. Denken Sie daran, dass jede Entzündung auch Ihre psychische Situation und Ihre Leistungsfähigkeit verschlechtert. Besprechen Sie langfristige entzündungsvermeidende Strategien mit dem Arzt Ihres Vertrauens, Sie verlängern damit Ihre gesunde Lebensspanne!

Stress und Verdauung

Im Laufe unseres Lebens schleusen wir rund 30 Tonnen Nahrung und fast doppelt so viel Flüssigkeiten durch uns durch. Sie haben bereits gelesen, dass der Darm die größte Kontaktfläche zur Umwelt darstellt, als „neutrale Transferzone" zwischen dieser und uns fungiert und mit höchster Präzision zwischen „fremd" oder „vertraut" unterscheiden muss. Dies bedingt, dass rund 80 % unseres Immunsystems im Darm stationiert sind. Der Darm ist also Versorgungs- und Entsorgungs- sowie Immunsystem in einem und produziert auch noch Vitamine und Hormone.

In unserem Körper gibt es 10-mal mehr Bakterien als Körperzellen, welche insgesamt auch 300-mal so viele Gene besitzen wie unsere Zellen aufweisen. Unvorstellbar – eine eindeutige demokratische Mehrheit! Was einen Menschen, ob gesund oder krank, wirklich ausmacht, das bestimmt womöglich das Mikrobiom? Was dies für uns bedeutet und wer auf wen mehr Einfluss nimmt, werden wir hier beleuchten.

Während in der Nase bereits rund 2000 verschiedene Bakterienarten siedeln, steigert sich dies im Abwärtsgang und der Dickdarm zeigt mit 33.000 letztlich die größte Artenvielfalt. Er ist damit der Ort mit der höchsten Einwohnerdichte der Welt und ein sehr begehrtes Territorium – immerhin herrschen hier optimale, stabile Temperaturbedingungen wie sonst nur in einem Brutschrank, und ständig schwimmt Nahrung vorbei! Das reinste Schlaraffenland für Bakterien und Pilze, die sich hier in vollkommener Finsternis tummeln, wobei kein Plätzchen und keine Nische ungenutzt bleibt und jede entstehende Lücke sofort geschlossen wird. Wie ein lebendiger Rasen liegen sie dem Darm innen auf.

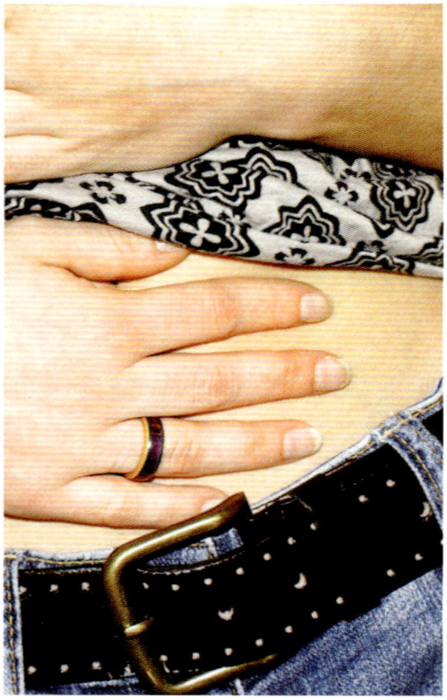

Wir haben nur ganz zu Beginn einen sterilen Darm, bereits bei der Geburt übernehmen wir die Keime unserer Mutter und erwerben bis zum ersten Lebensjahr unser eigenes Bakterienprofil.

Äußere Einflüsse, wie

- Infektionen,
- Magen-, Darmerkrankungen,
- Stress,
- Nahrungsmitteleinfluss

verändern in kürzester Zeit das Mikrobiom des Darmes.

Wenn man Koprolithen – versteinerten Stuhl – unserer Vorfahren untersucht, finden sich Bakterienarten, die heute bereits ausgestorben sind. Wir benötigen samt unseres Mikrobioms tausende von Jahren, um uns an eine neue Kost zu gewöhnen. Unsere Ernährungsgewohnheiten bestimmen die Zusammensetzung des Mikrobioms mit, wer besonders gerne süß isst, begünstigt Firmicutes-Bakterien, die diese Vorliebe für Kohlenhydrate teilen. Ist die Balance gestört, so spalten die Firmicutes-Bakterien auch aus Gemüse und Obst Bestandteile heraus, die normalerweise mit dem Stuhl ausgeschieden werden.

Stress bringt die Giftküche in Gang

Nach heutigem Wissensstand hat das Mikrobiom vielfältige Einflüsse auf den menschlichen Organismus. Es schützt und reguliert essentielle Vorgänge. Weiters produzieren die Bakterien Vitamine, die wir benötigen.

Wird das Gleichgewicht des Mikrobioms gestört und es kommt zum Überwuchern von fakultativ schädigenden Keimen, kann der Darm zu einer wahren Giftküche geraten, Stoffwechselprodukte können in den Körper eindringen und Keime auch aufsteigen.

Das im Darm stationierte Immunsystem befindet sich in einer Art Dauerkrieg mit Eindringlingen von außen, potentiell schädigenden Keimen des eigenen Darms und Fremdeiweiß, welches durch geschädigte Schleimhautbereiche in Kontakt mit Immunzellen kommt.

Der Darm ist sowohl ein entgiftendes Organ, welches geschluckte Toxine entsorgt, als auch manchmal ein vergiftendes Organ, da durch Dysbiose Gärung und Fäulnis sowie Überwucherung mit Pilzen auftreten können, deren Stoffwechselprodukte uns belasten.

Bei fast jeder chronischen Erkrankung ist der Darm direkt oder indirekt beteiligt.

Wie zahlreiche Arbeiten aus den letzten Jahren belegen, werden auch vermeintlich zentralnervös bedingte Erkrankungen nicht unwesentlich durch Bakterien des Gastrointestinaltraktes mit beeinflusst.

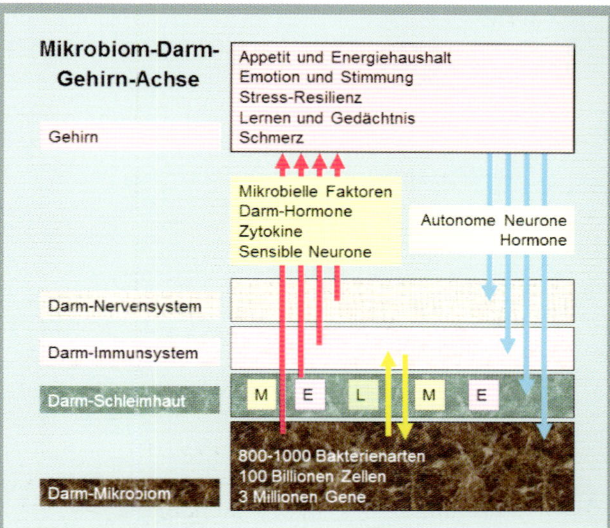

Die Mikrobiom-Darm-Gehirn-Achse

(nach: Peter Holzer, Institut für Experimentelle und Klinische Pharmakologie, Forschungseinheit für Translationale Neurogastroenterologie, Medizinische Universität Graz)

Stress wirkt sich auf die Zusammensetzung des Mikrobioms im Darm nachweisbar aus. Unter Stress kommt es vermehrt zu Dysbiosen, es vermehren sich z.B. potentiell krank machende Bakterien besonders stark. Der Auslöser für das Wachstum in der Darmschleimhaut sind Interaktionen mit unseren Stresshormonen Adrenalin und Noradrenalin. Diese stoßen in den Bakterien Genaktivitäten an, die diese besonders virulent machen. Medikamente, die Stresshormone blockieren, verhindern dies.

Genauso spannend sind neue Forschungsergebnisse, nach denen viele wichtige Signale für die Lenkung des Immunsystems, aber auch zum Beispiel der Schwangerschaft aus dem Darm kommen. Eine besondere Bedeutung als Vermittler zwischen Darmbakterien und Immunsystem hat dabei das androgene Testosteron.

Auf den Punkt gebracht

Das Gewicht unserer Darmbakterien beträgt bis zu 2 kg unseres Körpergewichts und ihre Zahl übersteigt 100 Trillionen.

Jeder hat letztlich die Darmflora, die er verdient.

Darmbakterien und Immunsystem hängen über die Regulation der Hormone eng zusammen. Eine Veränderung des Mikrobioms zum Beispiel durch chronischen Stress nimmt so Einfluss auf unser ganzes System. Eine gestörte Kommunikation zwischen Magen-Darm-Trakt und Gehirn kann für psychische Störungen verantwortlich sein.

Tipp:

Essen Sie drei Mahlzeiten täglich – ohne Snacks dazwischen. Frühstücken Sie möglichst innerhalb von 30 Minuten nach dem Aufwachen und nehmen Sie die letzte Mahlzeit mindestens vier Stunden vor dem Schlafengehen zu sich. Jede Mahlzeit sollte hochwertiges Eiweiß, komplexe Kohlehydrate in Form von verschiedensten Gemüsen, Salaten und Kräutern sowie natürliche Fette enthalten. Essen Sie saisonale und damit reife, regionale „Lebensmittel" anstelle von Fertigprodukten aus dem „Chemiekasten" und bevorzugen Sie Abwechslung anstelle von Monotonie. Hüten Sie sich vor zu viel Fruktose, Stärke und generell vor einfachen Kohlenhydraten. Sie würden ja auch keinen Fusel in Ihren teuren Maserati schütten, wenn Sie einen hätten ...

Stress und Genvarianten

Sie sind einzigartig. Es hat nie jemanden wie Sie gegeben und es wird auch nie jemand wie Sie in der Zukunft sein. Nicht einmal eineiige Zwillinge sind exakt identisch. Schuld daran sind Genvarianten, sogenannte Genpolymorphismen.

Wir besitzen rund 20.000 Gene mit drei Milliarden Bausteinen, das Genom aller Menschen ist zu über 99 Prozent gleich. Es würde 9,5 Jahre dauern, Ihnen Ihren genetischen Code vollständig vorzulesen!

Im Jahr 2000 verkündeten US-Präsident Bill Clinton sowie Craig Venter und Francis Collins, die Leiter des Human Genom Projects, einer gespannt wartenden Öffentlichkeit die Entschlüsselung des menschlichen genetischen Codes: „Heute lernen wir die Sprache, in der Gott das Leben schuf!" Rasch kam die Enttäuschung: Der Mensch hat nicht mehr Gene als ein Fadenwurm! Außerdem tragen auch nur 3 % unserer Gene Erbinformationen für Eiweiß, der Anteil der nicht kodierenden Anteile beträgt 97 %. Was macht also dieser Rest?

Dieser wurde als „junk-DNA", also Müll bezeichnet, oder auch als die „dunkle Materie" des Genoms. Als würde die Natur je etwas Unnützes erschaffen! Inzwischen weiß man, dass der Entwicklungsgrad und die Komplexität eines Lebewesens von der Menge dieser „dunklen Materie" abhängen.

Mutationen werden als dauerhafte Veränderung des Erbgutes bezeichnet. Wenn diese in Keimzellen (Eizellen oder Spermien) erfolgen, können sie sogar vererbt werden, ansonsten betreffen sie nur das eine Individuum, wo sie aufgetreten sind.

Sie sind sehr selten und betreffen weniger als 1 % aller Menschen einer Bevölkerung, während jeder von uns Genvarianten trägt.

Diese Genpolymorphismen lösen keine Erkrankungen aus, sondern stellen quasi Variationen eines Themas dar (alle Menschen haben Augen, es gibt aber unterschiedliche Augenfarben). Wir tragen immer zwei Möglichkeiten für ein Merkmal in uns, von der Mutter und vom Vater. Das bedeutet, wir können gar keine, eine oder zwei Varianten eines Gens besitzen. Diese Varianten entstehen durch Austausch eines einzigen Bausteins (einer Base), und diese kleine Veränderung kann oft große Auswirkungen haben!

Serotoninspiegel und Stress

Der Neurotransmitter Serotonin ist an der Regulation unserer Stressantwort beteiligt und agiert dabei auf verschiedenen Ebenen im Gehirn und auch in der Peripherie, um die Aktivierung der hormonellen Stressachse zu modulieren.

Das Serotonin-Transporter-Gen produziert das Eiweiß, das den Rücktransport von unserem „Glückshormon" Serotonin aus dem synaptischen Spalt zurück in die Nervenzelle steuert. Dies entscheidet über die Wirkung des Serotonins. Es gibt zwei wichtige Varianten des Gens: Die längere Variante (L) führt zu einer stärkeren Transportaktivität. Dies gilt als gewisser Schutz vor Umwelteinflüssen, zum Beispiel Traumatisierungen. Die kurze Variante (S) jedoch führt zu einer verminderten Effektivität. Sie macht empfindlicher für frühkindlichen Stress und Traumatisierungen. Es besteht nun ein deutlicher Gen-Umwelt-Zusammenhang. Treffen die Genvariante und ungünstige Umweltbedingungen zusammen, kommt es gehäuft zu Angsterkrankungen, Depression und Suchterkrankungen wie Alkoholismus.

Dagegen helfen Medikamente aus der Gruppe der Serotonin-Wiederaufnahme-Hemmer (SSRI), die am Serotoninrezeptor wirken und ihn blockieren. Träger der S-Variante sprechen besser auf diese Medikamente an.

Der Serotonin-5HTR2C-Rezeptor nimmt eine besondere Schlüsselrolle in der Modulation der hormonellen Stressachse ein. Seine Aktivierung führt zu einer Erhöhung des Cortisolspiegels. Ungefähr jeder Zehnte besitzt eine Variante dieses Rezeptors, welche mit einer erhöhten Stressempfindlichkeit verbunden ist.

Psychischer Stress, Ärger, Depression und Einsamkeit sind gut bekannte Faktoren, die zur Entstehung von Herz-Kreislauf-Ekrankungen, besonders eines Herzinfarkts, beitragen. Menschen, die diese genetische Variante tragen, haben ein um 38 % höheres Risiko, einen Herzinfarkt zu erleiden. Die Verbindung zwischen dem Ereignis und dem erhöhten Cortisol ist die Zunahme der Entzündungstendenz, die bestehende Gefäßveränderungen, sogenannte weiche Plaques, leichter aufplatzen lässt.

Es gibt also auch einen genetischen Zusammenhang zwischen Stressanfälligkeit und der Fähigkeit, damit umzugehen.

Das Enzym COMT

Wir sind eine Verbrennungsmaschine, und unsere Abfallstoffe würden uns innerlich in kurzer Zeit vergiften, wenn wir sie nicht entsorgen könnten. Eigentlich sind unsere Entgiftungssysteme also dafür gedacht, unsere durchaus hochtoxischen Produkte aus Verdauung und Stoffwechsel wieder aus unserem Körper hinauszubekommen. Inzwischen beanspruchen wir dieses System jedoch mehr für die Entsorgung von Medikamenten, Metallen, Chemikalien aus der Umwelt und Lebensmittelzusätzen und missbrauchen diese Moleküle auf Kosten unserer normalen Stoffwechselleistung.

In diesem Bereich spielt die Genetik wiederum eine besondere Rolle. Unsere Entgiftungsenzyme arbeiten in zwei Phasen miteinander. Die Phase-I-Enzyme „giften" – bereiten also die Giftstoffe so vor, dass sie in einer Art Wartestellung liegen, um dann durch die Phase-II-Enzyme abgebaut zu werden. Diese Warteposition sollte so kurz wie möglich sein, da in dieser Zeit eine besondere Gefährdung durch die Bildung von besonders reaktionsfreudigen Zwischenprodukten, sogenannten DNA-Addukten, besteht, was ein Risiko für Zellschädigung und die Entwicklung von Krebs darstellt. Zum Abpuffern von solch gefährlichen Substanzen bilden wir unsere Antioxidantien aus, die unter hoher Belastung dieser Systeme jedoch oft nicht mehr ausreichen.

Probleme können auch entstehen, wenn – genetisch bedingt – die Phase-I-Enzyme normal oder besonders schnell arbeiten, die Phase-II-Enzyme jedoch sehr langsam.

Eine besonders bedeutende Variante der Phase II betrifft ein Enzym namens Catechol-O-Methyltransferase (COMT). Dieses Enzym wiederum spielt eine ganz wesentliche Rolle bei der Stressanpassungsreaktion, wie wir gleich sehen werden.

Die Produktion und Abbaugeschwindigkeit des Neurotransmitters Dopamin und der Stresshormone Noradrenalin und Adrenalin sind von besonderer Bedeutung. Sie gehören zur hormonellen Regulation des Körpers und sorgen für einen Leistungszuschuss in Situationen, in denen der Mensch unter Stress gerät. Sie sind ein wichtiger Teil einer normalen Stressanpassungsreaktion.

Aber ihre Erhöhung („An-Schalter") muss zeitlich begrenzt werden, und sie müssen auch wieder abgebaut warden („Aus-Schalter"). Das Enzym Catechol-O-Methyltransferase (COMT) nimmt eine zentrale Rolle in diesem Abbaumechanismus ein.

Allerdings ist die Abbaugeschwindigkeit von Dopamin, Noradrenalin und Adrenalin durch die COMT bei Menschen unterschiedlich – wie hoch sie ist, ist genetisch festgelegt.

Seit fast 15 Jahren ist bekannt, dass es zwei verschiedene Varianten des COMT-Gens gibt: COMT-Val und COMT-Met. Die beiden Versionen, die in der Bevölkerung etwa gleich häufig vorkommen, unterscheiden sich nur in einem einzigen Baustein. Bei Menschen mit der doppelten COMT-Met-Variante (met-met) arbeitet das Enzym bis zu viermal langsamer. Diese Variante hat sich in der Evolution erst später entwickelt und findet sich vorwiegend in bäuerlichen Kulturen. Eine ausreichende Versorgung mit B-Vitaminen war dafür Voraussetzung, erfolgreich war sie durch Vorteile hinsichtlich kognitiver Leistungsfähigkeit des Gehirns und da sie höhere Fruchtbarkeit der Frauen bewirkt hat. Hier sieht man, worauf es der Natur ankommt …

Es wird dabei deutlich weniger Dopamin im Gehirn der Betroffenen inaktiviert, der Dopaminspiegel ist hoch.

Christian ist in hoher Position in einer Bank beschäftigt. Seine Arbeit ist sein Leben. Er arbeitet so gut wie immer, und dies war schon immer so. Er kann auf eine lange stetige Karriere zurückblicken, die er seiner Intelligenz und seiner harten Arbeit zu verdanken hat. Die Ehe und der Freundeskreis blieben dabei auf der Strecke. Seine Umgebung bewundert ihn wegen seiner Energie, die nie abzunehmen scheint. Gleichzeitig wird er von seinen unterstellten Kollegen gefürchtet, da ihm nichts entgeht und er das Arbeitspensum auch von seinen Untergebenen einfordert. Eines Tages erkrankt er und kehrt leistungsmäßig nicht mehr an den Punkt vor dem Infekt zurück. Er kann nicht mehr schlafen, immer öfter hat er das Gefühl, der Boden unter seinen Füßen gibt nach. Er fühlt ein Druckgefühl in der Brust, sein Herz schlägt viel zu rasch. Er hat die erste Panikattacke von vielen. Stressreaktionen sind grundsätzlich überlebenswichtig, selbst Panikreaktionen sind gegebenenfalls lebensrettend. Aber nicht in diesem Fall. Es entwickelt sich eine Erschöpfungsdepression. Christians Genvarianten verraten, dass er genetisch nicht gut mit Stress umgehen kann und ein deutlich erhöhtes Risiko hat, ein Burn-out oder eine Depression zu entwickeln, wenn er nicht sorgsam mit Stress umgeht. Bezüglich der COMT besitzt er eine met/met-Variante.

Eine geminderte Aktivität von COMT durch eine verminderte Abbaugeschwindigkeit von Dopamin und der Stresshormone hat vor allem für Männer einige Vorteile, denn diese haben eine hohe geistige und körperliche Leistungsfähigkeit und eine große Ausdauer. Sie erschöpfen erst spät, es fällt ihnen alles leicht und sie sind für ihre Umgebung eine Herausforderung, da sie von dieser dieselbe Leistung verlangen.

Menschen mit met-Variante können viele Dinge gleichzeitig erledigen, sie begreifen komplexe Sachverhalte schnell, sie haben eine hohe Sprech- und Sprachbegabung, sind aber auch ungeduldig, rastlos und hastig.

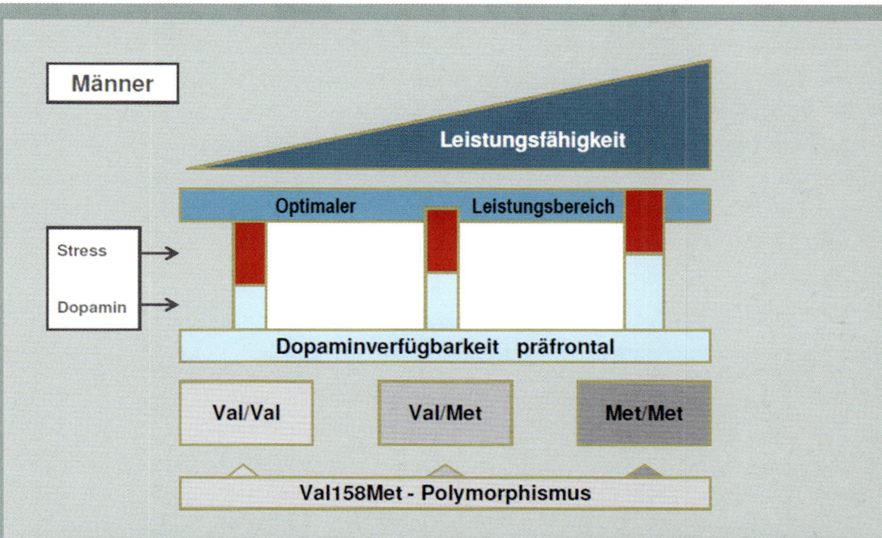

S. Kubesch et al., 2011

K. E. Müller, 2012 ergänzt nach S. Kubesch et al., 2011

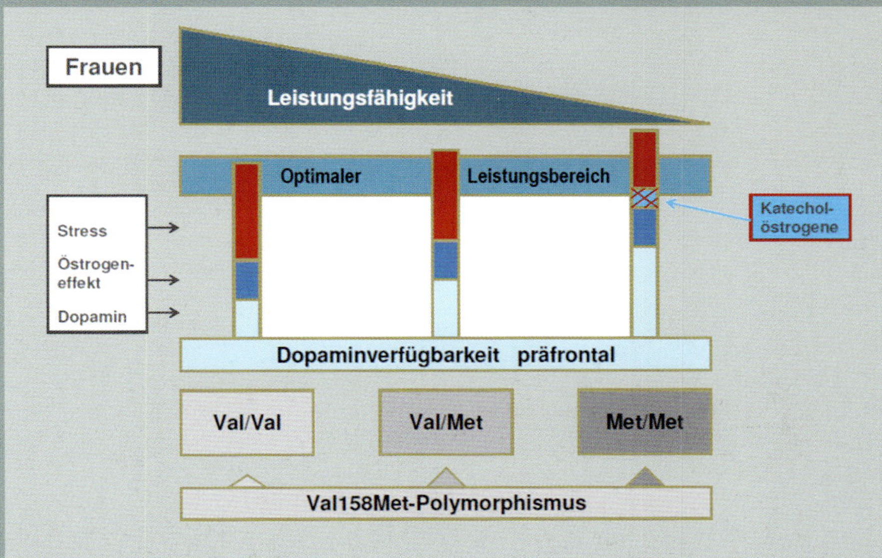

Sport ist für sie Stressabbau, aber sie besitzen eine schlechte Teamfähigkeit. Ihre Sinneswahrnehmung ist gesteigert. Alle Sinne sind gleichzeitig hoch wahrnehmungsfähig. Eine größere Dopaminverfügbarkeit in der präfrontalen Rindenregion macht aber auch gleichzeitig sensibler für Stress.

Männer mit met/met-Variante haben zwar unter Stress lange Zeit eine hohe Leistungsfähigkeit und gelten als "high performer", Frauen mit met/met-Variante leisten jedoch immer mehr, wenn sie stressfrei sind und verlieren an Leistungsfähigkeit unter zunehmender Belastung.

Östrogene und COMT

Monika ist 41 Jahre alt und kommt wegen Erschöpfungsdepression in Behandlung.

Sie arbeitet als Verwalterin eines Pflegeheims. Sie ist übergewichtig, ihr Östrogenspiegel ist hoch, ihr Blutzucker und ihr zweiter Blutdruckwert sind ebenfalls erhöht. Sie leidet immer wieder unter Infekten und unter Allergien. Es gibt eine familiäre Geschichte mit Depressionen. Sie klagt über starke und anhaltende Erschöpfung, Müdigkeit und Kraftlosigkeit. Bei geringer körperlicher Beanspruchung verschlechtert sich ihr Befinden rasch.

Auch die Östrogene werden durch die COMT abgebaut, sodass hier ein Gedränge um den Abbau entsteht. Frauen mit COMT-met/met-Variante haben meist eine höhere Östrogenkonzentration, vor allem in der Brust. Dies führt zu einer höheren Brustdichte und manchmal auch zu besonders empfindlichen Brüsten.

Die Brustdichte wird übrigens am Mammographiebefund angegeben: ACR 3 und 4 bedeuten eine hohe Dichte.

Bei Frauen ist die COMT-Enzymaktivität aufgrund ihres höheren Östrogenspiegels bereits von Haus aus um ca. 30 Prozent reduziert, was zu einem noch langsameren Dopaminabbau führt.

Aus diesem Grund führt eine weitere Erhöhung der Dopaminkonzentration in Form von Stress bei Frauen mit met-met-Variante zu schlechterer Leistungsfähigkeit als bei Männern.

Im Fall von Monika gab es auch sogenannte epigenetische Effekte, wie wir sie gleich kennenlernen werden, durch die Depression der Mutter, die in der vorgeburtlichen und frühen nachgeburtlichen Phase eingewirkt haben. Das Stresssystem wurde durch die Hormone der Mutter feinjustiert. Die Störung verbleibt lebenslang, damit ist jedoch noch nichts passiert. Erst die Summe an Belastungen – chronischer Stress, Östrogene, hoher Blutzucker und Entzündungen – verlangsamt die bereits träge COMT zusätzlich. Natürlich wirken sich auch andere Genvarianten aus, warum sich Monikas System derzeit nicht mehr erholen kann.

Auch für Männer hat die geminderte COMT-Aktivität nicht nur Vorteile. Sie sind oft aggressiv, körperlich wie verbal. Sie schwitzen leicht und sind schmerzempfindlicher. Sie sind unfähig, sich in Ruheposition wie bei Meditation und Yoga zu entspannen und erholen sich eher durch körperliche Aktivität. Sie haben ein geringes Schlafbedürfnis und oft Schlafstörungen.

Sie zeigen außerdem einen höheren Verbrauch an Mikronährstoffen, kommen also leicht in Mangelzustände. Neben der langsamen Verstoffwechslung der Catecholamine werden neben Östrogenen vor allem auch Medikamente und Umweltschadstoffe langsamer abgebaut. Dies kann das Krebsrisiko erhöhen.

Wenn Noradrenalin durch Stress schlechter zu Adrenalin abgebaut wird, bleiben die feinen Gefäße verengt, die Durchblutung im Gewebe ist schlechter und der zweite (diastolische) Blutdruckwert kann ansteigen.

Die ältere Val-Variante der COMT bewirkt eine höhere Enzymaktivität und daher niedrigere Dopamin-Spiegel. Menschen mit dieser Variante besitzen zwar einen geringeren Forschungsdrang, aber eine höhere Schmerzschwelle und bessere Stressresilienz –allerdings auf Kosten einer geringen Reduktion der kognitiven Leistung.

Das Zauberwort heißt auch in diesem Fall Bewegung. Ausdauertraining verbessert die Stressresilienz.

In Situationen mit verstärketer Dopamin-Freisetzung wie Stress werden die geistigen Leistungen besser.

Resilienz als Genvariante

Manche Menschen sind bereits als Kinder seelisch enorm widerstandsfähig und zerbrechen selbst an schweren Schicksalsschlägen nicht. Sie werden oftmals als Modell für Resilienz (siehe Seite 195) betrachtet. Möglicherweise haben diese Kinder eine val/val-Variante der COMT und sind wie der Löwenzahn in der Natur, der in seiner Robustheit auch so gut wie an jedem Ort gedeiht.

Selbst unter sehr stressbelasteten Bedingungen kommen sie überall zurecht. Allerdings könnte ihnen die besondere Feinabstimmung im präfrontalen Cortex fehlen, um die Brillanz zu erreichen, zu welcher COMT-met-Kinder fähig sind.

Studien zeigen, dass manche Kinder, die durch das Aufwachsen in einer wenig unterstützenden und chronisch stressbelastenden Umwelt scheinbar am schlechtesten wegkommen, genau diejenigen sind, die in einer unterstützenden Umgebung regelrecht aufblühen und sich hervorragend entwickeln. Vielleicht tragen manche dieser Kinder eine COMT-met/met-Variante.

Sie sind wie die Orchideen – außergewöhlich, aber sehr empfindlich.

Im Zusammenhang mit Stress kann es durchwegs von Bedeutung sein, gewisse Genvarianten zu kennen, um persönliche und wirksame Strategien im Umgang mit chronischem Stress zu entwickeln. Wir können bestimmte Genvarianten durchaus im Rahmen unseres Lebensstils beeinflussen und tendenziell ausgleichen.

Auf den Punkt gebracht

Tipp:

Genvariantenbestimmungen sollten sinnvoll ausgewählt sein und nur mit ärztlicher Beratung verknüpft durchgeführt werden. Es handelt sich dabei im wahrsten Sinne des Wortes um Ihre Familienerbstücke – behandeln Sie sie als sensible Information auch so!

Hier erhalten Sie die persönlichsten Empfehlungen hinsichtlich Ihres Lebensstils, ob zum Beispiel Soja für Sie ein günstiges Nahrungsmittel ist oder ob sich bei einer COMT-met-Variante die Geschwindigkeit Ihres ohnehin langsamen Enzyms weiter reduziert.

Stress und Telomere

Die Enden von Schuhbändern sind entweder mit einer Kunststofffolie umsiegelt oder mit einer Metallkappe versehen. Dies verhindert ein Ausfransen der Schuhbänder.

So könnte man auch Telomere beschreiben, die wie Kappen an den Enden unserer Chromosomen sitzen und diese vor Fusionen mit anderen Chromosomen und vor Abbau bewahren. Somit schützen und sichern die Telomere das Überleben aller Zellen in unserem Körper. Mit jeder Zellteilung werden die Telomere allerdings kürzer, bis sie letztendlich aufgebraucht sind und das Chromosom quasi auszufransen beginnt und instabil wird. Dies ist der Moment, wo die Zelle normalerweise programmiert stirbt oder, wenn ein Fehler passiert, zu einer Krebszelle entartet.

Der durchschnittliche Telomerlängenverlust in einem Jahr ist sehr unterschiedlich und abhängig von genetischen Prädispositionen und von diversen Umwelteinflüssen. Haben die Telomere von Ungeborenen noch eine Länge von 15.000 Basenpaaren, so reduzieren sich diese bei der Geburt bereits auf 10.000 und nehmen durchschnittlich jährlich um 125 ab, bis sie im hohen Alter nur mehr eine Länge von an die 5.000 Basenpaaren besitzen.

Eine frühzeitige oder besonders beschleunigte Verkürzung der Telomere bedeutet ein erhöhtes Risiko für chronische Erkrankungen und Krebs. Unser Lebensstil kann Telomere im Positiven wie Negativen beeinflussen: eine chronische Entzündung, zum Beispiel oxidativer Stress durch Rauchen, ist ein Hauptfaktor des Telomerverlustes, während regelmäßige Bewegung ohne Überlastungen Telomere länger werden lässt. Dies passiert über das Enzym Telomerase, welches die Chromosomenenden wieder verlängern kann.

Stress in der Schwangerschaft und Telomere

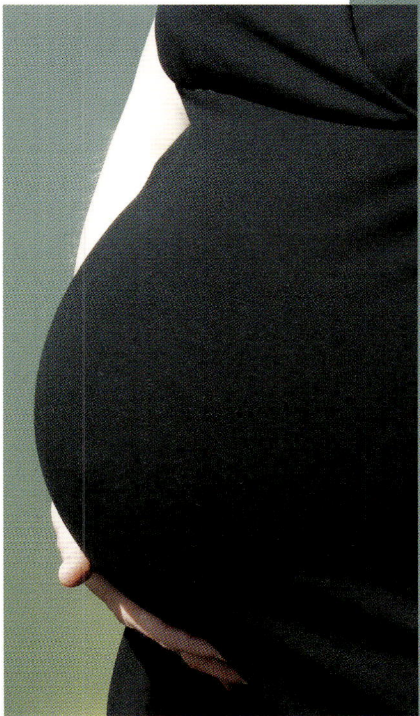

Telomerase ist vor allem für Zellen mit hoher Teilungsrate unverzichtbar, da sich die Telomere sonst zu rasch verkürzen. Der Verlust der Chromosomenenden würde eine sehr rasche Alterung und den Zelltod bedeuten. Die Telomerase ist daher während der Embryonalentwicklung in Stammzellen aktiv, in anderen reifen Zellen zwar nachweisbar, aber herunterreguliert. In abnormen Zellen wird die Telomerase normalerweise inaktiviert, wodurch die Telomere rasch verkürzen und die abnorme Zelle abstirbt. Wenn ein Fehler passiert und Tumorzellen entstehen, wird in 80 bis 90 % die Telomerase dort sehr hoch aktiv gehalten und sorgt so für die „Unsterblichkeit“ von Krebszellen. Die Telomere in solch entarteten Zellen sind extrem lang.

Eine entsprechend verstärkte Telomeraseaktivität bei gesunden Zellen könnte eine Antitumorwirkung haben, da sie den kritischen Punkt – Zelltod oder Krebs – hinauszögert.

Das Vorhandensein und die Menge besonders kurzer Telomere und nicht der Durchschnitt der Telomerlänge ist der kritische Marker und wird als Triebfeder für Alterung und Fehlfunktionen der Zellen angesehen.

Die Telomerlänge eignet sich nicht nur als Biomarker für biologisches Alter, sondern auch als Biomarker für oxidativen Stress und Entzündung. Diese sind das Bindeglied zwischen kurzen Telomeren und chronischen Erkrankungen. Da der Zusammenhang von Depression, Stress und kurzer Telomerlänge als bewiesen gilt, ist ein gelungener Umgang mit chronischem Stress einer der Schlüssel, um Telomere zu verlängern.

Stress in der Schwangerschaft und schwere Traumen in der Kindheit können das spätere Leben daher verkürzen.

Chronischer Stress verkürzt Telomere vor der Zeit, und Kinder, die in sozial ungünstigen Verhältnissen aufwachsen, weisen stärker verkürzte Telomere auf, die Erkrankungen begünstigen und die Lebenserwartung einschränken.

Forscher untersuchten Studenten mit vergleichbaren Jugendereignissen. Obwohl alle Mütter eine medizinisch gesehen normale Schwangerschaft hatten, musste die eine Gruppe starke psychische Belastungen wie Todesfall oder Scheidung erleben, wodurch hohe Spiegel von Stresshormonen von der Mutter über die Nabelschnur zum Kind gelangten. Vermutlich aufgrund vorgeburtlicher epigenetischer Prägung hatten die Kinder dieser Frauen, als sie herangewachsen waren, ein besonders überempfindliches Stresssystem.

Jetzt zeigte sich, dass Belastung in der Schwangerschaft noch weitere Folgen hat: Die Körperzellen 25-jähriger Männer, deren Mütter in der Schwangerschaft starkem psychosozialen Stress ausgesetzt waren, entsprachen etwa jenen von gewöhnlichen 28-Jährigen, die von 25-jährigen Frauen sogar jenen von 30-Jährigen. Stress, der bereits in der Gebärmutter einwirkt, beeinflusst die Telomerlänge und damit die Lebenszeit bei Erwachsenen, auch wenn man alle bereits bekannten vor- und nachgeburtlichen Einflussfaktoren berücksichtigt.

Akuter Stress und Telomere

Während lang anhaltender chronischer Stress letzlich gesundheitsschädlich ist, dürfte akuter Stress zu kurzfristigen Gegenregulationen führen, die sogar zu einer Hochregulierung des Enzyms Telomerase führen. Wahrscheinlich stellt dies eine der Strategien unter den schützenden Maßnahmen dar, die oxidativen Stress und Schäden an der DNA verhindern sollen.

Damit passiert das Gegenteil wie unter chronischem Stress, wo die Telomerase-Aktivität reduziert wird. Wahrscheinlich widerspiegeln sich so Unterschiede im Ausmaß und der Dauer von Stressbelastung sowie unterschiedliche Bewältigungsmechanismen.

Tipp:

Nicht abwarten, sondern Tee trinken – Inhaltsstoffe des grünenTees können in entsprechender Menge selektiv Telomere in gesunden Zellen verlängern und die Telomerase in bösartigen Zellen unterdrücken. Auch Vitamin D_3 greift hier an. Lassen Sie Ihren Vitamin-D-Status im Frühjahr und Herbst überprüfen. Zielwert: 40–60 μg/dl

Auf den Punkt gebracht

Telomere sind die Enden unserer Chromosomen. Sie werden bei jeder Zellteilung ein Stückchen kürzer. Weil an diesen Enden keine lebenswichtigen Gene sitzen, kann das Chromosom ihr allmähliches Schrumpfen verschmerzen. Sind die Telomere jedoch aufgebraucht, wird die Zelle funktionsunfähig.

Chronischer Stress und starke Ausschüttung von Stresshormonen verkürzen Telomere und damit unsere Lebensspanne, umgekehrt führen ein gesunder Umgang mit Belastungen und ein gesunder Lebensstil durch Aktivierung der Telomerase wieder zu einer Verlängerung unserer Telomere.

Stress und Epigenetik

Lange Zeit dachte man, dass die genetische Ausrüstung, mit welcher wir geboren wurden, eine „fixe Sache" ist – heute wissen wir, dass die Aktivität unserer Gene durch Lebensstil und Umwelt beeinflussbar ist, sie werden dadurch aktiver oder „gedimmt". Das Signal für Genaktivierungen kommt somit aus der Umwelt und nicht, wie früher gedacht, aus den Genen selbst.

Ein Beispiel: Eine dauerhaft heitere Gelassenheit ist eine Frage des Serotoninspiegels. Dieser ist genetisch festgelegt, kann aber durch Lichteinfluss, Ernährung und medikamentös beeinflusst werden.

Werden in Kräheneier Stresshormone injiziiert, täuscht dies harte Umweltbedingungen vor. Die aus diesen Eiern entschlüpften Vögel werden jedoch schneller flugfähig als ihre „nicht gestressten" Artgenossen und schneiden bei Flugtests deutlich besser ab.

Die epigenetische Programmierung des Stresssystems ist also eine durchaus sinnvolle Anpassung an aktuelle schlechte Umweltbedingungen und soll das kurzfristige Überleben verbessern – im Fall der Krähen können diese den ungünstigen Umweltbedingungen zumindest einmal früher davonfliegen.

Sowohl für Amsterdamer Schwangere 1944/45 als auch Leningrader Schwangere 1941/42 war der Winter von Hunger geprägt und eine massive psychosoziale Stressbelastung. Während die Nachkommen der niederländischen Frauen überdurchschnittlich oft an Übergewicht und Diabetes erkrankten, traf dies auf die Nachkommen der Leningrader Mütter nicht zu.

Für alle Mütter war es in diesem Winter sinnvoll und eine überlebenswichtige Strategie gewesen, bestimmte Gene abzuschalten und ein Notfallprogramm zu starten, wodurch Zucker oder Kohlenhydrate besonders gut genutzt wurden. Ihre Kinder wurden dadurch auf Übergewicht und Diabetes programmiert.

Was war in Leningrad (heute St. Petersburg) aber anders als in den Niederlanden? Während in den Niederlanden bald wieder genug zum Essen vorhanden war, bekamen die Nachkommen der Leningrad-Hungersnot auch nach der Beendigung der Belagerung zu wenige Kalorien. Die Umweltbedingungen verhinderten die ungünstige Auswirkung der epigenetischen Programmierung, es war eine durchaus sinnvolle Anpassung erfolgt.

Epigenetische Zeitfenster

Belastende Lebensereignisse hinterlassen also Spuren im menschlichen Körper. Sie können handfeste Auswirkungen auf die physische, aber auch auf die psychische Gesundheit nach sich ziehen. Spezifische Hirnfunktionen reifen zu gewissen Zeiten heran und werden hier geprägt. Besonders empfindliche Zeitspannen stellen Schwangerschaft, Geburt, die ersten Lebensmonate und die Pubertät dar. Dies ist der Grund, warum die Frage nach der eigenen Schwangerschaft in keinem Erstgespräch bezüglich Stresserkrankungen fehlen sollte.

Somit haben Sie mehr Einfluss auf Ihre eigenen Gene, aber auch auf die Gene Ihrer vielleicht sogar noch ungeborenen Kinder und Enkel als Ihnen vielleicht bis jetzt bewusst war. Denn wir vererben mehr als nur unsere Gene: Gewohnheiten und Lebensumstände beeinflussen auch die Gesundheit der nächsten Generationen.

Präventivmedizin beginnt also eigentlich vor der Zeugung und spätestens im Mutterleib.

Aufgefallen ist dies den Forschern zuerst bei Untersuchungen an Ratten. Je intensiver sich Rattenmütter um ihre neugeborenen Kleinen kümmerten, umso geborgener fühlten sich die kleinen Ratten und umso stabiler, mutiger und ausgeglichener reagierten sie auf spätere Stressbelastungen. Rattenbabys, die von ihren Müttern diese Zuwendung nicht erhielten, wurden ängstlich, misstrauisch und langfristig weniger belastbar.

Selbst bei „adoptierten" Babys entschied das Verhalten der Pflegemutter und nicht die Eigenschaften der leiblichen Mutter über die Prägung des Stresssystems. Dieser Effekt hielt auch meist lebenslang an. Die Forscher konnten zeigen, wie das „Einbrennen" auf der epigenetischen Ebene funktioniert: betroffen war die Andockstelle für das Stresshormon Cortisol.

Auch Menschenkinder, die ungewollt zur Welt kommen, früh misshandelt, missbraucht oder emotional vernachlässigt werden, sind später im Leben anfälliger für psychische Leiden wie Depression, bipolare Störungen oder Drogenabhängigkeit, aber auch für psychosomatische Beschwerden. Aber auch andauernde Strenge oder emotionale Kälte ziehen nicht selten eine erhöhte Stressanfälligkeit oder spätere Angstzustände nach sich. Die Körper der Kinder sind sozusagen ständig im Fluchtmodus. Der Daueralarm wirkt sich auch auf die Gehirnentwicklung der Kinder aus. Mädchen werden sehr ängstlich und psychisch labil. Bei Burschen konnte der Zusammenhang bisher nicht nachgewiesen werden.

Wie bei Nagetieren, könnte eine erhöhte Anzahl von Cortisol-Rezeptoren auch beim Menschen durch lebenslang anhaltende epigenetische Veränderungen infolge frühkindlicher Erlebnisse hervorgerufen worden sein. Ob der frühe Stress aber tatsächlich krank macht, hängt entscheidend von der genetischen Ausstattung ab.

Seit ich im Erstgespräch die Frage nach der eigenen Schwangerschaft stelle, habe ich viele berührende Geschichten gehört.

Eine bereits weit über 70-jährige Patientin, die Zeit ihres Lebens unter Depressionen und Ängsten gelitten hatte, erzählte mir auf meine Frage, ob ihre Mutter zur Zeit der Schwangerschaft unter Stress gestanden habe: „Meine Mutter stand schon auf einer Brücke, um sich das Leben zu nehmen. Da habe ich mich so stark bewegt, dass sie erstmals meine Kindesbewegungen spüren konnte. Dann traute sie sich nicht mehr, Suizid zu begehen. Ich denke, man kann davon ausgehen, dass sie Stress hatte und es ihr sehr schlecht ging, wenn sie so weit war, sich und mich umbringen zu wollen. Ich habe mir mein Leben regelrecht erstrampelt."

Alles ist möglich – aber wie lange?

Obwohl man lange davon ausging, dass solche epigenetischen Programmierungen stabil sind, scheinen auch hier die Möglichkeiten nicht aufzuhören. Insgesamt wurden zum Beispiel bei Mäusen über 900 Gene identifiziert, die durch mütterliche Zuwendung reguliert werden. Die gute Nachricht: ein Teil dieser Veränderungen in der Gen-Expression ist jedoch bis ins Erwachsenenalter umkehrbar.

Dieser Einfluss konnte zum Beispiel für die essentielle Aminosäure L-Methionin gezeigt werden, die im Stoffwechsel ein Lieferant von Methylgruppen ist. Die Methylierung ist einer der wichtigsten Schalter, wodurch die Information aus der Umwelt auf die Gene übertragen wird.

Epigenetische Schalter regulieren in jeder Zelle die Genaktivität. Durch das Anfügen oder Entfernen chemischer Gruppen entscheiden sie über die Zugänglichkeit der Gene für jene Proteine, die den DNA-Code in das spätere Produkt übersetzen. Es gibt zwei Arten von epigenetischen Mechanismen: Die einen finden an der DNA selbst statt. Durch das Zufügen von Methylgruppen werden die Gene in den meisten Fällen abgeschaltet. Die anderen finden auf der Ebene der Histone statt. Histone sind kugelförmige Proteine, die die DNA in Abhängigkeit von Acetylgruppen mehr oder weniger lose um sich wickeln und so deren Zugänglichkeit bestimmen.

Die dritte Gruppe der Gen-Schalter sind Mikro-RNAs. Dies sind winzige, nicht codierte Ribonucleinstücke, die als Informationsträger dienen und Genaktivitäten blockieren können. Wir kennen schon über 1000 Mikro-RNAs, und sie werden täglich mehr. Sie sind wohl derzeit das spannenste Thema, immerhin erfolgt die Weitergabe an andere Generationen wahrscheinlich über diesen Weg. Mikro-RNAs erfüllen eine wichtige Aufgabe bei der Steuerung von Abläufen in Zellen und sind auch an der Entstehung von Krankheiten wie Krebs oder Stoffwechselstörungen beteiligt.

Eine Frage, die sich stellt: Gibt es bei ungünstigen epigenetischen Prägungen ein „window of opportunity", um diese Prägungen wieder aufzuheben?

Ob durch Stress geprägte Kinder, die eine verminderte Gehirnaktivität aufweisen, von einer veränderten Umgebung wie einer Adoptivfamilie (und damit einer anderen Regulierung der Gene) profitieren, hängt offensichtlich auch mit dem Zeitpunkt des Wechsels zusammen. Während sich eine verbesserte soziale Situation unter dem zweiten Lebensjahr positiv auswirkt und die Gehirnaktivität so stimuliert wird, dass nach einigen Jahren keine Unterschiede zu Kindern mit stützendem Umfeld mehr auffallen, zeigen sich jenseits dieses Zeitfensters keine relevanten Verbesserungen z.B bei einem Wechsel von einem Heim zu Adoptiveltern.

Auf den Punkt gebracht

Genaktivitäten werden an aktuelle Umweltanforderungen angepasst. Die Geninformation selbst bleibt dabei unverändert.

Epigenetische Mechanismen sind Anpassungen an aktuelle Umwelteinflüsse, welche ein Leben lang ablaufen und wahrscheinlich über Generationen weitergegeben werden können. Sie sind also nicht nur auf sensible Phasen begrenzt, dort aber besonders stark wirksam.

Unser Lebensstil nimmt unmittelbar Einfluss auf unsere Genaktivität – es ist also nicht egal, was wir essen, es ist nicht egal, ob wir uns bewegen oder nicht, und es ist nicht egal, ob wir zum Beispiel in Wien oder in Sydney leben.

Tipp:

Lassen Sie Ihren Vitamin-B6-, -B12- und Folsäure-Status mittels „Mangelmarker" Homocystein überprüfen. Diese Vitamine sind für einen epigenetischen Schalter, die Methylierung – die Stummschaltung von Genen – unbedingt notwendig. Im Winter ist die Versorgung über die Lebensmittel schlechter, Stress verbraucht mehr und manche benötigen durch Genvarianten auch deutlich höhere Mengen als andere.

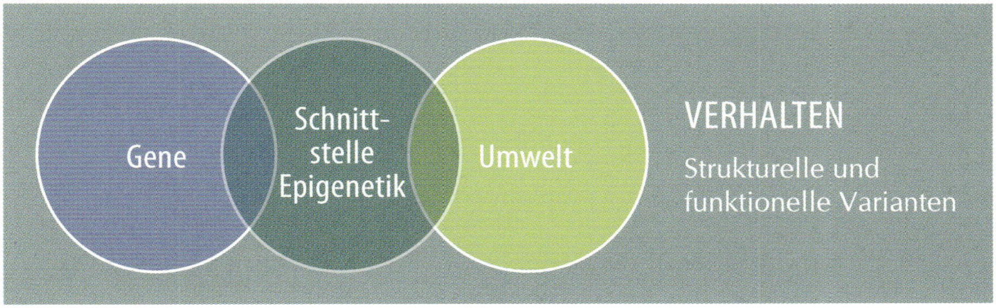

Warum sich manche Mäuse vor Kirschblüten fürchten

Vielleicht kennen Sie ja die Geschichte mit dem Pawlowschen Hund: Jedes Mal, wenn der Hund Futter bekommt, läutet ein Glöckchen. Nach einiger Zeit beginnt er bereits zu sabbern, wenn nur das Glöckchen ertönt, das Futter aber ausbleibt. So wird die klassische Konditionierung beschrieben.

Ein Konflikt führt zu Übelkeit. Der Arbeitsplatz und derselbe Konflikt führen ebenfalls zu Übelkeit. Letztendlich reicht der Arbeitsplatz, damit einem übel wird. Auch das ist Konditionierung.

Während man Mäuse Kirschblütenduft schnuppern lässt, erhalten sie feine Stromschläge, die sie fürchten lernen. Später haben sie bereits Angst, wenn sie nur Kirschblüten riechen, auch wenn kein Stromstoß erfolgt. Noch in der vierten Generation haben die Nachkommen dieser Mäuse Angst vor dem speziellen Geruch, obwohl sie den Grund nicht kennen. Dies ist Epigenetik und der erste Hinweis, dass epigenetische Veränderungen über Keimzellen wie Spermien vererbbar sind. Informationsträger sind Mikro-RNAs.

Folgendes Szenario – zum Nachdenken: eine Horde Affen, ein Baum, ganz oben hängt eine Banane. Ein Affe klettert nach oben. Als er zur Banane greift, wird die Horde mit kaltem Wasser angespritzt, was diese nicht sehr schätzt. Als wieder ein Affe den Baum erklimmen möchte, wird er von den andern verprügelt und daran gehindert, weil man sich das Nassspritzen ersparen möchte. Später wird ein neuer Affe in die Gruppe eingebracht, er will natürlich auf den Baum hinauf, um die Banane zu holen. Auch dieser wird von der Gruppe verprügelt. Obwohl er keine Ahnung hat, warum er verprügelt wurde, wird er dasselbe tun und Neuankömmlinge, die nicht wissend zur Banane hinaufklettern wollen, ebenfalls mitverprügeln. Zunehmend werden die Affen getauscht, immer neue kommen in die Gruppe. Zuletzt kennt keiner der Affen mehr den Grund für die gewaltsame Hinderung, die Banane vom Baum zu holen. Dies nennt man wohl Tradition.

Stress und Informationssysteme

Informationen können in unserem Körper auf unterschiedliche Weise kommuniziert werden. Am schnellsten ist dabei unser autonomes Nervensystem. Es ist das wichtigste Netzwerk des Gehirns und sein schnellster Bote. Es ist für die Kontrolle aller lebenswichtigen Funktionen wie Atmung, Herzschlag und Verdauung zuständig und arbeitet zum Glück fast vollständig unbewusst.

Das autonome Nervensystem hat zwei Anteile: den aktivierenden Sympathikus und den „Bremser“ Parasympathikus. Beide regulieren einen Bereich, der unsere Anpassungsfähigkeit und unsere Regulationsfähigkeit bewirkt.

Der Sympathikus ist der „Einschalter“ und für Energiemobilisation und Leistungsbereitstellung zuständig, der Parasympathikus ist der „Ausschalter“, der laufende Prozesse abbremst, damit diese nicht überschießen. Gleichzeitig ist er für Regeneration zuständig. Die Aktivität der beiden befindet sich idealerweise in einem dynamischen Gleichgewicht. Man könnte sie auch mit Gaspedal und Bremse in Ihrem Auto vergleichen. Beide machen eine bestimmte Bandbreite an Reaktionen möglich und begrenzen diese quasi an beiden Seiten. Wenn dieses Gleichgewicht in Richtung einer statischen Imbalance verschoben wird, z.B. unter chronischem Stress, wird der Organismus anfällig für Krankheiten. Je flexibler sich ein System ständig an (neue) Situationsanforderungen gewöhnen kann, umso besser ist es in der Lage, sich der Umwelt anzupassen, während ein rigides System anfälliger für Krankheiten ist. Eine autonome Imbalance besteht typischerweise aus einem hyperaktiven Sympathikus und hypoaktiven Parasympathikus.

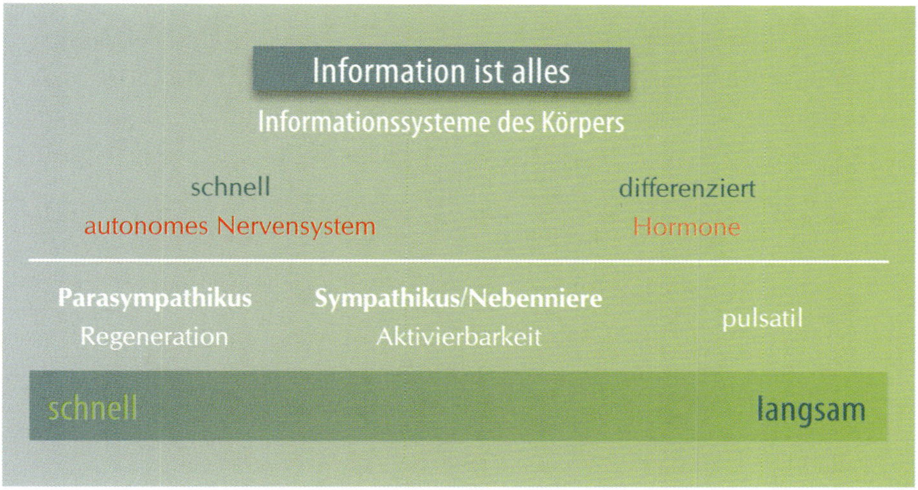

Wenn wir die Informationssysteme unseres Körpers betrachten, könnte man zwischen besonders rascher und differenzierter Informationsübermittlung unterscheiden. Für erstere steht das vegetative/autonome Nervensystem zur Verfügung, für letztere das hormonelle System. Der Schulterschluss zwischen dem autonomen und hormonellen System erfolgt durch unser Stressorgan, die Nebenniere. Alle zusammen bilden wahrscheinlich den Rahmen für die unmittelbarste Informationsvermittlung, die in unseren Mitochondrien erfolgt.

	Zeitachse	
Parasympathicus	Stressbremse	Millisek.
Sympathicus	Stressexekutive	Sek.
Stresshormone	Gefahr, Energie	Min.
Herz/Kreislauf	Kampf/Flucht	Sek.
Gerinnung	Homöostase	Std.
Stoffwechsel	Energie, Kampf & Flucht	Min.–Std.
Immunsystem	Abwehr & Reparatur	Std.–Tg.

Akuter Stress – „neuronales und hormonelles Gewitter"

Im akuten Stress kennen wir drei Strategien:

- Flucht, die wir wohl bevorzugt haben,
- Kampf, wenn wir nicht flüchten konnten,
- Totstellen, wenn anderes nicht möglich war.

Wesentlich ist bei akutem Stress, dass auf einen Alarmreiz eine Erholungsphase folgen kann.

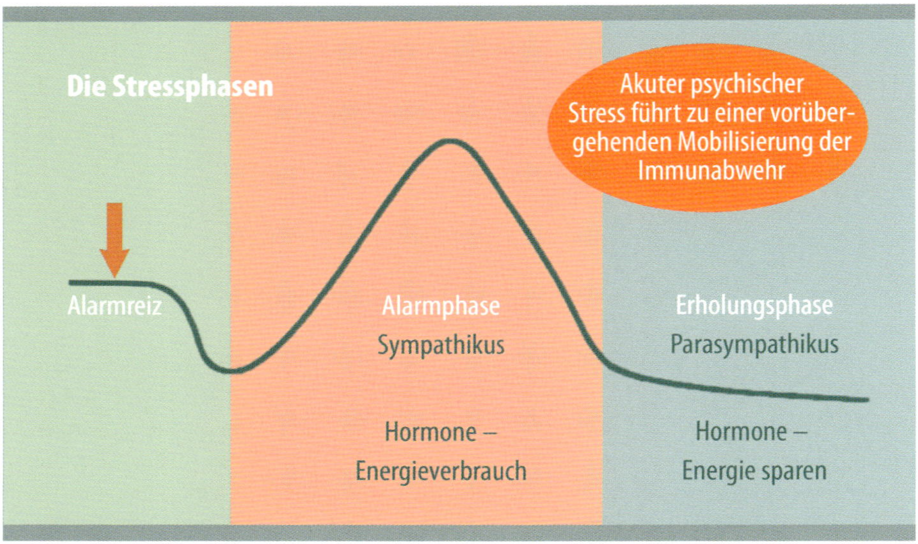

Hypothalamus-Hypophysen-Nebennierenrinden-(HPA)-Achse

Wenn wir Stress haben, wird die HPA-Achse aktiviert, wodurch es zu einer Ausschüttung des Hormons Cortisol kommt.

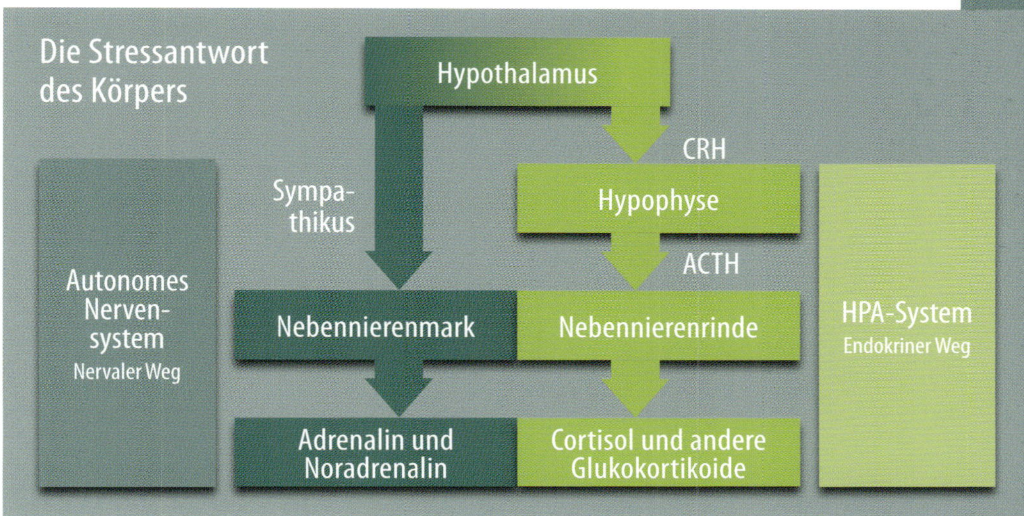

Cortisol wird in den Nebennieren gebildet und dann abgegeben, wenn übergeordnete Steuerungshormone aus dem Hypothalamus und der Hirnanhangsdrüse, die auch Hypophyse heißt, auf sie einwirken. Wenn zu wenig Cortisol im Blut vorhanden ist, wird der Hypothalamus angeregt, wieder Steuerungshormone abzugeben. Durch diese negative Rückkopplung verhindert Cortisol ein unkontrolliertes Aufschaukeln der Stresshormonaktivierung. Dieser Mechanismus kann bei Dauerstress außer Kraft gesetzt werden, es besteht dann eine Überaktivität der Stresshormonachse und eine „Überflutung" mit Cortisol, solange die Nebennieren imstande sind, dieses entsprechend zu bilden. Die Evolution sorgt auf Kosten von vielen anderen Hormonen so lange wie möglich für die unverminderte Bildung von Cortisol. Erst sehr spät kann es durch Erschöpfung der Nebenniere zu einer Abnahme der Cortisolproduktion kommen.

Das Kerngebiet Nucleus suprachiasmaticus (SCN) im Hypothalamus unseres Gehirns erhält direkte Information über den Lichteinfall aus der Netzhaut des Auges. Wie Sie im Kapitel Schlaf sehen werden (siehe Seite 109), ist dies der Sitz unserer inneren Uhr. Der SCN kontrolliert sehr stark die Aktivität des autonomen Nervensystems. Über dieses System stimuliert der SCN die Freisetzung unseres Schlafhormons Melatonin aus der Zirbeldrüse. Melatonin wird in den Abendstunden vermehrt ausgeschüttet und trägt zur Schlafeinleitung bei. Folglich erfährt das Gehirn über den Hypothalamus, dass es Zeit zum Schlafen ist, weil es dunkel geworden ist. Cortisol wird in einer bestimmten Tagesrhythmik ausgeschüttet. Morgens erfolgt ein hoher Anstieg als Weckreaktion, dann sollte es abfallen und vor allem abends immer niedrige Werte zeigen.

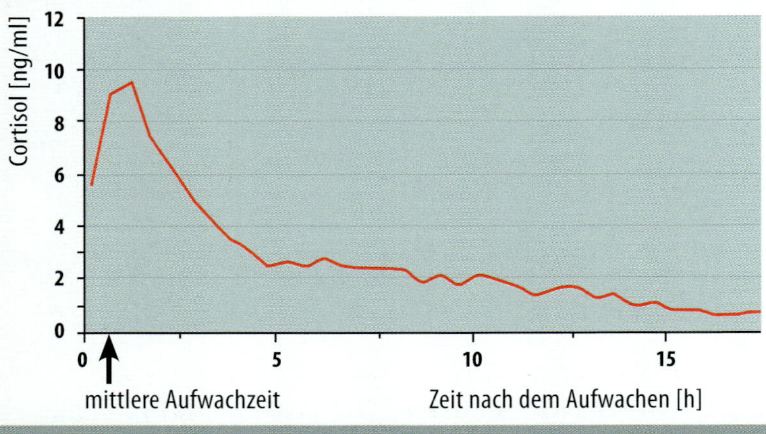

Tagesrhythmus von Speichel-Cortisol bezogen auf die mittlere Aufwachzeit

Ihre Nebennieren-Mini-Vulkane im Rücken

Wesentlich in der Stress-Kaskade sind die Nebennieren.

Diese heißen nur so, da sie den Nieren wie kleine dreieckige Kappen aufsitzen, ansonsten mit diesen aber nichts zu tun haben. Sie sind quasi unsere Stressorgane, und ohne sie wäre unser Leben wahrhaftig unerträglich. Hier werden zahlreiche Hormone produziert, die unmittelbar mit Stress zu tun haben. Sie bilden drei Klassen von Hormonen aus der Vorstufe Pregnenolon:

- die Kortikoide wie Cortisol und das Blutdruckhormon Aldosteron,
- die Katecholamine wie Adrenalin und Noradrenalin im Verhältnis 80:20 %
- sowie geringe Mengen an Sexualhormonen wie Östrogen und Testosteron über die Vorstufe DHEA (Dehydroepiandrosteron).

Cortisol – die Durchhalteparole

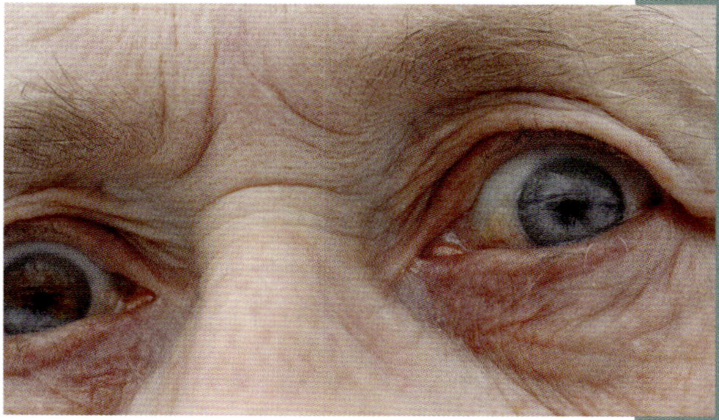

Ein plötzlicher Adrenalinausstoß ist eine drastische Warnung und bereitet Sie auf Flucht oder Kampf vor. Diese Ausschüttung ist als Notfallreaktion aber nur kurz wirksam und wird von einem Cortisolausstoß gefolgt, der Ihnen Kraft und Ausdauer verleiht.

Bei andauerndem Stress geht es um eine Anpassungsreaktion und ein neues Gleichgewicht. Hier sorgt Cortisol gerade noch für so viel Wohlbefinden, dass Sie Widrigkeiten eher überwinden wollen als ihnen zu unterliegen. Zumindest bis zu einem gewissen Punkt.

Cortisol raubt, wenn notwendig, Nährstoffe aus Ihrem Fettgewebe und Muskeln, um Ihr Leben irgendwie zu erhalten. Eine sich hinziehende Scheidung oder permanente Arbeitsüberlastung können zu andauernd hohen Spiegeln von Katecholaminen und Cortisol führen, Sie fühlen sich dann ständig belastet und angespannt. Dieser überreizte Zustand ist durchaus nicht nur psychisch, sondern auch körperlich zu verstehen, immerhin kommt es auch zu einer Zunahme der Entzündungstendenz.

Umgekehrt bedeutet jede chronische Entzündung eine Stressbelastung für unseren Körper. Stärkereiche und eiweißarme Ernährung ist zusätzlich stressfördernd. Übrigens sind die Menschen mit hohem Cortisol diejenigen Mitarbeiter, die so gut wie nie krank sind – außer wenn sie auf Urlaub gehen!

Wenn die Vulkane erlöschen

Unter chronischer Stressbelastung über Jahre zehren sich Ihre Nebennieren auf und schrumpfen regelrecht.

Ich erinnere mich an meine Ausbildungszeit am Pulmologischen Zentrum in Wien. Wir behandelten viele Patienten mit kleinzelligem Bronchuskarzinom. Dieses bildet gerne Metastasen in den Nebennieren. Daher wurden diese mittels MRT untersucht. Wenn allerdings keine Metastasierung aufgetreten war, waren diese auch in diesem genauen Schnittverfahren oft kaum zu finden. Man musste sie regelrecht suchen. Eine Krebserkrankung ist eine hohe Stressbelastung für den Körper, diese hatte die Nebennieren regelrecht „verbraucht".

Viele Jahre später erlebe ich nun an meinen Stresspatienten denselben Effekt einer chronischen Belastungssituation. Wenn Ihre Nebennieren erschöpft sind, wird jede Kleinigkeit zu einer Belastung: das Läuten des Handys, (Sie würden es am liebsten zum Fenster hinauswerfen…), das Schreien eines Kleinkindes im Autobus (früher hatte nur das Geräusch des Zahnarztbohrers so ein Gefühl ausgelöst),…

Wenn Entscheidung und Handlung gefragt sind, fehlen Ihnen nun die Reserven, Sie sind nervös und nicht mehr in der Lage, richtig zu reagieren.

Ihr Cortisolspiegel, der so lange Zeit hochgehalten wurde, ist nun ganz unten. Sie haben Ihr Cortisol verloren und müssen sich geschlagen geben. Dies könnte man „erworbene Nebennierenschwäche" nennen.

Das Cortisoltagesprofil hat seinen typischen Kurvenverlauf verloren und ist zu einer „flatline" geworden. In der Praxis ist ein Cortisolmangel meistens häufiger und außerdem fast schlimmer zu bewerten. Es gibt auch einen deutlichen Zusammenhang mit Herz-Kreislauf-Erkrankungen. Nun stolpern Sie auch von einem Infekt in den nächsten, mit Ihrer berühmten Resistenz gegen Verkühlungen ist es nun vorbei.

Auch andere Hormone sind erschöpft: Pregnenolon, DHEA, Endorphine, Serotonin, GABA, ...

> Variabilität und Anpassung sind ein Qualitätskriterium. Autonomes Nervensystem und die Stressachse arbeiten dabei Hand in Hand.
>
> **Auf den Punkt gebracht**

Tipp:

Auf meine Fragen in der Sprechstunde höre ich dann oft Aussagen wie folgende:

- Ich bin nach dem Aufstehen nicht erholt …
- Sex ist zu aufwändig …

- Ich habe immer dunkle Augenringe ...
- Nach dem Sport fühle ich mich schlechter als vorher ...
- Mir ist oft beim Aufstehen schwindlig, und ich habe Herzklopfen ...

Auch das besondere Verlangen nach Süßem oder Salzigem und das starke Bedürfnis nach Kaffee oder coffeinhaltigen Energydrinks macht es sinnvoll, die Hormonproduktion der Nebennieren zu überprüfen.

Serotonin

Erinnern Sie sich an Michaela, die uns anfänglich die klassischen Symptome eines Serotonindefizits schilderte? Depressive Verstimmung, Angst und Unruhe, gestörter Schlaf mit Erwachen meist gegen 3.00 Uhr morgens, Kopfschmerzen, Essstörungen und gesteigerter Appetit können durch den Abfall von Serotonin ausgelöst werden.

Serotonin wird auch gerne als „Glückshormon" bezeichnet. Es ist eine der interessantesten Substanzen, die zu 95 % im Darm und in speziellen Zellen des Gehirns aus der Aminosäure Trypthophan gebildet wird, diese wird jedoch nur zu 1 % aus der Nahrung aufgenommen.

Chronischer Stress, Entzündungen, ein zu hohes Angebot an Tryptophan und ein Enzymmangel (Tryptophan-Hydroxylase-Mangel) können dazu führen, dass es zu einer Bildung von Kynureninen anstatt von Serotonin kommt. Diese sind in ihrer Wirkung völlig gegensätzlich und fördern eine depressive Verstimmung.

Jede Entzündung im Körper, zum Beispiel ein akuter Infekt, führt über diesen Weg zu einer Verschlechterung der psychischen Befindlichkeit. Es ist zu vermuten, dass solche Situationen oft auch Suizide bei bereits Depressiven begünstigt haben können.

Bereits im Darm entscheidet sich viel: Kann die Aminosäure Tryptophan überhaupt richtig aufgenommen werden? Bei einer Fruktoseverwertungsstörung gelingt dies zum Beispiel schlecht, sodass der Körper ein Serotonin-Defizit-Syndrom entwickelt.

Serotonin ist sowohl ein Botenstoff im Gehirn als auch ein Hormon für den ganzen Körper. Die Blut-Hirn-Schranke ist dabei eine Barriere, die keinen Austausch von Serotonin zulässt. Dies bedeutet, dass das Serotonin des Gehirns vorort aus Vorstufen gebildet wird und sich damit auch der direkten Messbarkeit entzieht. Lediglich im Blut oder im Harn lässt sich Serotonin messen und erlaubt damit Rückschlüsse auf die Menge, die in der Peripherie des Körpers gebildet wurde. Es gibt also zwei strikt getrennte Wege der Serotoninproduktion: Ein Gen kodiert die Bildung von Serotonin im Gehirn, ein anderes die Produktion des Hormons im Körper. Bei circa 80 % aller Menschen entspricht der peripher gemessene Wert auch der im Gehirn produzierten Menge. Peripherer und zentraler Serotoninmangel können aber auch isoliert auftreten. Die Beschwerden bei Mangel im Gehirn sind Appetit auf Süßes, vor allem nachmittags und abends, depressive Verstimmung, Unruhe, Angstzustände, erhöhte Schmerzempfindlichkeit, Kopfschmerzen und Schlafstörungen.

Viele Frauen beobachten diese Symptome auch vor der Regelblutung. Für den Aufbau von Serotonin sind einige Co-Faktoren wesentlich. Einer ist das Hormon Östrogen. Sinkt dieses vor der Regelblutung ab, kann auch Serotonin unter die Symptomschwelle sinken und es treten Beschwerden auf.

Macht uns Schokolade wirklich glücklicher?

Wenn sich also Serotonin bereits im unteren normalen Bereich befindet, genügt bereits ein geringer weiterer Abfall und wir gehen auf die Suche nach Süßem.

Tatsächlich wurden in Schokolade bisher verschiedene Substanzen gefunden, die einen Einfluss auf den menschlichen Körper haben könnten. Sie heißen zum Beispiel Anandamid, Phenylethylamin,Theobromin und auch Tryptophan.

Jedoch sind diese Substanzen in nur sehr geringen Mengen vorhanden, so dass man 20 bis 30 kg (also 200 bis 300 Tafeln) Schokolade auf einmal essen müsste, um eine entsprechende Wirkung zu spüren. Serotonin wird durch das Essen von Süßem wie Schokolade letzlich erst im Körper gebildet, weil es ja nicht über die „Grenzsperre" Blut-Hirn-Schranke gelangen kann. Es kommt zu einem raschen Anstieg des Blutzuckerspiegels, das Speicherhormon Insulin wird freigesetzt, es kommt zur Aufnahme von Tryptophan in Gehirnzellen, erst dort wird die Serotoninproduktion angeregt. Allerdings auch in viel zu geringer Menge, um sich auf unsere Stimmung auszuwirken.

Wenn Schokolade eine Belohnung für uns ist, so haben wir dies zwischen dem dritten und dem sechsten Lebensjahr erlernt. Untersuchungen haben gezeigt, dass in besonderen Situationen die Erwartung eines Schokolade-Genusses unser „Belohnungssystem" in Gang setzt und wir uns deshalb besser fühlen.

Eigentlich ist es dann Dopamin, das uns glücklicher macht.

Die Hirnzellen schütten nun verstärkt den Botenstoff Dopamin aus. Eine erhöhte Konzentration dieses

Hormons im Blut versetzt uns in gute Stimmung. Allerdings sind wir immer gut darin, uns zu belohnen: Das Hochgefühl beim Konsum von Drogen wie Alkohol, Nikotin, Kokain aber auch Kaffee, das verstärkte Empfinden von Glück, Freude und Zuversicht, wird auf eine verstärkte Ausschüttung von Dopamin zurückgeführt.

Dopamin ist auch die Vorstufe der Stresshormone Adrenalin und Noradrenalin.

Serotonin wird also ständig benötigt und hält nicht lange vor: Belastungen können sehr rasch zu einem Absinken des Spiegels und damit zu Beschwerden führen.

Die Gabe von Medikamenten, die die Wiederaufnahme von Serotonin hemmen (Serotonin Reuptake Inhibitors-SSRI) und es so länger wirksam halten, könnte man als „Verwalter des Mangels" bezeichnen: Sie vermehren Serotonin nicht, sie halten es aber länger wirksam, obwohl es nach längerer Einnahme auch zu einer größeren Anzahl an Bindungstellen und damit auch zu einer stärkeren Wirkung kommt. Wissen muss man allerdings, dass fast alle diese Medikamente einen gewissen Wirkspiegel erreichen müssen. Dies bedeutet, dass die Wirkung erst allmählich nach ca. drei Wochen einsetzt und es außerdem zu einer „Erstverschlechterung" in den ersten Tagen kommen kann.

Werner leidet im Rahmen einer Erschöpfungsdepression auch unter Panikattacken. Es wird ihm die Einnahme eines SSRI vorgeschlagen, leider erhält er ansonsten keine Information. Nach Einnahme der ersten Tablette bemerkt er keine Verbesserung (die es ja auch noch gar nicht geben kann), im Gegenteil, erfühlt sich schlechter, dies löst eine Panikattacke aus, die von Werner als Medikamentenunverträglichkeit gedeutet wird. Ab sofort ist er überzeugt, dass er diese Medikamente nicht einnehmen kann.

Was SSRI auf jeden Fall bewirken, ist, dass die Wiederaufnahme nicht nur im Gehirn, sondern auch im Darm gehemmt wird. Es kommt zu einer Verarmung an Serotonin im ganzen Körper. Dies bedeutet zum Beispiel eine schlechtere Wundheilung und ein höheres Risiko für Blutungen im Magen-Darm-Trakt, vor allem wenn gleichzeitig entzündungshemmende Medikamente oder Aspirin gegeben werden. Serotonin ist auch für die Regeneration von Leber und Bauchspeicheldrüse wichtig.

Die essenzielle Aminosäure L-Tryptophan ist der Vorläufer von Serotonin in unserer Nahrung. Das Zwischenprodukt 5-HTP (5-Hydroxytryptamin) kann im Gegensatz zu Tryptophan zu 70 % gut aufgenommen werden und auch die Blut-Hirn-Schranke passieren. Ein genetisch- oder stressbedingter Engpass der Versorgung mit Serotonin kann oft mit 5-HTP gut überbrückt werden. Die Reinsubstanz hat heute Apothekenqualität, eine Verunreinigung, wie es sie früher bei L-Tryptophan mit fatalen Folgen gegeben hat, ist dadurch auszuschließen.

Neben 5-HTP steigern auch DHEA und Progesteron die Serotoninaktivität im Gehirn.

Es gibt, wie bereits erwähnt, genetische Varianten am Serotonintransporter, die dadurch verletzlicher für chronischen Stress und für Tabakabhängigkeit machen. Daher ist langfristig die Gefahr größer, an einer chronischen Entzündung der Bronchien (COPD) und Depression zu erkranken.

Stress und die Getriebenen

Der Zwang, sich zu beweisen, ist ein starker Antreiber und führt zu verstärktem Einsatz für ein Projekt, allerdings unter subtiler Vernachlässigung eigener Bedürfnisse.

Erhöht sind dann die Botenstoffe Dopamin, Noradrenalin und Serotonin, auch Motivation und „Energie" sind hoch. Erniedrigt sind die Hormone Adrenalin und GABA. Die Gamma-Aminobuttersäure GABA ist nach dem Glutamat der zweithäufigste Botenstoff im Gehirn und hat eine deutlich dämpfende Wirkung. Der Großteil aller Neuronen hat GABA-Rezeptoren, an denen auch einige Psychopharmaka wirken. GABA wirkt angstlösend, schmerzlindernd, beruhigend und schlaffördernd. Es stabilisiert den Blutzucker und wirkt Krämpfen entgegen.

Im autonomen Nervensystem bewirkt nun die zunehmende Sympathikusdominanz das Gefühl, ständig „unter Strom" zu stehen und dass die Entspannung immer schwieriger wird.

Spezielle Genvarianten verursachen bei „High Performern" die anhaltende Wirkung der Stresshormone; Menschen mit erhöhter Aktivität der Katecholamine sind besonders leistungsfähig – und besonders gefährdet für das Burn-out-Syndrom. Meist handelt es sich um Menschen mit zumindest einer, meist zwei met-Varianten des Enzyms COMT.

Folgende Persönlichkeitsmerkmale lassen sich durch den ständig hohen Spiegel an Katecholaminen erklären:

- hohe geistige und körperliche Leistungsfähigkeit,
- große Ausdauer, späte Erschöpfung,
- gleichzeitige Erledigung viele Dinge,
- schnelles Begreifen komplexer Sachverhalte,
- Sprech- und Sprachbegabung, aber auch Redefluss,
- Ungeduld, Rastlosigkeit, Hastigkeit,
- sportlich vielseitig begabt, schlechte Teamfähigkeit,
- alle Sinneswahrnehmungen sind gesteigert,
- Aggressivität, verbal und körperlich,

- leichtes Schwitzen,
- keine Gewichtsprobleme,
- Unfähigkeit zu Meditation, Yoga, Kontemplation etc.,
- Erholung durch körperliche Aktivität,
- geringes Schlafbedürfnis, Neigung zu Schlafstörungen,
- hoher Verbrauch an Mikronährstoffen,
- Störung im Stoffwechsel von Katecholaminen.

Schließlich kommt es zur **Stagnation**, Konflikte und Bedürfnisse werden zunehmend verdrängt, zur Not mit Hilfe der Umdeutung von Werten.

In dieser Phase kehrt Noradrenalin von überhöhten zu „normalen" Werten zurück.

Dann folgt **Frustration**. Auftretende Probleme werden verstärkt geleugnet, Zynismus macht sich breit, es erfolgt ein schleichender kompletter sozialer Rückzug. Es gibt nur mehr die Arbeit, Freundeskreis und Partner werden vernachlässigt.

Das Cortisol ist noch hoch, oft auch dann, wenn es das nicht sollte: zum Beispiel am Abend. Währenddessen wird der Serotoninspiegel immer niedriger. Erniedrigt sind außerdem Dopamin, Vitamin B_{12} und Folsäure, ebenfalls ein B-Vitamin.

Mit zunehmender Sympathikusaktivierung kommt es zu einem Mangel der Katecholamine Adrenalin und Noradrenalin, da Noradrenalin bei Sympathikusaktivität ständig ausgeschüttet und verbraucht wird. Dadurch bleibt auch zu wenig für die Bildung von Adrenalin übrig. Ein Missverhältnis zwischen beiden tritt auf.

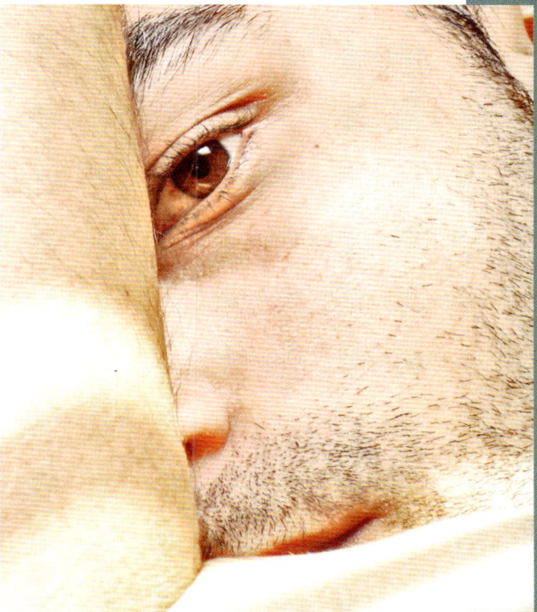

Die nächste Stufe ist **Apathie**. Der Umgebung fallen zunehmend Verhaltensänderungen auf. Es kommt zum Verlust des Gefühls für die eigene Persönlichkeit, zurück bleibt eine gefühlte innere Leere.

Das Cortisol hat sein normales Tagesprofil verlassen, ist aber am Abend immer noch erhöht. Erniedrigt sind Noradrenalin und Adrenalin, das morgendliche Cortisol und Serotonin. Ein erniedrigter Noradrenalinspiegel kann nun zu Störungen des Antriebs, der Stimmung oder des Schlaf-Wach-Rhythmus führen. Die Betroffenen können sich morgens nicht mehr aktivieren, abends aber auch nicht entspannen.

Burn-out

Die chronische Erschöpfung ist meist mit depressiver Symptomatik verbunden und kann in eine klinisch klassische Depression überleiten.

Erniedrigt sind nun eigentlich alle Regulationssysteme: Noradrenalin, Serotonin, Cortisol, der Energiespeicher ATP, Sympathikus- und Parasympathikusaktivität.

Weder Aktivierbarkeit noch Erholungsfähigkeit sind mehr gegeben. Dies ist eine fatale Patt-Situation. Die Betroffenen – erfolgreiche, ehemals engagierteste, intelligenteste Menschen – berichten, dass sie nun weder Lesen noch Fernsehen können, nur einfache Tätigkeiten auszuführen imstande sind und nicht schlafen können. Auch der Ruhezustand ist unerträglich, am besten geht es ihnen, wenn sie ständig mechanische Bewegungen ohne Denken ausführen können. Eva, Topmanagerin, berichtet, dass sie sich in dieser Zeit am wohlsten gefühlt hat, indem sie die Fußböden ihrer Wohnung mit Stabparkett selbst ausgelegt hat. Andere entrümpeln ihre ganze Wohnung und schlichten Papierstapel, wieder andere finden Erleichterung beim Bepflanzen oder Umgraben.

Die Erfahrung, nicht lesen und keinem noch so einfachen Film mit Konzentration folgen zu können, ist für die meist sehr intellektuellen Menschen besonders erschreckend.

In dieser Situation geht es um „Erste-Hilfe-Maßnahmen".

Dazu zählt das Herausnehmen aus jeder Belastung und Verantwortlichkeit und die Wiederherstellung der Systeme, die Regulation ermöglichen. Erste Therapieziele sind die Tag-Nacht-Regulation und ein erholsamer Schlaf. Bewegung zu diesem Zeitpunkt ist auf „Hinausgehen an die frische Luft" beschränkt, es herrscht absolutes Sportverbot.

Auch wenn zu diesem Zeitpunkt die Diagnostik vielleicht noch am Laufen ist, sind einige Substanzen bereits hilfreich, eine davon ist SAMe. S-Adenosylmethionin (SAM oder SAMe abgekürzt) ist die stoffwechselaktive Form der schwefelhaltigen Aminosäure Methionin. Diese gehört zu den neun essenziellen Aminosäuren, die der Mensch nicht selbst herstellen kann. Sie muss mit der Nahrung aufgenommen werden. Die aktive Form des SAMe fungiert in zahlreichen biochemischen Prozessen als Methylgruppenüberträger und stellt die Methylgruppen für mehr als 100 Methylierungsreaktionen zur Verfügung. Die Übertragung von Methylgruppen spielt eine herausragende Rolle bei der Entgiftung körperfremder Stoffe sowie bei der Umwandlung vom Körper benötigter Stoffe. Dazu zählen der Noradrenalin-/Adrenalinstoffwechsel, der Histaminstoffwechsel und auch der Serotoninstoffwechsel. SAMe wirkt auch entzündungshemmend. Damit es seine Wirksamkeit entfalten kann, ist es wesentlich, für eine sehr gute Versorgung mit Vitamin B_6, B_{12}, Folsäure und Biotin zu sorgen. Es lässt sich auch mit einer Therapie mit einem Serotoninwiederaufnahmehemmer kombinieren.

Der Diagnosecode ICD 10 Z 73.0 ist die Nummer für Burn-out im International Code of Diseases und bringt auf den Punkt, um was es geht: Ausgebranntsein, Zustand der totalen Erschöpfung. Diese Situation stellt eine schwere Lebenskrise und meist auch eine prekäre soziale Situation dar und ist mit intensiver Betreuungsnotwendigkeit und oft langen Krankenständen verbunden.

Insofern sind Diagnosen wichtig. Nicht nur in Bezug auf Behandlung und Rehabilitation, sondern auch hinsichtlich Finanzierung und rechtlicher Fragen. Letztlich geht es darum, die Betroffenen mit vereinten Kräften aus der Krise in eine möglichst vollständige Rehabilitation zu begleiten. Noch wichtiger jedoch wäre es, wenn sich die Stressspirale nicht bis ganz nach unten drehen müsste, sondern möglichst früh abgebremst würde. Hier ist die Prävention deutlich einfacher, weniger langwierig und kostengünstiger.

Auf den Punkt gebracht

Seit 2014 werden psychische Belastungen an österreichischen Arbeitsplätzen evaluiert, um gesundheitliche Folgen zu vermeiden. Darunter fallen alle Einflüsse, die von außen auf den Menschen zukommen und psychisch auf ihn einwirken. Die individuelle Wirkung einer Belastung wird als Beanspruchung bezeichnet. Nur eine beeinträchtigende Belastung führt zu einer Fehlbeanspruchung.

Tipp:

Suchen Sie Hilfe, wenn längerfristig Schlafstörungen, chronische Müdigkeit und Verlust der Libido auftreten. Je früher Sie eingreifen, umso leichter ist es, wieder eine Balance herzustellen. Im Spätstadium ist der Zeitraum bis zur nachhaltigen Stabilisierung durchaus mit einem Jahr anzusetzen.

Stress und Depression

Burn-out versus Depression

Schlaflosigkeit, gedrückte Stimmung, Hoffnungslosigkeit, Interessensverlust, Antriebsmangel, erhöhte Ermüdbarkeit und innere Leere – Depressionen lassen den Alltag für viele unerträglich werden. Männer und Frauen sind gleich häufig betroffen, diagnostiziert werden aber noch immer wesentlich häufiger Frauen. In Österreich leiden rund 700.000 Menschen an Depressionen, in Deutschland ist derzeit von etwa vier Millionen Betroffenen die Rede. Jeder Fünfte dürfte im Laufe seines Lebens an einer Depression erkranken. Im Extremfall treibt das die Betroffenen bis in den Selbstmord.

Während depressive Männer eher grantig und gereizt sind und zu Substanzmissbrauch, Risikobereitschaft und Aggression neigen, reagieren Frauen eher mit Rückzug, Traurigkeit und Schuldgefühlen. Bei beiden Geschlechtern können Angstzustände und Panikattacken auftreten.

Depression ist eine Volkskrankheit geworden, die Therapien der letzten Jahrzehnte konnten dies nicht verhindern.

Der Begriff Burn-out ist uns heute um vieles näher und verständlicher und beeinhaltet im Begriff das erlebte Gefühl. Es ist auch gesellschaftlich immer noch anerkannter, an einem Burn-out als an einer Depression zu erkranken.

Die Grenzen zwischen Burn-out und Depression sind meist fließend und in voller Ausprägung findet sich kein Unterschied. Lediglich zu Beginn ist Zynismus ein deutlicher Hinweis in Richtung Burn-out, und ein Wiederauftreten eines Burn-outs im langjährigen Verlauf spricht eher für die Depression. Wichtig sind Fragen nach familiärer Belastung, nach der Zeitschiene der Beschwerden und auch die Frage, ob sich die Umgebungsbedingungen oder ob Sie sich verändert haben.

Merkmale der depressiven Episode und Diagnostik nach ICD-10

Die Diagnostik erfolgt nach einem Algorithmus mit Erfassung von Haupt- und Zusatzsymptomen.

Hauptsymptome sind

- **Gedrückte Grundstimmung (tiefe Traurigkeit):** Gefühle der Verzweiflung und „inneren Leere“ stellen sich ohne erkennbaren Anlass ein.

  Beispielfrage: Fühlten Sie sich in den letzten zwei Wochen fast jeden Tag nahezu durchgängig niedergeschlagen, traurig oder deprimiert?

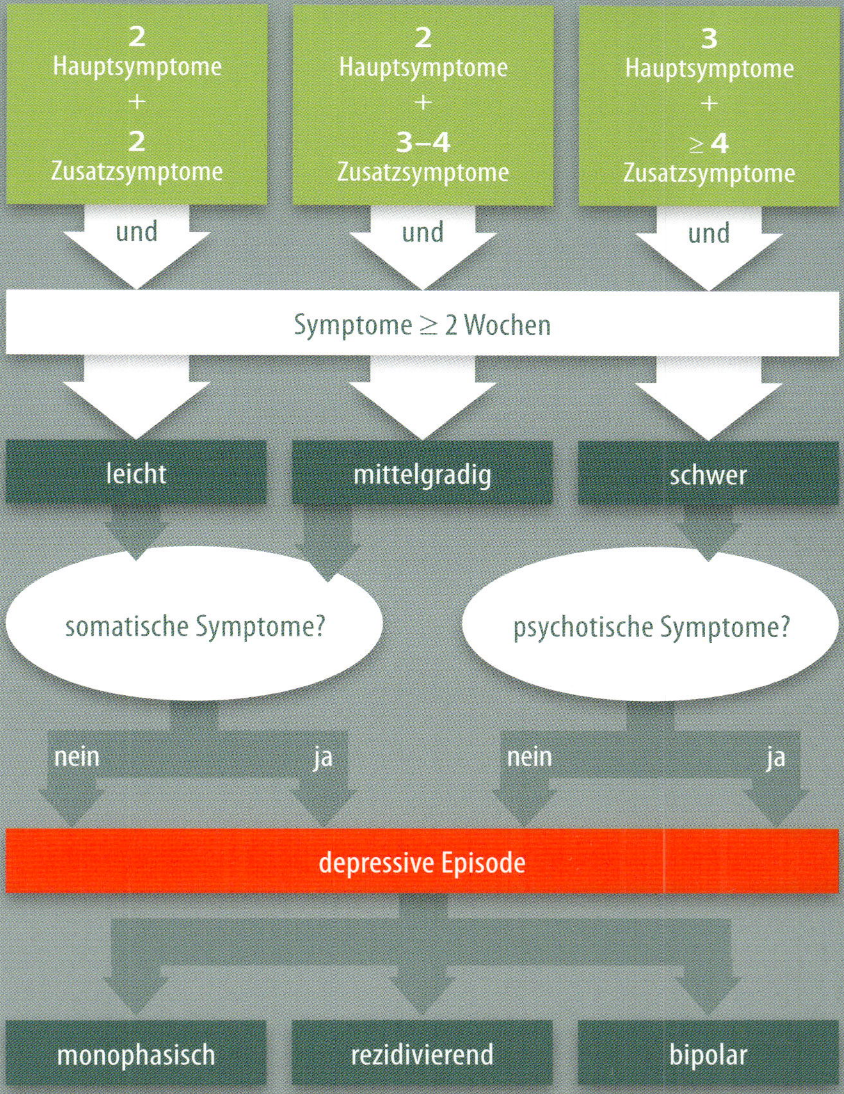

Quelle: Deutscher Ärzte-Verlag: M. Härter et al., Praxismanual Depression (2007)

- **Interessenverlust:** Die Fähigkeit, sich an wichtigen Dingen oder Aktivitäten des Alltags zu freuen bzw. daran teilzunehmen, geht verloren. Der Interessenverlust kann sich auf alle Lebensbereiche, also Familie, Freundeskreis, Beruf, aber auch Hobbys, Sport oder sexuelle Aktivitäten erstrecken.

  Beispielfrage: Hatten Sie in den letzten zwei Wochen fast ständig das Gefühl, zu nichts mehr Lust zu haben; oder haben Sie das Interesse und die Freude an Dingen verloren, die Ihnen gewöhnlich Freude machen?
- **Verminderung des Antriebs (Energielosigkeit):** Das Gefühl einer starken inneren Müdigkeit und Energielosigkeit lässt jede Aktivität beschwerlich erscheinen. Die Motivation zur Durchführung selbst einfacher Alltagsaktivitäten, wie Essenszubereitung oder Körperpflege, nimmt ab.

  Beispielfrage: Haben Sie sich in dieser Zeit fast immer müde und energielos gefühlt?

Als Zusatzsymptome können auftreten:

- **Verminderte Konzentration und Aufmerksamkeit:** Häufig fällt es depressiven Menschen schwer, mit den Gedanken bei einer Tätigkeit oder einer Aufgabe zu bleiben. Unentschlossenheit und ein verlangsamtes Denken sind weitere Anhaltspunkte für Konzentrationsschwierigkeiten.

  Beispielfrage: Haben Sie in den letzten zwei Wochen Schwierigkeiten, sich zu konzentrieren? Haben Sie Mühe, die Zeitung zu lesen, fernzusehen oder einem Gespräch zu folgen?
- **Mangelndes Selbstwertgefühl und Selbstvertrauen:** Leistungen und Fähigkeiten bewerten depressiv erkrankte Menschen häufig als sinn- oder nutzlos und erleben sich dabei als unfähig oder als Belastung für andere.

  Beispielfrage: Leiden Sie in den letzten zwei Wochen an fehlendem Selbstvertrauen und/oder Selbstwertgefühl? Fühlen Sie sich so selbstsicher wie sonst?
- **Gefühle von Schuld und Wertlosigkeit:** Einhergehend mit mangelndem Selbstwertgefühl neigen depressive Menschen dazu, sich Fehler und Versäumnisse vorzuwerfen, sich dafür verantwortlich und wertlos zu fühlen. Depressive Denkinhalte umfassen oft Themen wie Schuld, Sünde und Armut und können bei schweren Depressionen psychotische Inhalte umfassen.

  Beispielfrage: Machen Sie sich in den letzten zwei Wochen häufig Selbstvorwürfe oder fühlen Sie sich schuldig für alles, was geschieht?
- **Negative und pessimistische Zukunftsperspektive:** Entsprechend der negativen Selbst- und Weltsicht wird jeder neue Tag als Belastung und die Zukunft als aussichtslos erlebt.

Beispielfrage: Sehen Sie die Zukunft schwärzer als sonst? Haben Sie das Gefühl, dass alles, was Sie tun, keinen Sinn mehr hat?

- **Suizidgedanken oder Suizidhandlungen:** Wenn Sinnlosigkeit und innere Leere das Denken bestimmen, können sich Lebensüberdruss und Suizidgedanken entwickeln und zu konkreten Suizidhandlungen führen.

  Beispielfrage: Geht es Ihnen in den letzten 2 Wochen so schlecht, das Sie über den Tod nachdenken oder daran, dass es besser wäre, tot zu sein? Hatten oder haben Sie konkrete Pläne, sich etwas anzutun? Gibt es etwas, was Sie am Leben hält?

- **Schlafstörungen:** Äußern sich bei depressiven Patienten am häufigsten in Form von Schlaflosigkeit. Typischerweise treten Durchschlafstörungen und Früherwachen auf; es sind aber auch Einschlafstörungen möglich, während vermehrter Schlaf tagsüber oder in Form verlängerten Nachtschlafs (Hypersomnie) selten ist.

  Beispielfrage: Hat sich an Ihrem Schlaf in den letzten zwei Wochen etwas geändert? Schlafen Sie mehr/weniger als sonst?

- **Verminderter Appetit:** Depressionen beeinflussen auch den Appetit. Es fehlt der Genuss beim Essen, und die Betroffenen müssen sich zum Essen regelrecht überwinden. Als Folge nehmen sie häufig ab. In seltenen Fällen gibt es auch das gegenteilige Phänomen mit deutlich gesteigertem Essverhalten.
  Beispielfrage: Hatten Sie in den letzten zwei Wochen mehr/weniger Appetit als sonst? Haben Sie ungewollt abgenommen?

Wie Sie sehen, decken sich viele Beschwerden von Burn-out und Depression, im Sinne einer Erschöpfungsdepression. Therapeutisch kann es aber wesentlich sein, dass eine Unterscheidung gelingt. Während ein Burn-out-Patient von der Herausnahme aus dem Arbeitsprozess profitiert, kann die Struktur eines Arbeitsalltags für einen Depressiven auch hilfreich sein. Während bei chronischem Stress die Wiederherstellung eines erholsamen Nachtschlafs erste Therapiestrategie darstellt, kann dies bei einem Depressiven vorerst zur Verschlechterung der Symptomatik führen.

Depression ist ein Symptom

Aus der Sicht der Präventiv- und Umweltmedizin ist die Depression eine gemeinsame Endstrecke unterschiedlichster Trigger und dadurch auch keine rein psychische Erkrankung. Gewisse genetische Konstellationen führen, gepaart mit Lebensstil und Life Events, zu einer höheren Wahrscheinlichkeit, eine depressive Symptomatik zu erleiden. Dabei spielen die Energiebereitsstellung, Stresshormone und die Versorgung mit Dopamin und Serotonin eine Hauptrolle.

Stress und Immunsystem spielen für die Entstehung einer depressiven Erkrankung eine wesentliche Rolle. Inzwischen gilt es als erwiesen, dass frühkindlicher Stress mit chronischer Entzündung und Depression im Erwachsenenalter verknüpft ist. Obwohl das Gehirn grundsätzlich gut vor Entzündungen geschützt ist, werden jedoch Entzündungsbotenstoffe (Zytokine) aktiv ins Gehirn transportiert.

Wie kann sich nun eine Entzündung im Gehirn zeigen? Immerhin kann es keine Schmerzen empfinden, aber es arbeitet langsamer, was durch funktionelle MRT-Aufnahmen nachgewiesen wurde.

Sickness behaviour, welches durch Entzündung ausgelöst wird, kennt jeder, der einmal an einem Virusinfekt erkrankt ist: Müdigkeit, verminderte Motivation, Verlangsamung. Man hat nur mehr den Wunsch, sich ins Bett zu legen und dort zu bleiben. Das ist auch sicher sinnvoll, um den zusätzlichen Energiebedarf des aktivierten Immunsystems zu ermöglichen. Wird eine Entzündung chronisch, kommen auch noch Gedächtnisstörungen, Angst und Depression hinzu. Jede Depression verschlimmert sich, wenn eine Infektionsbelastung quasi dazukommt. Dies kann bis zum Suizid führen.

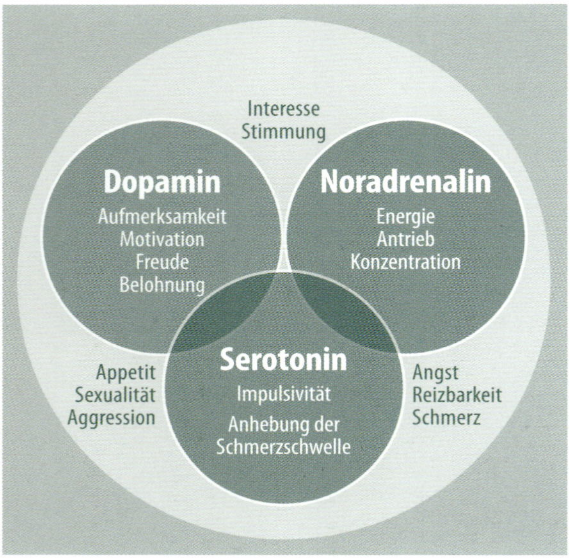

Der Zusammenhang zwischen Infektionen mit Borrelien, Clamydien, Helicobacter, Herpes- und Zytomegalieviren und geringeren kognitiven Leistungen konnte ebenfalls nachgewiesen werden.

Ein aktiviertes Immunsystem könnte also für psychische Erkrankungen disponieren. Dafür spricht unter anderem auch die therapeutische Wirksamkeit antientzündlicher Substanzen bei Depression.

Wenn nach einer depressiven Episode Symptome wie Appetitstörungen, Schlafstörungen, Gefühl des Energiemangels, Aufmerksamkeits- und Konzentrationsstörung, Schmerzen oder Schlafstörungen zurückbleiben, sind dies Prädiktoren dafür, wie wahrscheinlich eine weitere depressive Episode in der Zukunft ist.

Angst ist akut ein wichtiges Warnsignal, chronisch ein Gesundheitsrisiko

Angst ist eine unangenehme Sache: ein flaues Gefühl in der Magengrube, Herzklopfen, Schweißausbruch, Kältegefühl …

Seitdem wir die Erde bevölkern, haben wir versucht, diese schlechten Gefühle in den Griff zu bekommen. Die primitiven Strukturen in unserem Gehirn erzeugen diese Angstgefühle und unser modernerer Cortex bemüht sich, sie abzuschwächen.

Im Gehirn ist die Angst gut in einem Kerngebiet lokalisierbar, Amygdala oder „Mandelkern" genannt. Dort wird immer nach möglichen Gefahren gefahndet und die bekannten Reaktionen in die Wege geleitet. Es gibt allerdings auch eine Kontrollregion, das Cingulum, die sozusagen eine Realitätskontrolle durchführt.

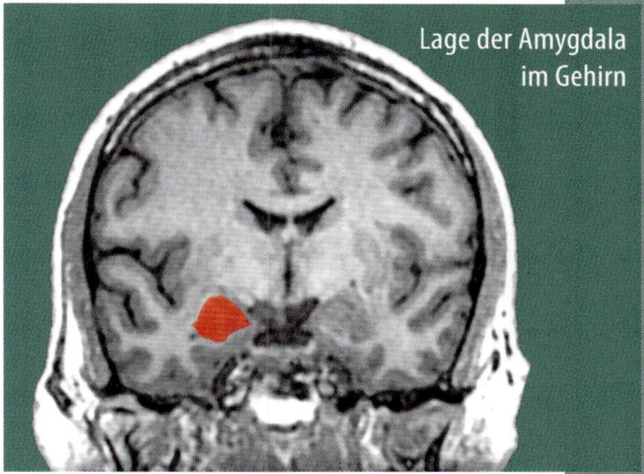

Lage der Amygdala im Gehirn

Die Vernetzung zwischen Amygdala und Cingulum bestimmt die Ängstlichkeit eines Menschen.

60 bis 70 % aller Menschen tragen eine Genvariante, die ihren Besitzer potentiell ängstlicher macht. Dies war in der Evolution durchaus sinnvoll, sonst wäre diese Variante verschwunden. Vom Standpunkt der Evolution aus sind Menschen, die zu Ängstlichkeit neigen, diejenigen, die ihre Umgebung besonders wachsam beobachten, was in Zeiten mit akutem Stress eindeutig ein Vorteil ist.

Wenn diese Menschen aber chronischem Stress ausgesetzt sind, leiden sie mehr darunter als andere, die mit Ärger anstelle von Furcht und Ängstlichkeit reagieren.

Unter chronischem Stress tragen ängstliche Menschen ein wesentlich größeres Risiko als andere, gesundheitlichen Schaden zu erleiden. Eine Neigung zu Ängstlichkeit ist mit einer stärkeren Reaktion auf chronischen Stress verbunden und dieser wiederum mit einer rascheren Alterung.

Persönlichkeiten, die durch Ängstlichkeit und geringes Selbstwertgefühl charakterisiert sind, sind anfällig für hohe Cortisolspiegel und eine starke Aktivität der Amygdala-Kerngebiete bei neuen oder stressbelasteten Ereignissen. Wer das Glas nur eher halb leer als halb voll sehen kann und negative Ereignisse in der Zukunft befürchtet, hat eine geringere Länge der Telomere, die die Chromosomen schützen, mehr Entzündungstendenz im Körper und dadurch ein erhöhtes Risiko für Erkrankungen.

Depression ist ein Symptom und hängt mit Genvarianten, Epigenetik, Entzündungstendenz und Botenstoffdefiziten zusammen.

Angst ist bei akuter Bedrohung sinnvoll und ein Überlebensvorteil, bei chronischer Stressbelastung nicht mehr sinnvoll, sondern sogar ein Gesundheitsrisiko.

Auf den Punkt gebracht

Tipp:

Den Hintergrund von Depressionen zu beleuchten, kann eine wichtige Hilfestellung in der Therapieentscheidung darstellen. Zu verstehen, warum und wie „man gestrickt" ist und dass entstehende Gefühle nicht allein durch Willensanstrengung verändert werden können, weckt auch das Verständnis für oft langfristigere therapeutische Interventionen. Beruhigungsmittel wie Benzodiazepine entfalten dosisabhängig ihre entspannende Wirkung an Rezeptoren im Gehirn. Sie verstärken den Effekt des Botenstoffs GABA, der diese Rezeptoren hemmt und wirken zwar angstlösend, machen aber längerfristig abhängig. Der Duftstoff der Jasminblüte (Gardenia Jasminoides) wirkt stärker beruhigend als Valium und wird vielleicht schon bald zum Einsatz kommen.

Stress und Gedächtnis

In Ihrem Gehirn, in der Region für Gedächtnis und Lernen, dem Hippocampus, kann es bei chronischem Stress durch den Verlust an Nervenzellen zu einer regelrechten Schrumpfung kommen. Als besonders „giftig" erweist sich ein ständig erhöhtes Cortisol. Man vermutet, dass eine verminderte Neubildung der Hippocampus-Zellen für das verringerte Volumen sorgt.

Der Wachstumsfaktor BDNF (Brain derived neurotrophic growth factor) wird im erwachsenen Gehirn vor allem im Hippocampus gebildet. Er spielt für das Langzeitgedächtnis und das abstrakte Denken eine wesentliche Rolle. Ein Schrumpfen des Hippocampus hat ein Absinken des BDNF-Spiegels zur Folge. Dadurch, dass der BDNF die Blut-Hirn-Schranke passieren kann, ist er im Blut gut messbar und man bekommt so elegant über eine Blutabnahme Auskunft über die aktuelle Situation in Ihrem Hippocampus.

Bei Menschen mit Depressionen sind die Blutspiegel erniedrigt, am stärksten bei posttraumatischem Stress-Syndrom und Burn-out. Ebenso sinkt der BDNF-Wert bei Schlafstörung, und zwar je nach Schweregrad. Besonders prädisponiert sind wahrscheinlich Personen, die eine Genvariante am BDNF-Gen tragen.

Dieser Polymorphismus ist mit einer stärkeren Cortisol-Ausschüttung unter Stress verbunden, deshalb reagiert man dann empfindlicher auf Stress.

Regelmäßige Bewegung, Kalorienrestriktion, Meditation und Yoga, Omega-3-Fettsäuren und Acetyl-L-Carnitin scheinen unter anderen die Bildung von BDNF auf natürliche Weise zu steigern und fördern die Plastizität des Gehirns.

Gewisse Antidepressiva können ebenso dem Volumenverlust durch Stimulation der Neuroplastizität vorbeugen oder diesen sogar rückgängig machen.

Gedächtnis

Um sich an etwas zu erinnern, müssen wir Zeitgefühl besitzen, was zutiefst menschlich ist.

Unsere nächsten Verwandten, die Schimpansen, besitzen Chronognosie und Chronologie, aber keine Prospektivität, das bedeutet, sie leben in den Tag hinein.

Unsere subjektive Gegenwart dauert, laut Prof. Ernst Pöppel drei Sekunden: Das Gegenwartsfenster unseres Gehirns ist dabei unabhängig vom Bewusstsein – es hat etwas mit unserem Betriebssystem zu tun.

Wenn Sie rasch gehen, entsprechen vier Schritte einem Gegenwartsfenster. Auch Musizieren fördert unser Gefühl für Gegenwart, nur „Berieselung" funktioniert aber nicht! Besser ist es, Sie tanzen, fahren mit dem Rad oder auch mit dem Auto. Am Allerschönsten ist aber sicher, dem Meer zu lauschen, gerade dessen Rauschen bringt uns wieder ins Jetzt – gefühlt und wissenschaftlich bewiesen!

Gedächtnis = Einspeichern, behalten und abrufen.

Im Kurzzeitgedächtnis kreisen Informationen drei bis vier Sekunden in elektrischer Form.

Wenn wir einen Unfall haben, erinnern wir uns nachher an diese Phase nicht mehr, sie ist quasi gelöscht, da die Information nicht ins Arbeitsgedächtnis übergeführt werden konnte. Dieses greift in der Weiterverarbeitung auf das Langzeitgedächtnis zu und es kommt zu Ausstausch und Verküpfungen. Ab hier ist die Information „stofflich" als Eiweißkörper vorhanden. Bis sie jedoch im Langzeitgedächtnis konsolidiert ist, kann es fünf bis acht Jahre dauern! Da gilt es: Die Wiederholung ist die Mutter des Gedächtnisses!

Es gibt aber auch ein sogenanntes Blitzlichtgedächtnis: Sie wissen sicher, wo Sie sich am Tag von 9/11 befunden haben, nicht jedoch was sich einen Tag zuvor oder nachher in Ihrem Leben ereignet hat. Wenn eine Information mit starken Emotionen verbunden ist, wie etwa bei dem Attentat vom 11. September, so kommt ihr dadurch eine höhere Priorität zu. Nachdem dies jedem von uns so geht, gibt es ein kollektives Gedächtnis für dieses Geschehen. Am stärksten prägen sich akute Stresssituationen wie Beinahe-Unfälle ein, die auch eine bemerkenswerte Aufdehnung der Zeitwahrnehmung bewirken. So erinnert man sich an alle Details wie Farben und Marken der Autos und an die Gesichter der Insassen, an denen man beim Dreh auf der eisglatten Autobahn glücklicherweise nur vorbeigeschlittert ist. Auch Jahrzehnte später lässt sich dieser Film vor dem geistigen Auge abspulen.

Es ist allerdings so, dass im Alter, durch das Nachlassen von Kontrollmechanismen, auch wieder Ereignisse auftauchen, die uns stark gestresst haben und dann von uns ins Unterbewusstsein verdrängt wurden. Zum Beispiel kann das Gesicht des jungen Pflegers, der die alte Dame im Pflegeheim betreut, diese an einen Soldaten erinnern, der sie als junges Mädchen in den Kriegswirren missbraucht hat, und sie reagiert für ihre Umgebung und Familie, die nichts davon wusste, völlig unverständlich und panisch, wenn sich der Pfleger ihr nähert, um sie zu versorgen.

Kopfkino vor dem Einschlafen – die wahren Abenteuer sind im Kopf

Dem Gehirn ist es egal, ob etwas real passiert ist, ob wir es erinnern oder ob wir es uns nur ausdenken!

Dies hat mit unseren Spiegelneuronen zu tun, die u.a. für das Verständnis von Handlungen verantwortlich sind und auch dann aktiv werden, wenn sie eine

Handlung nicht selbst durchführen, sondern nur beobachten. Es gibt genau gesagt nicht **die** Spiegelneurone, sondern eine Vielzahl unterschiedlicher neuronaler Zentren, die spiegeln können.

Übrigens stehen Führungskräfte unter ständiger Beobachtung und Imitation durch ihre Mitarbeiter: bewusst, aber vor allem auch unbewusst. Deshalb vervielfältigt sich ihr Verhalten und ihr Tun im Positiven wie im Negativen!

Positives wird dabei naturgegeben schlechter erinnert.

Viel wesentlicher war es, sich Negatives zu merken: Dies konnte lebensrettend sein!

So erinnern wir uns auch heute noch bevorzugt an die Dinge, die uns belasten, Sorgen machen, die uns ängstigen oder uns irgendwie unangenehm sind.

Entscheiden Sie sich daher ganz bewusst für ein „erfreuliches" Abendprogramm im persönlichen 3-D-Kino!

Vom Erkennen motorischer Handlungsabsichten zum Erkennen emotionaler Zustände

Wenn Sie einen anderen Menschen Gähnen sehen, wirkt dies auf merkwürdige Weise ansteckend. In diesem Moment werden wieder Spiegelneurone aktiv. Auf diesem Weg können Menschen physiologische Zustände und damit verbundene Gefühle teilen, die auf denselben motorischen Mustern basieren.

Diese „motorische Empathie" liegt der Entwicklung der kognitiven Empathie zugrunde.

Aber nicht nur Gähnen, auch Stress kann ansteckend sein. Allein die Beobachtung reicht, um das Stresshormon Cortisol in Ihrem Körper auszuschütten. Je besser Sie den anderen Menschen in einer Stresssituation kennen, umso stärker reagieren Sie. Selbst wenn Sie dies nur im Fernsehen oder in einem Film beobachten, kann sich dieser Stress auf Sie übertragen und eine körperliche Reaktion hervorrufen.

Das bei unserer Geburt vorhandene und zur genetischen Grundausstattung gehörende „Starter-Set" an Spiegelneuronen bedeutet jedoch nicht, dass wir über eine angeborene Fähigkeit zur Empathie verfügen. Auch für Spiegelneurone gilt: „use it or lose it." Außerdem bringen Angst auslösende Stimuli und Stress die

Spiegelzellen zum Verstummen. Säuglinge und Kleinkinder müssen Empathie und Zuwendung zuerst einmal erleben, um ihre Spiegelsysteme entwickeln zu können. Die Summe der gespiegelten Information, die das Kind von seinen Bezugspersonen erhält, ist nicht nur ein Trainingsprogramm für Empathie, sondern ist auch wichtig für die Identitätsbildung des Kindes.

Frau Doktor, ich glaube, ich kriege Alzheimer!

Wer kennt es nicht: Wo ist der Wohnungsschlüssel? Ein Name liegt auf der Zunge, aber dort bleibt er auch. Hab ich das jetzt schon erledigt oder nicht?

Komplett vergessen.

Ist das noch eine „natürliche" Alterserscheinung oder sind das bereits Vorboten einer Demenz?

Zur Beantwortung dieser Frage müssen wir uns mit den Begriffen SCI und MCI befassen. Was nach vorabendlicher Krimiserie klingt, sind Abkürzungen für subjectiv cognitiv impairment (SCI) und mild cognitiv impairment (MCI).

Wenn Sie das Gefühl haben, in den letzten Jahren an geistiger Leistungsfähigkeit eingebüßt zu haben, dies aber nur Ihnen selbst auffällt und Sie chronischen Stress/Burn-out, Erschöpfung, Angststörungen oder depressive Phasen erlebt haben, deutet dies auf ein SCI hin. Eine Testung des Gedächtnisses bleibt altersentsprechend und unauffällig.

7 von 100 Personen mit SCI verändern sich aber innerhalb eines Jahres zum Bild eines MCI.

Das häufigste MCI ist das amnestische, das heißt, die subjektive Gedächtniseinbuße und der Verlust an Konzentrationsfähigkeit stehen im Vordergrund. Diesmal fällt es auch bereits der Umgebung auf, und es kommt zu einer objektivierbaren Leistungsminderung in altersgeeichten Tests.

20 % aller Personen mit MCI entwickeln in weiterer Folge eine Alzheimer-Demenz.

Offensichtlich gibt es in dieser MCI-Gruppe Menschen mit einem degenerativen Prozess im Gehirn, welcher über Jahrzehnte fortschreitend zur Demenz führt, welche ja leider sehr häufig ist (bei über 90-Jährigen ist jeder zweite dement). Stress beschleunigt in diesem Fall einen bereits bestehenden Prozess, sodass Symptome früher auftreten!

Für eine manifeste Demenz im fortgeschrittenen Stadium haben wir derzeit leider immer noch kein Heilmittel. Daher ist es wichtig, Frühstadien zu erkennen.

Aus der Nonnen-Studie, die seit 1986 als eine Längsschnittstudie über das Altern und die Faktoren der Alzheimer-Krankheit bei Klosterschwestern in den Vereinigten Staaten durchgeführt wird, wissen wir, dass wir doch einiges tun können, um symptomarm zu bleiben, wenn wir rechtzeitig genug anfangen. Wichtig ist also, dass Sie bei Problemen mit dem Gedächtnis untersuchen lassen, ob Sie ein SCI oder ein MCI aufweisen.

Unterschiede der Symptomatik von Depression und beginnender Demenz:	
Depression	Demenz
Subjetkives Klagen stärker als objektiver Befund	Symptome werden bagatellisiert
„Stabile" depressive Verstimmung	Affektlabil, umstimmbar
Schuldgefühle, Versagensangst	Andere werden beschuldigt
Selbstabwertung	Tendenz zur Selbstüberschätzung
Schlaflosigkeit	Nächtliche Unruhe
Alltagstätigkeiten erhalten	Alltagstätigkeiten eingeschränkt

Unter www.gedaechtnisonline.de bietet das Klinikum Stuttgart einen Gedächtnis-Check online an.

Bewegung kann das Demenzrisiko insgesamt um ein Viertel reduzieren und das Alzheimerrisiko sogar halbieren. Dies ergab eine Zusammenfassung von 16 prospektiven Studien (dabei werden Daten gemäß der gemachten Hypothese erhoben), in denen bei rund 160.000 Menschen der Zusammenhang zwischen ihrer körperlichen Aktivität und der Entwicklung einer Demenzerkrankung untersucht worden war. Bereits regelmäßiges Gehen von 2 bis 4 Kilometern pro Tag ist ausreichend, um das Gehirn von Männern und Frauen im Alter vor Demenz zu schützen.

Oxytocin – einmal Umarmen bitte

Oxytocin ist unser Bindungshormon, es wird nicht nur beim Stillen, sondern auch beim Kuscheln und bei Sex freigesetzt. Es reduziert die Stressempfindung, indem es auf die Stresshormonachse sowie auf die Amygdala-Kerngebiete dämpfend wirkt.

Wenn Ihr Oxytocin niedrig ist, fühlen Sie sich leicht ausgeschlossen, auch wenn es gar nicht so gemeint war. Jede Zurückweisung wird vermieden und Ihre Mobbingschwelle liegt sehr niedrig.

Bei viel Oxytocin lügen wir hingegen leichter, wenn es ein Vorteil für unsere Gruppe ist.

Frauen zeigen unter akutem psychosozialen Stress eine deutlich erhöhte Oxytocinausschüttung als Männer. Dies könnte der Grund sein, warum Frauen unter Stress empathischer werden, während Männer eher mit höherer Egozentrizität reagieren.

Auf der Flucht steht Neues lernen nicht im Vordergrund, chronischer Stress beeinträchtigt unsere Gedächtnisleistung und erhöht langfristig das Demenzrisiko.

Das Gehirn kann nicht unterscheiden, ob Ereignisse real oder nur gedacht sind und reagiert in beiden Fällen mit Ausschüttung von Stresshormonen.

Stress ist „ansteckend“, da wir über unsere Spiegelneurone mit anderen mitfühlen.

Körperkontakt und Berührungen reduzieren unsere Cortisolausschüttung über Oxytocin und wirken stresslindernd.

Auf den Punkt gebracht

Tipp:

Abgesehen von der Stressreduktion schützen regelmäßige Bewegung, Neugierde, geistige Betätigung, soziale Kontakte und Berührungen anderer Menschen sowie antioxidativ wirkende Hormone und Substanzen unser Gehirn vor dem vorzeitigen Vergessen. Nahrungsmittel mit hohem Omega-3-Gehalt sowie solche, die Ketone erzeugen (wie Kokosöl) oder besondere Zucker (wie D-Ribose), helfen bei der Demenzprophylaxe. Lassen Sie Ihren BDNF-, Pregnenolon-, DHEA- und Progesteronspiegel messen. Bei Gedächtnisschwächen lassen Sie sich diesbezüglich austesten.

Stress und Gender

Henne oder Ei? – chronische Stressbelastung und weibliche/männliche Hormone

Ursula, 51 Jahre, kommt im Rahmen eine Burn-out-Präventionsprogrammes in die Ordination. Sie erzählt von der Diagnose eines „Burn-out-Syndroms" vor 5 Jahren. Weiters ist eine Schwäche der Schilddrüsenfunktion bekannt, die mit Schilddrüsenhormon gut behandelt ist. Sie klagt über Müdigkeit und Konzentrationsschwäche, rasche Erschöpfung, schlechten Schlaf und Gewichtszunahme im Bauchbereich. Sie hat Sorge, wieder „in ein Burn-out hineinzurutschen". Die 24-Stunden-Herzratenvariabilitätsmessung (HRV) ergibt eine erhaltene Balance des autonomen Nervensystems bei insgesamt leicht vorgealterter Regulationsfähigkeit. Auffällig ist jedoch eine schlechte nächtliche Erholung mit einer gestörten Schlafarchitektur.

Die Laborbefunde lassen noch eine leichte Nebennierenschwäche als Folge des durchgemachten Burn-outs erkennen. Der Hormonstatus jedoch ergibt einen nicht messbaren Östradiol- und Progesteronspiegel. Auch der Testosteronwert befindet sich im untersten Bereich. Hier war nicht Stress, sondern der Eintritt der Menopause der Grund für die Beschwerden.

Wer hat die Menopause gebraucht?

Dass das Ende der fortpflanzungsfähigen Zeit bei Menschenfrauen in einem gewissen, eher engen Zeitrahmen auftritt, ist ungewöhnlich und ansonsten nur bei Schwertwalen bekannt. Weibliche Orcas hören zwischen ihrem 30. und 40. Lebensjahr auf, sich fortzupflanzen, werden aber bis zu 90 Jahre alt. Normalerweise verhindert die Natur, dass Tiere weiterleben, wenn sie sich nicht mehr fortpflanzen können. Bei den Schwertwalen liegt der Grund möglicherweise in ihrer außergewöhnlichen Sozialstruktur: Söhne und Töchter leben so lange mit ihrer Mutter zusammen, bis diese stirbt. Die männlichen Nachkommen kehren, sobald sie sich mit Weibchen anderer Gruppen gepaart haben, immer zu ihren Müttern zurück. Ein möglicher Vorteil der Menopause liegt darin, dass die Mütter sich um ihre Kinder und Enkelkinder kümmern können, ohne dass sie mit ihren Töchtern um die Männchen buhlen müssen. Die Jungen wiederum profitieren von der Erfahrung des Muttertiers.

Bei uns Menschen gibt es dazu auch einige Theorien, begonnen hat letzlich alles mit unserem größer werdenden Gehirn, welches vaginale Geburten aufgrund der

Kopfgröße zu einem risikoreichen und grenzwertig durchführbaren Unterfangen werden ließ. Außerdem sind unsere neugeborenen Babys eigentlich Frühgeburten und benötigen im Gegensatz zu anderen Tieren noch mindestens 1 Jahr intensiver Brutpflege, bis sie selbst laufen können.

Die Menopause einer Frau verbesserte somit ihr eigenes und das Überleben der ganzen Gruppe, da sich Frauen nicht mehr dem Risko einer Geburt aussetzen mussten und früher geborene Kinder dadurch eine längere Unterstützung erhielten und nicht verwaisten. Die Säuglingssterblichkeit reduzierte sich durch versorgende Mütter und Großmütter um 50 %.

Die „Großmutter-Hypothese" geht außerdem davon aus, dass Frauen ab einem bestimmten Alter unfruchtbar werden, um bei der Aufzucht der Enkel assistieren zu können und damit den Fortbestand der eigenen Gene zu sichern.

Eine neuere Theorie mittels Computersimulation will beweisen, dass die Männer in der menschlichen Evolution einen entscheidenden Anteil am Entstehen der weiblichen Menopause hatten. Immerhin verteilt sich die männliche Andropause über wesentlich längere Zeiträume, während Frauen kollektiv und ausnahmslos zwischen 45 und 55 Jahren in den Wechsel kommen.

Verlauf der Hormonspiegel (ungefähr)

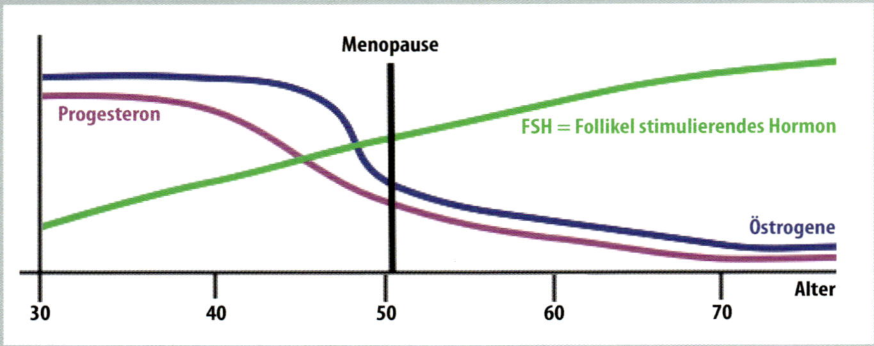

Die altersbedingte Unfruchtbarkeit der Frauen könnte sich also entwickelt haben, weil von Männern jüngere Geschlechtspartnerinnen bevorzugt wurden.

Weil ältere Frauen seltener einen Partner für die Fortpflanzung finden, hat sich die Menopause vielleicht erst entwickeln können. Da ältere Männer schon immer gerne quer durch die Generationen „wilderten" und jüngere Frauen als Geschlechtspartnerinnen bevorzugten, reduzierten sie die Chancen älterer Frauen auf eine Schwangerschaft. Die Forscher sehen die Menopause daher als das ungewollte Ergebnis einer speziellen Selektion beim Menschen und keine Entwicklung, die das Überleben unserer Spezies verbessert. Möglicherweise wäre dieser Prozess auch umkehrbar …

Körperliches und psychisches Wechselbad in den besten Jahren

Anfang des 20. Jahrhunderts erlebte in Europa nur jede dritte Frau ihre Menopause. Heute ist diese Zeit hier bei uns erst der Höhepunkt der Lebensspanne. Ab Mitte 40 beginnt bei Frauen die Phase der Wechseljahre. Nach und nach kommt es zu einem Rückgang der Hormonproduktion, zunächst des Progesterons (Gelbkörperhormon, Hormon der zweiten Zyklushälfte) und später auch des Östrogens.

Dauer und Intensität der Wechseljahre sind sehr individuell ausgeprägt. Rund ein Drittel der Frauen hat gravierende körperliche und seelische Probleme, ein weiteres Drittel mittlere bis leichte Beschwerden und ein Drittel gar keine Schwierigkeiten.

Progesteron und Östrogen erfüllen im Körper zahlreiche Aufbau- und Schutzfunktionen, somit hat der chronische Hormonentzug für den zukünftigen Lebensweg weitreichende Folgen.

Symptome der Menopause	
Psycho-vegetative Beschwerden	**Körperliche Beschwerden und Auffälligkeiten**
■ Hitzewallungen (Östrogenmangel) ■ Schweißausbrüche (Östrogenmangel) ■ Unruhe, Gereiztheit (Progesteronmangel) ■ Stimmungslabilität mit Depressivität (Östrogen-/Progesteronmangel) ■ Schlaflosigkeit (Östrogen- und Progesteronmangel)	■ trockene Haut und Schleimhäute (Östrogenmangel) ■ Blasenschwäche, Schwäche des Beckenbodens (Östrogen-/Androgenmangel) ■ Haarausfall (Östrogenmangel) ■ Gelenkschmerzen und Arthrose (Östrogen- und Progesteronmangel) ■ Osteopenie und Osteoporose (Östrogen-, Progesteron-, Androgenmangel)

Frauen sind heute zum Zeitpunkt der Menopause noch lange nicht alt, aber auf längere Zeit mehr oder weniger gezwungen, sich mit schwankenden und veränderten Hormonspiegeln und deren breiter Wirkung auseinanderzusetzen.

Martina, 49 Jahre, ist beruflich sehr erfolgreich, zusätzlich Betriebsrätin einer großen Firma, die nun in der Krise Personal abbauen muss, was sie persönlich sehr belastet. Sie hat keine Kinder und lebt seit vielen Jahren in einer glücklichen Partnerschaft. Mit den Symptomen Hitzewallungen, Herzklopfen, schwankender Blutdruck, Angst und Unruhe, Schlafstörung, Müdigkeit, Gewichtszunahme und Gelenkschmerzen kommt sie in die Ordination.

Frauen erleben im Arbeitsprozess verschlechterte Konzentrationsfähigkeit, Müdigkeit, Gedächtnisschwäche, depressive Verstimmung und Verringerung des Selbstwertgefühls als besonders belastend. In körperlicher Hinsicht sind vor allem Hitzewallungen problematisch. Einige Frauen geben an, dadurch in ihrer Leistungsfähigkeit eingeschränkt zu sein. Die Mehrheit würde diese Probleme aber nicht ihren Vorgesetzten mitteilen, da diese oft männlich oder jünger sind.

Die Aufgaben des Progesterons

Am Anfang der Menopause steht der Verlust von Progesteron, dieses ist aber nicht nur für Frauen, sondern auch für Männer wichtig. Neben seiner Wirkung als Sexualhormon regeneriert es Nervenzellen, begünstigt das Aussprossen von Nervenfasern und schützt beziehungsweise repariert die Isolierschicht der Nervenfasern, die Myelinscheide. Progesteron ist beruhigend, angstlösend und schwächt Störfaktoren auf unseren Nachtschlaf ab.

Innere Unruhe, Ängste/Panikattacken, Ein- und Durchschlafstörungen sind oft erste Zeichen einer beginnenden Menopause, die mit dem Abfall des Progesterons eröffnet wird. Vorerst entsteht daraus eine Östrogendominanz, mit all ihren Nachteilen,wie starke und unregelmäßige Blutungen, Übersensibilität und Brustspannen.

Die meisten Frauen erinnern sich an ihre Schwangerschaften, abgesehen von den ersten Wochen, als die Zeit großer Energie und Gelassenheit. Auch die Strapazen der Geburt werden rasch vergessen – dies ist die Zeit, wo Frauen „randvoll mit Zaubertrank" sind: Das Progesteron hat nicht nur Wirkungen auf Gebärmutter und Brust, sondern auch wichtige Effekte auf das Gehirn der Mutter selbst und auf das ihres Kindes. Eine normale Geburt bedeutet, dass der Kopf des Kindes durch einen engen Geburtskanal austreten muss. Daher hat die Natur vorgesorgt, Schäden am Gehirn des Kindes, die dabei entstehen, möglichst rasch zu reparieren.

Bei beiden Geschlechtern wird der empfindliche Gedächtnis-Hippocampus durch Progesteron stressresistenter. Es wirkt beruhigend und angstlösend und schwächt Störeinflüsse auf den Schlaf ab, wodurch dieser wieder tiefer wird.

Auch bei Hirnverletzungen von Erwachsenen macht Progesteron grundsätzlich genau das, was es auch während der Entwicklung des Embryos und bei der Geburt des Kindes tut – es schützt Zellen und Gewebe. Diese Wirkung des Progesterons auf Nervenzellen und Nervenfasern wird bei Schädel-Hirn-Verletzungen von Männern und Frauen zunehmend eingesetzt.

Östrogen – nur das „unbeschreiblich weibliche" Hormon?

Eigentlich sind es ja drei Östrogene: Östron E1, welches bei übergewichtigen und Frauen nach der Menopause im Fettgewebe gebildet werden kann, Östradiol E2, das wichtigste Östrogen,welches meist im Hormonstatus gemessen wird, und Östriol E3, das Abbauprodukt von Östradiol als auch Östron und schwache Östrogen der Haut. Die vorwiegenden Abbauprodukte des Östrons sind Katecholöstrogene, welche in das „gute" 2-OH-Östron mit antioxidativer Wirkung und in die „bösen" 4-OH- und 16-OH-Östrone mit krebserregender Wirkung unterteilt werden. Östrogene werden bei ihrem Bluttransport teilweise an Eiweiß gebunden, nur der freie Anteil ist hormonell aktiv.

Östrogene sind in hohen Konzentrationen das Haupthormon der Frauen, in niedrigen Mengen sind sie allerdings ein geschlechtsneutraler Botenstoff, der bei Männern und Frauen zahlreiche Wirkungen entfaltet. Tausende Gene in uns besitzen Rezeptoren für Östradiol und werden durch dieses aufbauende Hormon mitreguliert.

Östrogene können die Telomerlänge günstig beeinflussen, wirken entzündungshemmend, sind für Haut und Haare, für Knochen, Gefäße und Stoffwechsel wichtig und beeinflussen auch unsere Kognition und unsere Stimmung.

Dieser Effekt lässt sich über ihre Wirkung auf den Serotoninhaushalt erklären: Sie vermehren die Rezeptoren für Serotonin, dessen Produktion und machen die Rezeptoren auch empfänglicher für das vorhandene Serotonin. Bereits während des monatlichen Zyklus gibt es daher beträchtliche Unterschiede in der Stimmungslage. In der Menopause fallen die Östrogenwirkungen dann dauerhaft weg, andere Beschwerden wie nächtliche Schweißausbrüche, Gewichtszunahme, Kopfschmerzen und Müdigkeit schlagen sich dann zusätzlich auf das Gemüt.

Sind Hormone nicht gefährlich?

Problematisch sind starke Östrogenschwankungen mit hohen Dosen, wie sie um den Eisprung stattfinden. Hier nimmt die Natur das Risiko hoher Hormonspiegel für die Fortpflanzung in Kauf. Hohe Spiegel aktivieren immer die Leber und bedeuten ein höheres Thrombose- und Krebsrisiko.

Wenn man sich dafür entscheidet, sollte eine richtige Hormonsubstitution lediglich einen Mangel ausgleichen. Für die gesundheitlichen Vorteile, zum Beispiel der Erhalt der Telomerlänge, reichen die niedrigen Spiegel der frühen ersten Zyklusphase völlig aus. Eine Überbelastung mit höheren Östrogendosen ist unnötig und riskant, speziell beim Vorliegen zusätzlicher, individueller Risikofaktoren für Brustkrebs. Wenn man sich für eine Substitution entscheidet, sollte diese daher mit der niedrigst wirksamen Dosis individuell angepasst sein und nur mit physiologischem Östrogen ausschließlich über die Haut erfolgen. Da die Eierstöcke bis zum 65. Lebensjahr immer wieder Reaktivierungen mit schwankender Produktion aufweisen können, wird dies in einer Substitutionstherapie berücksichtigt.

Brustspannen und Ziehen in der Gebärmutter sind Zeichen für zu viel Östrogen, Hitzewallungen und Schweißausbrüche für zu wenig Östrogen.

Der zweite äußerst wichtige Punkt eines Hormonausgleichs ist, dass auch natürliches Progesteron ergänzt wird. Die großen Studien zur Hormontherapie haben gezeigt, dass der Zusatz synthetischer Gestagene, welche kein Progesteron sind, zu einer beträchtlichen Erhöhung des Brustkrebsrisikos führt. Für das natürliche Progesteron konnte das bisher nicht beobachtet werden.

Natürliches Progesteron kann über Vaginalzäpfchen lokal an der Gebärmutter seine Schutzwirkung entfalten, um die Östrogenwirkung an der Endometriumschleimhaut abzupuffern. Um jedoch die neuroprotektive Wirkung des Progesterons zu erhalten, muss Progesteron eingenommen werden, da dazu die Verstoffwechselung in der Leber notwendig ist.

Das Auftreten typischer klimakterischer Symptome ist eine direkte Folge des plötzlichen Östrogenentzugs, obwohl die Menopause eigentlich bereits lange vorher mit dem Progesteronabfall begonnen hatte. Der Körper stellt sich im Laufe von Monaten bis Jahren auf das Fehlen der beiden Hormone ein und die Beschwerden gehen zurück. Dabei werden auch die Rezeptoren für Östrogen und Progesteron zurückgebildet. Der Gewebeabbau und die degenerativen Veränderungen durch den chronischen Hormonmangel entwickeln sich aber weiter.

Eine Hauptrolle für DHEA

Ein weiteres Hormon, welches bei Männern und Frauen unter vielen anderen Wirkungen neuroaktiv und antidepressiv wirkt, ist DHEA (Dehydroepiandosteron). Es wird in den Nebennieren gebildet und unterliegt wie die meisten anderen Hormone einem natürlichen Altersgang. Die altersassoziiert nachlassende DHEA-Bildung der Nebennierenrinde wird als Adrenopause bezeichnet und um das 50. Lebensjahr für uns auch spürbar.

Folgende Beschwerden stehen bei Männern und Frauen im Zusammenhang mit der Abnahme der Androgene:

- psycho-vegetative Beschwerden,
- Leistungsknick, Müdigkeit,
- reduzierte Stressbelastbarkeit,
- Unruhe, Gereiztheit,
- Depressivität,
- reduzierte Libido,
- körperliche Beschwerden und Auffälligkeiten,
- fettarme Haut,
- nachlassende Behaarung,
- Zunahme des Bauchfetts,
- vermindertes Muskel-Fett-Verhältnis,
- Arthrose und Osteoporose,
- Blutarmut, Immunschwäche.

Der durchschnittliche Abfall von DHEA im Altersverlauf ist wesentlich stärker als der des Testosterons. Während der Maximalwert Anfang unserer 20er Jahre vorliegt, ist die Produktion von DHEA mit 50 Jahren bereits auf 50 % abgesunken.

Oftmals aber auch bereits deutlich mehr. Unter Stressbedingungen sinken die Werte in Relation zum Alter weiter ab, es ensteht eine „Voralterung". Da DHEA in unserem „Stressorgan" (Nebenniere) gebildet wird, wirkt sich jede Erschöpfung auch auf diese Hormonschiene aus. Die Stresstoleranz verringert sich einerseits dadurch weiter, andererseits werden gewisse Steuerungshormone im Gehirn herunterreguliert (Downregulation des LH-Hormons).

DHEA ist eine Vorstufe von Testosteron, bei Frauen die ausschließliche Quelle, bei Männern werden ca. 15 % des Testosterons aus DHEA gebildet, vorwiegend jedoch Östrogene.

DHEA ist der natürliche Gegenspieler und „Puffer" des Stresshormons Cortisol, leider ist es aber, wie bereits erwähnt, der Alterung unterworfen, ebenso wie die Parasympathikus-Regulationsfähigkeit. Sympathikus und Cortisol werden daher mit der Zeit zunehmend dominanter, mit allen nachteiligen Folgen dieser Vorherrschaft:

Leistungsknick, reduzierte Stressbelastbarkeit, Depressivität und reduzierte Libido stehen im Vordergrund, die Muskel-Fett-Relation verschiebt sich zugunsten des Fetts, die Haut wird trockener und die Behaarung lässt nach.

Die Adrenopause unterscheidet sich von einer (z.B im Rahmen eines Burn-outs erworbenen) Nebennierenschwäche dadurch, dass das Stresshormon Cortisol nicht verringert ist.

Peter und Helga, beide Mitte 40, sind zwei Menschen, die beruflich bereits alles erreicht haben. Allerdings haben sie eine jahrelange Überlastung in Kauf genommen, die sie in die Erschöpfung getrieben hat. Sie leiden unter Schlafstörungen und auch die Lust auf Sex ist auf Null gesunken. „Wissen Sie", sagt Helga, „wir sind uns immer noch sehr nahe und sind sehr „kuschelig", aber Sex … ist einfach zu aufwändig!"

Die Libido ist bei Männern und Frauen vom Testosteron abhängig, niedriges oder bei Frauen kein messbares Testosteron bedeutet schlicht keinerlei Lust auf Sex!

Während Männer Testosteron auch in den Hoden produzieren, sind Frauen von der Vorstufe DHEA (Dehydroepiandosteron), welches in der Nebenniere gebildet wird, vollständig abhängig.

Andropause – die Hormonumstellung der Männer

Harald, ein 55-jähriger Mann, sucht wegen chronischer Müdigkeit, Nervosität und Reizbarkeit die Ordination auf. Er hat zu viel Bauchfett, einen erhöhten Blutdruck, erhöhte Blutfette und gibt eine hohe Stressbelastung beruflich und privat an. In der 24-Stunden-Herzratenvariabilitätsmessung (HRV) des autono-

men Nervensystems zeigt sich eine deutliche Dominanz des aktivierenden Sympathikus und eine stark eingeschränkte Regulationsfähigkeit des „Dämpfers" Parasympathikus. Es lässt sich auch ein gestörter Schlaf, aber ohne nächtliche Atemstörungen durch Schnarchen, mit Atempausen erkennen. Im Laborbefund fallen unter anderem veränderte Hormonwerte auf. Gesamttestosteron und freies Testosteron sind erniedrigt, Östrogen ist im obersten Normbereich. Das Steuerungshormon der Hoden, LH, ist hoch. Das Nebennierenhormon DHEA ist ebenfalls vorgealtert.

Beginnend mit dem 3. Lebensjahrzehnt kommt es bei Männern zu einem Abfall des Testosterons, ihrem Haupthormon, um circa 1 % pro Jahr. Daher haben ungefähr 20 % aller über 60-Jährigen Testosteronspiegel unterhalb des untersten Normalwerts.

Das Gesamttestosteron sagt aber noch nichts über die Menge des wirklich biologisch aktiven Testosterons aus, da dieses ungebunden vorliegen muss. Der Großteil ist jedoch an ein Eiweiß, dem sexulal hormon binding globulin (SHBG) gebunden und ist dadurch hormonell unwirksam. Das ist quasi so, als hätten Sie ein Auto, könnten aber aufgrund angebrachter Radklammern nicht fahren. Daher hat ein viel größerer Prozentsatz älterer Männer einen Testosteronmangel als angenommen. Diese Konstellation wird als Andropause bezeichnet, die Hoden haben die Testosteronproduktion eingestellt.

Im Alter zwischen 40 bis 60 Jahren überwiegt bei Männern noch eine andere Ursache für ein Testosterondefizit als eine mangelnde Produktion in den Hoden. Es fallen sehr niedrige Werte des Steuerungshormons LH auf, welches die Testosteronproduktion im Hoden anregen soll, dies aber offensichtlich nicht tut. Eine solche zentrale Dysregulation ist häufig durch eine chronische Überbelastung wie Stress oder Dauersport auf Grund einer sehr fortgeschrittenen Adrenopause verursacht.

Auf den Punkt gebracht

Männer und Frauen besitzen dieselbe Hormonausrüstung, lediglich die Quantität der Hormone ist unterschiedlich. Im Verlauf der Alterung führt die Abnahme der Hormonspiegel unter eine bestimmte Marke bei beiden Geschlechtern zu Symptomen. Chronischer Stress führt zu einer Beschleunigung des normalen „Altersganges".

Tipp: Ein kompletter Hormonstatus gehört zu einer guten Diagnostik.

Der kleine Unterschied zwischen den Geschlechtern

Wie erwähnt, neigen Männer in Stresssituationen zur Fight-or-flight-Antwort, während Frauen eher Tend-and-befriend-Reaktionen zeigen. Dies hängt mit dem Hormon Oxytocin zusammen, es wird bei Männern und Frauen ausgeschüttet. Androgene reduzieren den Effekt von Oxytocin, Östrogene verstärken ihn. Dieser Unterschied findet sich auch bei anderen Spezies. Weibchen reagieren auf stressvolle Situationen mit schützendem und fürsorglichem Verhalten ihren Jungen gegenüber, suchen sozialen Kontakt und unterstützen vor allem andere Weibchen.

Fight-or-flight-Verhalten bedeutet, dass man in Stresssituationen entweder mit verbaler oder sogar handfester Aggression oder mit Rückzug reagiert.

Befriending-Reaktionen sind zum Beispiel Telefongespräche mit Verwandten und Freunden bis hin zu ganz banalen sozialen Kontakten, die gesucht werden.Das Tending-Muster zeigt sich vor allem in den unterschiedlichen Verhaltensweisen von Eltern gegenüber ihren Kindern nach einem sehr stressreichen Tag. Typische Väter würden nach dem Heimkommen zuerst einmal gerne allein sein und wünschen sich Ruhe und Frieden nach einem stressigen Tag. Wenn die Stressbelastung besonders hoch war, kann es auch zu unwirschen Reaktionen und Konflikten mit Frau und Kindern kommen. Typische Frauen wiederum verarbeiten den Stress ihres Arbeitstages besser, wenn sie sich auf die Fürsorge für die Kinder konzentrieren und kommunizieren können.

Ein bisschen was zum Schmunzeln: die Nothing-Box

Eine typische weibliche Frage ist wohl: Was denkst du gerade, Schatz?

Die Antwort „Garnichts!" ist für eine Frau unverständlich, weil ihr Gehirn scheinbar immer aktiv ist. Ja, es scheint sie also doch zu geben – die mysteriöse Nothing-Box der Männer von Mark Gungor. Sehr vergnüglich erklärt der Psychologe und Pastor in *Men´s brain, women´s brain*, warum es einer Frau gar nicht möglich ist, dieses Areal des Nichtstuns zu betreten. Hat sie selbst jedoch Stress, muss sie reden – sofort und möglichst viel. Da prallen Welten aufeinander! In Liebe vereint, möchten sich beide gegenseitig helfen, was aber völlig unmöglich ist. Der Mann will in Ruhe gelassen werden und die Frau will reden!

Männer sind stressgefährdeter

Männer sind für gesundheitliche Auswirkungen von chronischem Stress viel empfänglicher. Sie entwickeln leichter gewisse mit Stress assoziierte Erkrankungen wie Bluthochdruck, aber auch aggressives Verhalten und Abhängigkeit von Alkohol und anderen Drogen.

Offensichtlich schützt das Tend-and-befriend-Verhalten Frauen auf eine gewisse Art vor den lebensverkürzenden Auswirkungen von chronischem Stress. Diese weibliche Stressantwort hat sich in der Evolution bewährt und selektioniert. Vor tausenden Jahren war es für eine Schwangere oder eine Frau mit Kleinkind wahrscheinlich keine gute Option, zu flüchten oder zu kämpfen. Frauen, die soziale Bündnisse eingingen und aufrecht erhielten, hatten wohl in belasteten Zeiten für sich und ihre Kinder bessere Überlebenschancen.

Gestresste europäische Männer bevorzugen übrigens fülligere Frauen mit runderen Kurven. Evolutionstechnisch gesehen, vermitteln diese runden Formen nicht nur Sicherheit, sondern auch bessere Gesundheit, einen stabileren weiblichen Zyklus und ausreichenden Zugang zur Nahrung.

Auffällig ist allerdings, dass sich die Werbung dieses Phänomens offensichtlich schon länger bewusst war. Für Frauen ist diesbezüglich nichts bekannt.

Vielfalt gegen Stress

Wir haben in unserer Evolutionsgeschichte die Fähigkeit zur Sorge, aber auch die Fähigkeit, uns zu beruhigen, entwickelt. Dabei greifen wir auch heute noch auf natürliche Spannungslöser zurück: „Steck etwas in den Mund!" – Ein Ablenkungsmanöver, das jedoch keine Probleme löst!

„Überlasse es anderen, die Bedrohung zu beseitigen!"– Dazu muss es vorerst jemanden geben, dem dies zuzutrauen ist. Dieser könnte sich aber in der Einschätzung der Lage irren oder in erster Linie seine eigene Haut retten.

„Eliminiere die Bedrohung!" – Wenn wir eine beseitigen, haben wir sofort Angst vor der nächsten …

Keiner der natürlichen Stresslöser ist also dazu geeignet, uns langfristig zu beruhigen. Je mehr stresslösende Tools wir uns aber im Laufe der Zeit aneignen können, umso besser sind wir in der Lage, mit belastenden Situationen umzugehen.

Die meisten von uns tun dies nicht. Wir entwickeln nur einige wenige Strategien und bleiben dann dabei. Dies aus gutem Grund: Unsere Gehirne lernen aus Erfahrung, und wenn einmal etwas funktioniert hat, hören wir auf, nach anderen Möglichkeiten zu suchen.

Stress und Kinderwunsch

Auf der Flucht waren zwei Dinge völlig unwichtig: neues Lernen und Fortpflanzung.

Dies gilt auch heute noch für chronische Stressbelastung! Ein krampfhaftes Bemühen um eine Schwangerschaft macht die Stressbelastung oft noch schlimmer.

Ein Grund dafür, dass unter chronischem Stress keine Schwangerschaft eintritt, könnte eine vermehrte Aktivität des sympathischen Nervensystems sein. Sowohl bei der Frau als auch beim Mann kann es zu Störungen des Hormonhaushalts kommen.

Die Cortisolwerte jedoch haben offensichtlich keinen direkten Einfluss auf die Fertilität.

Werden Paaren Entspannungstechniken oder auch psychosoziale Unterstützung angeboten, erweist sich dieses Vorgehen gegenüber nicht behandelten Paaren als sehr wirksam: Die Schwangerschaftsrate liegt bei rund 55 %, gegenüber nur 20 % bei der Kontrollgruppe.

Oft ist es in der Praxis schwierig, Abgrenzungen zwischen Stress- und Hormonmangelsyndromen zu treffen. Auch die Frage: „Was war zuerst da?", ist oft schwierig zu beantworten.

Neben der 24-Stunden-Herzratenvariabilitätsmessung zur Beurteilung des Vegetativums empfiehlt sich auch die Labordiagnostik relevanter Hormone und Botenstoffe im Sinne eines individuellen Profilings. Nicht immer ist es ein „Burn-out", das zu Schlafstörungen und Erschöpfung führt, sondern manchmal auch der zunehmende Verlust von anderen Hormonen wie Östrogen und Progesteron.

Auf den **Punkt** gebracht

Umgekehrt kommt es unter chronischer Stressbelastung oft frühzeitig zu hormonellen Umstellungen.

Tipp:

Neben der 24-Stunden-Herzratenvariabilitätsmessung zur Beurteilung des Autonomen Nervensystems empfiehlt sich auch die Labordiagnostik relevanter Hormone und Botenstoffe im Sinne eines individuellen Profilings.

Der Stress der Verantwortung: Die Midlife Crisis

Die Ökonomen David Blanchflower und Andrew Oswald untersuchten Daten zur Lebenszufriedenheit von mehr als einer Million Personen in über 70 Ländern:

Ab etwa Mitte 30 werden Menschen immer unzufriedener, mit Mitte 40 sind sie am Tiefpunkt angelangt. Danach geht es ihnen wieder zunehmend besser. Diese U-Kurve des Glücks/Unglücks haben Forscher in vielen Kulturen gefunden. Daten mit Angaben von 160.000 Menschen zeigten, dass der Tiefpunkt in Europa bei rund 50 Jahren, in Schwellenländern bei 43 Jahren liegt.

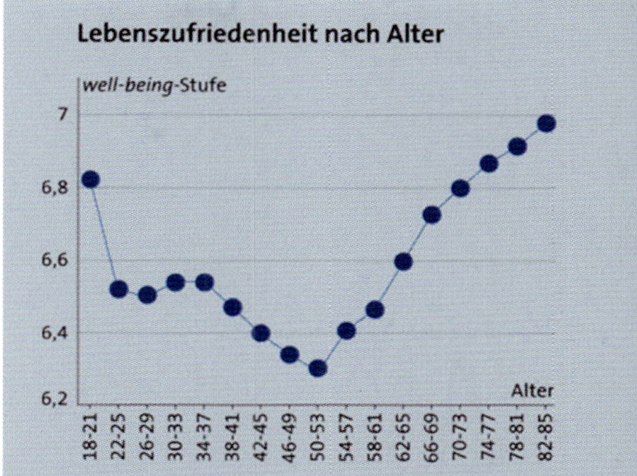

Quelle: Broderick J. et al. (2010): A snapshot of the age distribution of psychological well-being in the United States, in: Proceedings of the National Academy of Sciences of the United States of America 107 (22), S. 9985–9990.

Obwohl die Midlife-Krise generell mit Gefühlen der Depression und Unzufriedenheit mit dem eigenen Leben verbunden ist, könnte sich dahinter eine evolutionäre Ursache verbergen. In der Lebensmitte sowohl von Menschen als auch Menschenaffen, die ebenfalls unter diesem Phänomen leiden, verfügen diese über mehr Ressourcen und Möglichkeiten als in jüngeren Jahren, wodurch sie Ziele eigentlich leichter erreichen. Möglicherweise ist die Unzufriedenheit der Weg der Natur, um uns zu motivieren, „das Eisen so lange zu schmieden, solange es heiß ist", wie Alex Weiss vermutet.

Das Wissen, dass dieser Einbruch unseres positiven Lebensgefühls erstens natürlich und zweitens vorübergehend ist, sollte uns den Umgang damit einfacher machen. Affen profitieren übrigens in dieser Zeit von zusätzlicher Aufmerksamkeit und besonders interessanter Umgebung (enriched environment).

Zufriedener wird, wer etwas an Jüngere weitergibt. In der Lebensmitte wächst bei vielen das Bedürfnis, der Nachwelt etwas zu hinterlassen und so die historische Präsenzzeit ein Stück weit hinauszuschieben. Je mehr sich Menschen für die nachfolgende Generation einsetzen, desto selbstbewusster sind sie und desto wohler fühlen sie sich psychisch und körperlich. Selbst wer eigene Kinder hat, profitiert davon, sich zusätzlich um andere Jüngere zu kümmern, fanden Forscher heraus.

Stress und Alterung

Eine effektive Stressreaktion bedeutet eine mühelose Anpassung, wie in der akuten Stressreaktion beschrieben: Auf den Alarmreiz folgt eine schnelle Reaktion durch die Stresshormone und den Sympathikus des vegetativen Nervensystems und eine ebenso rasche Rückkehr zum Ausgangszustand, wenn die „Bedrohung" verschwunden ist. Im Rahmen der Alterung geht dieser Umgang mit verschiedensten Stressoren zunehmend verloren. Die Cortisolausschüttung wird übertrieben hoch und die Rückmeldung erfolgt so träge, dass der Cortisolspiegel auch lange hoch bleibt.

Die Bestform ist ein kurzer Segen

Leider sind mit Ausnahme von Cortisol fast alle Hormone einem sogenannten „Altersgang" unterworfen und liegen mit dem 50. Lebensjahr nur mehr zu 50 % des Wertes vor, den wir mit Anfang 20 hatten. Vor allem sind energiesparende und aufbauende (anabole) Hormone sowie der Parasympathikus betroffen.

Auch die Organfunktionen nehmen nach ähnlichem Schema ab.

Die Tendenz des Körpers, im Alter verstärkt Gewebe abzubauen, wird als Katabolismus bezeichnet. Durch chronischen Stress kann es zusätzlich noch zu einer regelrechten Voralterung kommen, und die Balance zwischen anabolen und katabolen Hormonen verschiebt sich noch drastischer zu Gunsten der katabolen Hormone. Während zu den gewebsaufbauenden anabolen Hormonen vor allem die Androgene (DHEA und Testosteron) und das Wachstumshormon gehören, zählen zu den katabolen Hormonen in erster Linie die Stresshormone Noradrenalin und Cortisol, die evolutionär dazu da sind, akut „unsere Haut zu retten". Längerfristige Cortisolausschüttung hat aber auch eine Wirkung auf unser wichtigstes Speicherhormon Insulin. Dies klingt jetzt eigentlich verwirrend, da dies ja zu den energiesparenden Hormonen zählt und zur Zunahme von Körper- und Fettmasse führt. In diesem Fall führt die kombinierte Aktivierung von Insulin und Cortisol zur fatalen Vermehrung des viszeralen Bauchfetts, welches sich wie eine Drüse verhält und fast ausschließlich Faktoren produziert, die Entzündungstendenzen mit allen ihren Folgen bewirken.

Was chronische Überlastung bewirkt: Psychischer Stress und gestörter Stoffwechsel beschleunigen gemeinsam über einen rascheren Verlust der Telomere unsere Alterung und Lebensdauer.

Auf den Punkt gebracht

Jede Entzündung lässt uns schneller altern. Die Kombination von chronischem Stress und Entzündung ist über die Wirkung an den Telomeren ein besonders sicheres Rezept für raschere Alterung.

Stress und Umfeld

Mit unseren Vorfahren teilen wir die Gene, aber nicht die Umwelt

Sie beziehen soeben Ihr neues Büro, alles riecht noch so neu. Abends sind Sie besonders müde und bemerken rote Flecken im Gesicht. Sie überlegen, was im Essen Sie nicht vertragen haben könnten. Dabei war es zu Mittag ja nur ein Salat mit Mozzarella gewesen. Ihr Körper hat die latenten Belastungen mit Umweltstoffen und die chronische Stressbelastung so ausreguliert, dass Sie sich zuletzt immer gut fühlten. Doch die Phtalate, die der neu verlegte Teppichboden reichlich abgibt und die Sie den ganzen Tag eingeatmet haben, waren diesmal zu viel. Noch dazu war es warm, Sie haben die Fenster geschlossen, um den Effekt der Klimaanlage nicht verpuffen zu lassen. Damit war der Raum sozusagen luftdicht geschlossen.

In unserer menschlichen Entwicklung hat sich unser Körper bis heute immer mit der ihn umgebenden Umwelt auseinandersetzen müssen. Allerdings hat er früher mehr Zeit dafür gehabt. Umweltfaktoren, die sich in den letzten 50 Jahren verändert haben, sind zahlreichst: Konservierungsmittel, Kunststoffe, hormonartige Substanzen, Weichmacher und Lösungsmittel, Auto- und Flugverkehr, Holzschutzmittel, Fremdmaterialen im Körper, Mobilfunk, Flammschutzmittel, Pestizide, Putzmittel und so weiter und so weiter. Die Liste lässt sich beliebig fortsetzen. Viele Substanzen verbleiben als Altlasten für immer im Körper – jeder, der in den 1960er Jahren bereits auf der Welt war, hat DDT im Fettgewebe – und führen zu chronischen Entzündungsreaktionen, Sensibilisierungen, zu hormonellen Veränderungen und insgesamt zu nicht abschätzbaren Folgen, da Schadstoffgemische mit über fünf verschiedenen Stoffen keine Risikoabschätzung mehr zulassen.

Ob Umweltstoffe als Stressfaktoren wirksam und zu einer inneren Belastung werden, entscheidet der Summationseffekt aus der Dosis, der Zeitdauer der Belastung, der Mehrfachbelastung an toxischen Fremdstoffen und der individuellen Empfindlichkeit. Diese wiederum ist abhängig von genetisch determinierter Entgiftungsleistung und Regulationsfähigkeit des Immunsystems.

Auf den Punkt gebracht

Tipp:

Bleiben Sie aufmerksam und kritisch gegenüber neuen Substanzen und Technologien, deren langfristige Auswirkungen noch nicht bekannt oder erforscht sind.

Warum Einsamkeit ein Stressfaktor ist

Als Jäger und Sammler lebten wir in kleinen Horden von 12 bis maximal 24 Menschen. Unser Säugetiergehirn dämpft Ängste durch die Bildung von Sozialkontakten. Soziale Gruppen verteilen die Belastung, die Umgebung ständig nach Gefahren abzusuchen, auf mehrere Individuen. Aber auch soziale Bindungen verursachen auf ihre Art Stress: Menschen setzen aufgrund ihrer Spiegelneurone das Stresshormon Cortisol frei, wenn sie Distress bei anderen erkennen, und haben Konflikte innerhalb der Gruppe, die genauso belastend sein können, wie Gefahren von außen. Menschen, die in der Hierarchie oben stehen, sind meist einsam, da sie nicht das Sicherheitsgefühl der Gruppe erleben können.

Kosten und Nutzen von großen Gruppen sind immer ausgeglichen.

Ursprünglich erfolgte die Arbeitsteilung innerhalb der Gruppe in Kräftige und Nicht-Kräftige. Die Kräftigen hatten das Beschaffen von Nahrung als Aufgabe. Sie waren vorwiegend, aber nicht ausschließlich Männer. Für ihren Erfolg als Jäger und Jägerinnen waren besondere Eigenschaften erforderlich. Dazu zählten Orientierungsfähigkeit (sie waren oft tagelang in der Steppe unterwegs und mussten wieder zurückfinden), dichterer Haarwuchs als Witterungsschutz, Kooperation und Leadership. Der Anführer hatte sich zu bewähren, dafür ordneten sich die anderen ohne Diskussion unter, um Ziele zu erreichen.

Charles Darwin bemerkte dazu, dass es beim Wettbewerb innerhalb der Gruppe um Status und Ressourcen ging, mit dem Resultat, dass Ego-Stärken entwickelt wurden.

Im Wettbewerb mit anderen Gruppen gewann letztlich jene, die am besten kooperierte. Hier wurden Teamstärken entwickelt.

Ganz andere Fähigkeiten waren bei den Nicht-Kräftigen gefragt: Zu diesen zählten mehr Frauen und weniger Männer sowie die Kinder. Waren die Jäger mit dem Rest der Beute nach Hause zurückgekehrt, war vor allem Kommunikation gefragt, um auch an Nahrung zu gelangen. Was in dieser Gruppe auch besonders auffallend war, ist die Tendenz zur Synchronisation (was nicht mit Kooperation zu verwechseln ist).

Noch heute ist das Hordengesetz wirksam: Bindung, Autorität, Loyalität, Fairness, Schutz sind nach Erich Hotter Attribute einer funktionierenden Horde.

Ich sagte einmal zu meinem Bekannten, seines Zeichens experimenteller Archäologe, mit dem Blick hinaus in die herbstliche Nebellandschaft: „Ich kann mir nicht vorstellen, wie ich damals überlebt hätte!" „Alleine hättest du auch nicht überlebt – nur die Gruppe ermöglichte das", war seine Antwort.

Ausschluss aus der Horde oder Zurückgelassenwerden bedeutete früher also den sicheren Tod.

Auch heute noch sind Isolation und Einsamkeit ein enormer Stressfaktor. Ebenso ist es eine hohe Belastung, wenn man seinen Platz in der jeweiligen Horde nicht finden oder einnehmen kann. Soziale Kontakte sind sehr wichtig für unsere Gesundheit, Isolation bedeutet ein höheres Risiko für Herz-Kreislauf-Erkrankungen und kostet Lebenszeit.

Ebenfalls ist Oxytocin für das Bindungsgefühl zwischen erwachsenen Partnern zuständig.

Die Auflösung einer starken Bindung durch Trennung erzeugt Hilf- und Hoffnungslosigkeit und kommt in schweren Depressionen zum Ausdruck. Unsere früheren Bindungserfahrungen sind im Gedächtnis niedergelegt und werden kontinuierlich mit der aktuellen sozialen Situation verglichen. Verlust oder Trennung verletzen die im Gedächtnis gespeicherten Bindungserwartungen und führen zu den beschriebenen Gefühlszuständen. Studien der letzten Zeit zeigen, dass verheiratete Menschen, solche mit guten sozialen Kontakten und diejenigen, die mehr soziale Unterstützung erhielten, längere Telomere aufweisen. Längere Telomere bedeuten längeres Leben ...

Lärm

Lärm ist nicht nur ein objektiver Schallpegel, sondern wird auch immer persönlich bewertet. Lärm schadet der Gesundheit, ganz egal, ob er als störend oder nicht empfunden wird. Unsere Ohren hören zwangsweise immer und können nicht „weghören". Unser Körper wird von jedem lauten Geräusch aktiviert.

Dies war früher überlebensnotwendig. Unser Vorfahre hat sich von der Gruppe entfernt, um nach dem Regen im Wald nach Pilzen zu suchen. Unter den Bäumen ist es alles andere als still: Aus den Baumkronen zwitschern Vögel. Adam bewegt sich suchend durch das Unterholz. Plötzlich verstummt der Vogelgesang.

Vogelgezwitscher zählt zu den Frühwarnsystemen: Sind die Vögel ganz aufgeregt oder kehrt plötzliche Stille ein, ist etwas in der Nähe, das möglicherweise Gefahr bedeutet – oder ein Unwetter ist nahe. Adam richtet sich auf und lauscht. Es ist nichts zu hören. Plötzlich ein Rascheln ...

Heute zählt Lärm zu einem der wichtigsten Stressfaktoren. Aber auch völlige Stille alarmiert uns. Die Stresshormone Adrenalin und Cortisol werden vermehrt ins Blut ausgeschüttet, der Blutdruck steigt, der Herzschlag beschleunigt. Das Blut wird zähflüssiger und die Blutfette steigen an. Dies ist eine Kampf- oder Fluchtreaktion.

Menschen, die Verkehrslärm über eine längere Zeit ausgesetzt sind, haben ein um 20 bis 30 % höheres Risiko, einen Herzinfarkt zu erleiden (bei 65 dB tagsüber, 55 dB nachts – die Vorsorgerichtwerte der WHO sind max. 55 dB untertags, 45 dB nachts).

In der Europäischen Union sind ein Viertel der Bevölkerung – ca. 120 Millionen Menschen – Lärmpegeln oberhalb der Richtwerte ausgesetzt, Tendenz steigend.

Es kann zu Schlafstörungen kommen, denn selbst wenn Sie durch den Lärm nicht erwachen, kommt es zur Aktivierung des Körpers. Die Gewaltbereitschaft steigt, da Sie auf den Lärm keinen Einfluss nehmen können. Die Lern- und Merkfähigkeit ist beeinträchtigt – wie bereits geschildert, bedeutet Stress Flucht- oder Kampfreaktion, und auf der Flucht wird nicht gelernt! Die stärksten Lärmquellen sind der Verkehr, die Nachbarschaft, Betriebe, Freizeiteinrichtungen und Baustellen. Aber auch ständige Beschallung zu Hause und in öffenlichen Räumen lässt uns nicht mehr zur Ruhe kommen.

Der Säbelzahntiger im Schlafzimmer

Ich bin immer wieder überrascht, wie häufig Schlafstörungen von Haustieren verursacht werden. Da wirft sich der Miniatur-Säbelzahntiger nachts auf seinen Besitzer und schnarchende Doggen rauben ihren Besitzern den Schlaf!

Mediziner in Rochester stellten fest, dass über 60 Prozent der Patienten mit Schlafstörungen ihren Haustieren erlauben, in ihrem Schlafzimmer zu übernachten. Unser Reptiliengehirn scannt unsere Umgebung ständig auf Gefahrenzeichen. Es ist rund um die Uhr in Alarmzustand. Wenn sich nachts andere Tiere, meist handelt es sich um Katzen und Hunde, „in der Höhle" aufhalten, ist der gestörte Schlaf vorprogrammiert.

Stress und Schlaf

Der Schlaf ist heilig!

Wie haben Sie heute geschlafen? Haben Sie sich in der Früh erholt gefühlt oder waren Sie immer noch so müde wie gestern, als Sie sich niedergelegt haben? Können Sie gut einschlafen – oder wälzen Sie sich noch lange im Bett? Schlafen Sie durch – oder wachen Sie immer zu einer bestimmten Zeit auf? Gegen 3.00 Uhr vielleicht? Schrecken Sie gelegentlich mit Herzklopfen auf und träumen Sie wilde Dinge? Oder träumen Sie schon länger gar nicht mehr? Wachen Sie nachts auf, weil Sie auf die Toilette müssen – oder gehen Sie nur, weil Sie ohnehin schon munter sind? Hat sich schon irgendwer einmal beschwert, dass Sie schnarchen?

Mit jeder dieser Fragen ist viel über Ihren derzeitigen „Botenstoffmix" und Ihre Erholungsfähigkeit zu erfahren. Auch bezüglich der Auswirkung von chronischem Stress sind die Fragen über die nächtliche Erholung Schlüsselfragen. Wie wichtig Schlaf für uns ist, zeigt sich, wenn man zu wenig davon bekommt. Chronischer Schlafmangel hat, wie wir sehen werden, schwere Konsequenzen für jeden Betroffenen.

Entweder – oder

Allem Anschein nach gibt es für das Gehirn nur zwei Zustände, die einander völlig ausschließen. Entweder ist das Gehirn wach und aufmerksam, steuert die Körperfunktionen und nimmt neue Eindrücke auf, oder es schläft und räumt auf, was sich im Laufe des Tages angesammelt hat. Wachsein ist durch Bewusstsein und Schlaf durch schlechtes Ansprechen auf äußere Eindrücke charakterisiert. Beide Zustände sind das Produkt wechselnder Freisetzung und Hemmung von Neurotransmittern. Schlafen und Wachen werden durch schlaffördernde und schlafhemmende Nervenzellen im Hypothalamus reguliert.

Wir wissen bereits seit geraumer Zeit, dass genetische Faktoren die Quantität und Qualität unseres Schlafes beeinflussen. Es sind mehrere Mutationen bekannt, die auf eine evolutionär bedingte Schlafregulation hindeuten, die für alle Spezies Gültigkeit hat. Auch die Aktivität von zahlreichen Genen wird vom Schlaf beeinflusst, allein im Herz- und Lungengewebe wurden an die 2.500 Gene identifiziert. Bestimmte Gene können also den Schlaf beeinflussen, und umgekehrt kann Schlaf die Genaktivität in Organen, vor allem aber im Gehirn, verändern.

Gesunder Schlaf hat eine Architektur

15 bis 17 Stunden nach dem Aufstehen sind wir wieder so müde, dass uns der Schlaf wieder übermannen könnte. Eine erfolgversprechende Voraussetzung für das Einschlafen ist Entspannung. Säugetiere schlafen nur, wenn sie sich nicht bedroht fühlen. Angst und Stress verhindern den Schlaf zuverlässig.

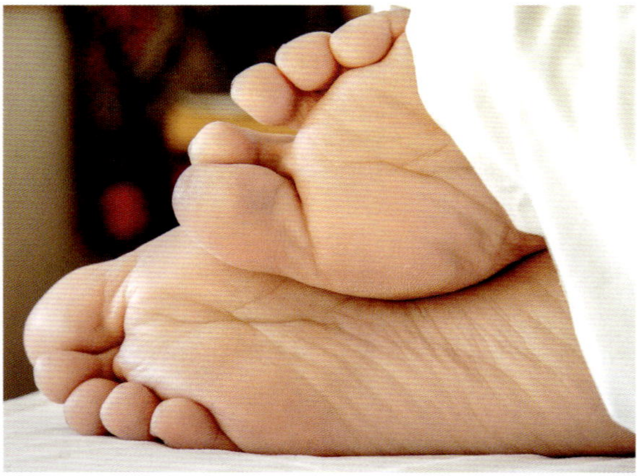

Wenn es uns gelungen ist einzuschlafen, schlafen wir dann sieben bis neun Stunden nach einer bestimmten Architektur. Unser Schlaf gliedert sich in Phasen: in den Tiefschlaf mit langsamen Gehirnwellen und den sogenannten REM-Schlaf (für rapid eye movement, „schnelle Augenbewegung“). Während des REM-Schlafs ist das Gehirn genauso aktiv wie im Wachzustand, nur die willkürliche Muskulatur ist mit Ausnahme des Zwerchfells und der Augenmuskulatur wie gelähmt. Der REM-Schlaf ist auch die Zeit, in der wir träumen. Ein gesunder Schlaf jedoch beginnt zuerst mit einer Tiefschlafphase: Bald nach dem Einschlafen, zu Beginn der Nacht, ist der Schlaf überhaupt am tiefsten. Der Tiefschlaf oder Non-REM-Schlaf unterteilt sich in 4 Stadien:

- Stadium 1 ist die Einschlafphase, in der es immer wieder zu Muskelzuckungen kommt, die manchmal so heftig ausfallen, dass man sogar noch einmal hochschreckt. In dieser Phase des noch leichten Schlafs hat man auch traumähnliche Erlebnisse.

- Stadium 2 ist ein mitteltiefer Schlaf, in dem im EEG, den Ableitungen der Hirnaktivität, sogenannte Schlafspindeln auftreten.
- Stadium 3 und 4 sind die tiefsten Schlafphasen.

Meist folgen auf die erste Tiefschlafphase noch rund drei weitere, jeweils unterbrochen von REM-Schlafphasen. Im Laufe der Nacht werden die Tiefschlafphasen immer weniger tief (Stadium 3 und 4 verschwinden), und die Länge des Traumschlafs nimmt gegen Morgen immer mehr zu.

Tiefschlafphasen werden durch ein Herunterregulieren der Sympathikusaktivität und eine verstärkte Aktivität des Parasympathikus charakterisiert. Dieser ist überhaupt der Herrscher der Nacht und dominiert im Idealfall deutlich. Der Atem ist tief und regelmäßig, Puls und Blutdruck sinken ab. Laufen vor allem die Tiefschlafphasen optimal ab, ist viel gewonnen – sie sind am wichtigsten für effektive nächtliche Erholung und sind hinsichtlich besserer Gedächtnis- und Immunleistungen von Bedeutung. Wenn jemand ungewohnt spät ins Bett geht, schläft er oder sie anschließend weniger tief. Die Uhrzeit ist dafür unwichtig, denn die Schlaftiefe wird von unserer inneren Uhr geregelt, die unbeirrt weiterläuft.

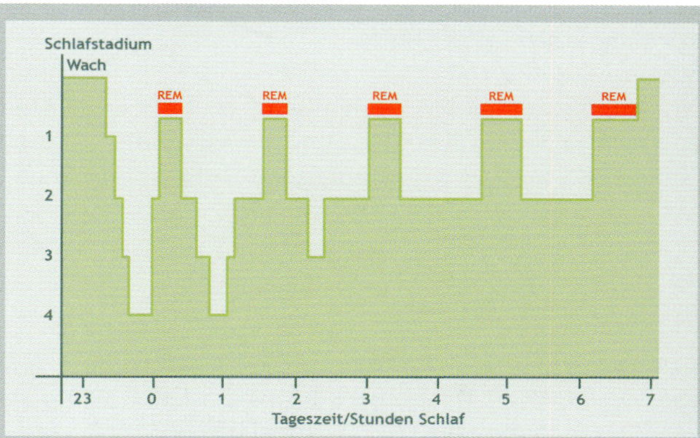

Wenn Schlaf und Wachen ihr Maß überschreiten, sind beide böse.
Hippokrates

Wie viel Schlaf braucht der Mensch?

Unser Schlafbedarf ist dadurch definiert, wie viele Stunden wir brauchen, um tagsüber nicht schläfrig zu sein. Meist handelt es sich um mindestens fünf Stunden, zusammengesetzt aus gehirnbedingter Kernschlafzeit plus zwei bis drei Stunden zusätzliche Schlafenszeit, die sich auf die kognitive Leistung nochmals positiv auswirkt. Viele Menschen behaupten, nur wenig Schlaf zu brauchen – und sind chronisch übermüdet.

Von Napoleon, der sich brüstete, nur vier Stunden Schlaf zu brauchen, wird erzählt, dass er auf seinem Pferd vor Müdigkeit eingeschlafen und heruntergefallen sei. Er wollte wohl aus seiner Schlafstörung eine Tugend machen!

Der Schlaf ist für den ganzen Menschen,
was das Aufziehen für die Uhr.

Arthur Schopenhauer

Vorerst stellt sich die Frage, warum wir überhaupt schlafen (müssen). Immerhin verbringen wir eine geraume Zeit unseres Lebens im Bett. Mit 50 Jahren sind dies mehr als 18 Jahre! Der Schlaf erscheint uns in Zeiten, wo wir viel zu tun haben, manchmal regelrecht als Zeitverschwendung, und so mancher macht die Nacht zum Tag, um noch etwas Zeit zu gewinnen.

Früher war der Schlaf wohl auch eine besonders gefährliche Zeit, in der wir schutzloser gegenüber unserer Umwelt waren. Warum ging die Natur also dieses Risko ein, und warum können wir nicht durchgehend munter sein? Eines ist sicher: Unser Gehirn ist hoch aktiv. Vielleicht sollen wir uns lediglich nicht mit unserem Bewusstsein in Dinge einmischen, die ohne unser bewusstes Zutun besser ablaufen können.

Energieressourcen schonen und aufbauen

Im Frühstadium des Schlafs findet in Hirnarealen, die nur im Wachzustand aktiv sind, ein regelrechter Energieschub statt. In diesen Gehirnbereichen steigt der Spiegel unseres Energiespeichers ATP deutlich an. Damit steht chemische Energie für eine Vielzahl überlebenswichtiger Stoffwechselreaktionen der Zelle quasi im Vorhinein zur Verfügung.

Wir wissen auch, wie viel Energie beim Schlafen weniger verbraucht wird als im Wachzustand: Der Körper spart durch das Schlafen in der Nacht im Vergleich zum Liegen untertags ungefähr 135 Kilokalorien ein. Das entspricht ungefähr der Energiemenge, die ein 70 Kilogramm schwerer Mensch benötigt, um 3 km zu gehen. In den REM-Phasen ist das Gehirn zwar ein großer Energiefresser, im Tiefschlaf hingegen geht der Energieverbrauch aber zeitweise um mehr als 25 Prozent zurück, teilweise sogar bis zu 40 Prozent. Wachsein benötigt also auch bei Inaktivität mehr Energie. Besonders ausgeprägt ist der Effekt während der Nachtstunden: Hier benötigen wache Personen, die eigentlich schlafen sollten, fast ein Drittel mehr Energie als im Schlaf.

Bleibt die Frage, warum der Körper in der Nacht nicht noch mehr Energie einspart. Wahrscheinlich ist es so, dass ein Teil der Energie gleich in andere Prozesse investiert wird, die während des Schlafens wesentlich sind. Der Körper hat ja in der Nacht ganz andere Aufgaben als untertags. So werden Hormone produziert und freigesetzt sowie das Immunsystem gestärkt. So passen allein in der Leber fast 15.000 Gene den Stoffwechsel an die unterschiedlichen Anforderungen von Tag und Nacht an. Auch das Gehirn bildet in der Nacht neue Verbindungen zwischen den Nervenzellen und festigt so das tagsüber Erfahrene und Gelernte.

Aber wahrscheinlich hat die Evolution den Schlaf nicht erfunden, um lediglich Energie zu sparen.

Nächtliches Briefing für das Immunsystem

Der Tiefschlaf scheint für die Gedächtnisbildung im Immunsystem besonders wichtig zu sein. Dadurch können die Abwehrzellen bei neuerlichem Kontakt mit einem Erreger wesentlich rascher und effizienter reagieren. Wenn Sie zum Beispiel nach einer Impfung schlafen und dabei sehr viel Zeit im Tiefschlaf verbringen, werden Sie später messbar mehr Antikörper im Blut aufweisen als Personen, die nach der Impfung die ganze Nacht über wach geblieben sind.

Das autonome Nervensystem reguliert tageszeitabhängig die Aktivität der Immunzellen, das heißt, die Aktivität von verschiedenen Immunzellen ist abhängig vom Tag-Nacht-Rhythmus und wird durch Parasympathikus und Sympathikus des autonomen Nervensystems als Botschafter des Gehirns dirigiert. Stress aktiviert über den Sympathikus die Ausschüttung von Abwehrzellen aus dem Knochenmark. Der messbare Anstieg im Blut und in der Leber erfolgt nach 8 Stunden, die Schleimhaut des Magens wird 24 Stunden nach Stress erreicht. Bei Menschen zählt körperlicher (z.B. zu viel Bauchfett) und mentaler Stress zu den Auslösern. Auch die Hormone der Nacht nehmen Einfluss auf unsere Abwehrkräfte:

Melatonin trägt zur Erholung der Immunkompetenz in der ersten Nachthälfte bei und verbessert die Immunabwehr. Das Wachstumshormon HGH hat ebenfalls einen immunstimulierenden Effekt. Mit Verlust des Kern- oder Tiefschlafes geht eine deutliche Schwächung des Immunsystems einher.

In Ruhe sortieren

Im Tiefschlaf findet der Transport von Information vom Zwischenspeicher im Hippokampus in die als Langzeitspeicher fungierende Hirnrinde statt. Dabei wird aber nicht einfach jede tagsüber aufgenommene Information in den Langzeitspeicher übertragen, sondern nur das, was wirklich wichtig ist. Informationen, die besonders aktuell sind und wieder gebraucht werden könnten, werden griffbereit aufbewahrt, während Informationen, die längere Zeit nicht abgerufen worden sind, gewissermaßen in den Keller verfrachtet werden.

Jede Nacht ein Schnellwaschgang

Unsere neueste Erkenntnis über den Schlaf wurde sogar zu den „Breakthroughs of the year 2013" unter den Forschungen gewählt: Mäuse brauchen den Schlaf, um ihr Gehirn zu „entmüllen". Die Nervenzellen ziehen sich während des Schlafes zusammen, dadurch werden sie gleichsam durchgespült und Abfallsubstanzen können abtransportiert werden.

Sogar der Abtransport von Beta-Amyloid, den Eiweißablagerungen, die die Hauptkomponente von Plaques darstellen, die bei der Alzheimer-Erkrankung typisch sind, ist im Schlaf doppelt so rasch wie im Wachzustand. Diese Erweiterung der Zwischenräume der Nervenzellen wird durch das Stresshormon Noradrenalin rückgängig gemacht, wie dies im Wachzustand der Fall ist. Derzeit wird überprüft – und es ist sehr wahrscheinlich –, ob dies auch bei uns Menschen so abläuft.

Licht und Dunkelheit sind die ältesten Rhythmusgeber

Innere Uhren steuern die Aktivität unserer Organe und unseren Stoffwechsel ungeachtet moderner Arbeitszeiten. Fast 15.000 Gene passen zum Beispiel den Stoffwechsel der Leber an die unterschiedlichen Anforderungen von Tag und Nacht an. Wenn die Tag-Nacht-Regulation fehlt, dann wird ca. 9-mal so viel Fett in der Leber gebildet und eingelagert.

Unsere wichtigste innere Uhr zur Abstimmung mit der Außenwelt übernimmt eine Region tief in unserem Gehirn, die suprachiasmatischer Kern (SCN) genannt wird. Dieser sendet Informationen über Botenstoffe, unter anderem Cortisol und Melatonin, über das vegetative Nervensystem oder über die Körpertemperatur aus, um die Mehrzahl der Körperrhythmen zu steuern. Die vorgegebene Dauer der inneren Rhythmen beträgt eigentlich 25 Stunden. Für die exakten 24-Stunden-Rhythmen modifizieren Zeitgeber aus der Umgebung unsere innere Uhr, vor allem sind dies Licht und Dunkelheit, aber auch zum Beispiel Essenszeiten.

Der Botschafter Parasympathikus

Der Parasympathikus, der „Dämpfer“ des vegetativen Nervensystems, hat für unsere Erholung und Regeneration eine besondere Bedeutung. Er zählt zu unseren „energiesparenden“ Systemen und ist für einen gesunden Schlaf von großer Wichtigkeit. Leider unterliegt er der natürlichen Alterung und kann unter dem Einfluss von Stress und jedem chronischen entzündlichen Geschehen regelrecht „voraltern“. Ob es sich nur um eine vorübergehende funktionelle Beeinträchtigung wie bei Stress oder um eine bleibende strukturelle Veränderung durch Schädigung der entsprechenden Nerven, wie zum Beispiel bei Diabetes, handelt, zeigt nur der Verlauf. Bis sich eine reduzierte Regulationsfähigkeit des Parasympathikus wieder nachhaltig bessern kann, benötigt es Geduld, denn dies dauert rund ein Jahr.

Licht aus – Melatonin ein

Melatonin ist das Schlafsignal an unseren Körper. Über Jahrmillionen von Jahren waren Licht und Dunkel die Taktgeber des Lebens.

Unter dem Einfluss des Sonnenuntergangs wird Melatonin in der Zirbeldrüse im Gehirn gebildet. Vermittelt wird dieses Signal über lichtempfindliche Rezeptoren in der Netzhaut der Augen.

Melatonin spielt im circadianen System, welches unserem Körper den wichtigsten Rhythmus, den Tag-Nacht-Rhythmus beschert, eine Schlüsselrolle. Die Bildung von Melatonin ist unter Kontrolle unserer inneren Uhr und wird durch das vegetative Nervensystem aktiviert. Melatonin steigt gegen Mitternacht an und fällt gegen Morgen wieder ab. Diese nächtliche Erhöhung ist für unseren Schlaf und andere Körperrhythmen essentiell.

Für uns ist der Tag-Nacht-Rhythmus der wichtigste Grundrhythmus, der uns, seit es uns gibt, immer schon geprägt hat. Erst mit der Erfindung des künstlichen Lichtes hat sich die Situation geändert.

Licht mit Blauanteil im Spektrum unterdrückt Melatonin dosisabhängig. Lichtreize am Abend oder in der Nacht können die Melatonin-Abgabe beeinflussen. Generell sollte im Schlafzimmer Licht, auch schwaches, möglichst vermieden werden. Besonders blau-grünes Licht (460–480 nm Wellenlänge) verhindert die Ausschüttung des Schlafhormons. Bildschirme senden einen hohen Anteil dieses Lichtes aus. Blenden Sie diesen Anteil des Lichts abends aus, wenn Sie noch am Computer arbeiten müssen oder es sich vor dem Fernseher bequem gemacht haben (free software: https://justgetflux.com).

Melatonin sorgt nicht nur fürs Einschlafen, sondern unterstützt durch Erhöhung von GABA (Gammaaminobuttersäure), unserem natürlichen Beruhigungsmittel im Hypothalamus, auch für eine gute Schlafqualität. Es verringert außerdem die negativen Effekte von zu viel Glutamat und trägt damit zu einer Reduktion von Stress und Ängstlichkeit bei. Durch seine Wirkung verhilft Melatonin zu einem ruhigen, erholsamen Schlaf und zu einer Reduzierung von Stress und kann Probleme mit dem Kurzzeitgedächtnis verbessern.

Melatonin ist außerdem das stärkste körpereigene Antioxidans und hat tumor- und entzündungshemmende Eigenschaften.

Es begünstigt durch Absenkung der Körpertemperatur eine Strategie des Körpers, der bestrebt ist, durch Einsparen von Energie die Lebensdauer einzelner Organe zu verlängern. Melatonin unterstützt auch den Fettabbau, indem es die Bildung von braunem Fettgewebe fördert. Die Mitochondrien in diesem Fett produzieren ein Eiweiß, welches dafür sorgt, dass Energie praktischerweise nicht zu Fett umgesetzt wird, sondern als Wärme verpufft.

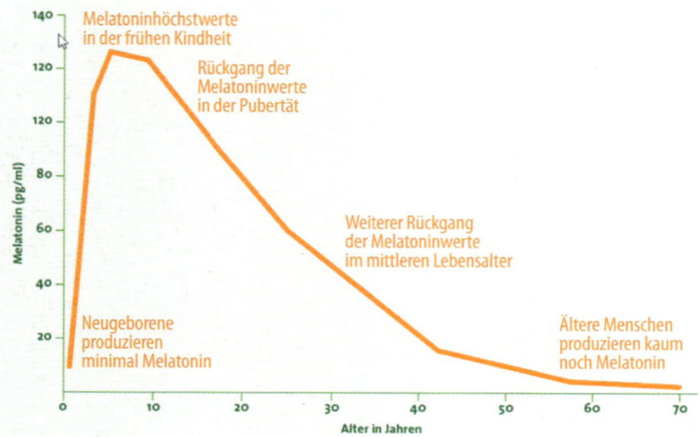

Melatonin erscheint also wie ein wahres Wundermittel, leider unterliegt es, wie so vieles, einem Alterungsprozess.

Andere Hormone der Nacht

Ein weiteres wichtiges Hormon, welches nachts ausgeschüttet wird, ist das Wachstumshormon HGH. Es lässt Kinder in der Nacht wachsen und regt bei Erwachsenen die Regeneration von Körperzellen an. Die Produktion von HGH erfolgt in den ersten beiden Nachtstunden im Tiefschlaf und endet in der zweiten Nachthälfte.

Stress und Schlafmangel fördern sich gegenseitig. Bei Schlafstörungen wird das Stresshormon Cortisol unüblicherweise abends und in den ersten Nachtstunden ausgeschüttet, obwohl es in dieser Zeit normalerweise ganz niedrig sein sollte. Erst mit zunehmender Präsenz der Schlafstadien 1 und 2 („oberflächlicher Schlaf") wird es normalerweise gegen Morgen als Vorbereitung auf die Aktivierung des Körpers zunehmend ins Blut abgegeben und erreicht 30 Minuten nach dem Aufstehen den Höchstwert im 24-Stunden-Verlauf.

Auch Testosteron ist von Schlafmangel betroffen und damit der Aufbau von Muskulatur. Nur zu trainieren und genug Eiweiß zu essen, reicht also noch nicht, um mehr Muskeln zu bekommen: Der erholsame Schlaf gehört dazu!

Das Hormon Prolaktin wird ebenfalls in der zweiten Nachthälfte ausgeschüttet.

Seine eigentliche Funktion liegt in der Brustentwicklung während der Schwangerschaft und der Ermöglichung des Stillens nach der Geburt.

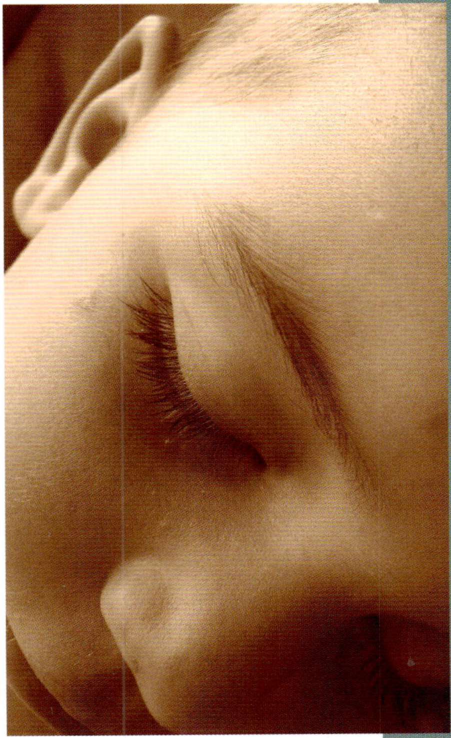

Die Ausschüttung wird durch chronischen Stress und Tiefschlaf gefördert. Dies hat praktische Bedeutung, da eine erhöhte Prolaktinkonzentration im Blut den Eisprung der Frau verhindern bzw. hinauszögern kann und bei beiden Geschlechtern zum Verlust der Libido führt.

Das Hormon Östrogen fördert den Tiefschlaf, und Progesteron macht den Schlaf weniger störanfällig, was wir spätestens dann bemerken, wenn uns die Hormone langsam abhanden kommen.

Traum ist all das,
woraus man erwachen kann.

Paul Valéry

Träume sind eine Art Fernsehprogramm unseres Stammhirns – unser präfrontaler Cortex ist ausgeschaltet und der Rest des Großhirns versucht, aus dem wirren Programm ein Drehbuch aus Erfahrungen und Tagesereignissen zu schreiben.Unser Gehirn ist während eines Traums auch mit dem Verarbeiten von neuen und vor allem ungelösten Informationen und Lerninhalten beschäftigt. Träume scheinen diese unbewusste Gehirnaktivität als

Nebenprodukt zu begleiten. Es sind also nicht die Träume, die zu einer besseren Gehirnleistung verhelfen, sondern diese sind nur ein Zeichen, dass einige Gehirnregionen aktiv neue Erfahrungen verarbeiten.

Vermehrter Traumschlaf – Biomarker für Stresserkrankungen

Die erhöhte Aktivität des stressbedingten Botenstoffes Corticotropin freisetzendes Hormon (CRH) erzeugt eine veränderte Schlafstruktur. Dieses Eiweißmolekül koordiniert die hormonelle Antwort auf eine Stresssituation durch die Ausschüttung von Cortisol und die Aktivierung des Sympathikus. Beide bewirken eine Unterdrückung des Schlafs.

Die von chronischem Stress überlasteten Betroffenen leiden an Ein- und Durchschlafstörungen. Untersuchungen der Hirnaktivität während des Schlafs veranschaulichen die erheblichen Veränderungen in der Schlafarchitektur. So zeigt sich, dass Schlafphasen mit raschen Augenbewegungen, der sogenannte REM-Schlaf, auch Traum-Schlaf genannt, vermehrt auftreten. Erholsame Tiefschlafphasen sind dagegen dramatisch verkürzt. Auch depressive Menschen haben mehr REM-Phasen als ihre gesunden Altersgenossen.

Ist der Schlaf auch nur wenig gestört, führt dies nicht nur zu ein wenig Müdigkeit, sondern es vermindert sich vielmehr die Leistungsfähigkeit und erhöht das Risiko für Unfälle und chronische körperliche und psychische Erkrankungen.

Nach einer anstrengenden Woche mit nur sechs Stunden Schlaf pro Nacht werden mehr als 700 Gene, also rund 3 % des gesamten Erbgutes, anders abgelesen als bei einem Acht-Stunden-Schlaf. Vor allem Gene, die für Entzündungs-, Immun- und Stressreaktionen verantwortlich sind, werden beeinflusst. Die Konzentration des Schlafhormons Melatonin im Blut, welches auch durch LED-Licht unterdrückt werden kann, ist während einer kurzen Nacht niedriger.

Ein kurzer Schlaf (fünf Stunden oder weniger) und eine schlechte Schlafqualität verkürzen die Telomere in unseren weißen Blutkörperchen. Die Telomerlänge könnte sich als Bindeglied zwischen Schlafstörungen und Alterserkrankungen entpuppen. Glücklicherweise ist unser Schlafverhalten änderbar, und unsere Telomere werden es uns danken!

Schlechter Nachtschlaf als Risikofaktor

Auch wenn man durch nächtliches Wachbleiben etwas mehr Energie benötigt, ist dies keine sinnvolle Abnehmstrategie. Genau das Gegenteil ist der Fall: Schlafmangel mit weniger als 4,5 Stunden nächtlichen ungestörten Schlafes führt auf Dauer zur Gewichtszunahme. Auswirkungen auf den Zuckerstoffwechsel sind vor allem von den Stadien des Schlafes abhängig. Schlechter Schlaf erhöht die Insulinresistenz (Insulin wirkt schlechter), erzeugt mehr Hungergefühl und verringert die Motivation für Bewegung durch Müdigkeit.

Leptin unterdrückt nachts den Hunger. Sind wir jedoch munter, wird stattdessen der Gegenspieler Ghrelin aktiv, wir werden hungrig und suchen nach etwas zu essen.

Schlechter Schlaf verändert die Ablesehäufigkeit von Genen, die vor allem unser Abwehrsystem betreffen. Unter Schlafentzug nimmt beispielsweise die Aktivität der Blutkörperchen zu, die auch an allergischen Reaktionen und Asthma beteiligt sind. Das könnte den Zusammenhang zwischen Schlafmangel und verstärkten asthmatischen Reaktionen erklären. Auch die Konzentrationen des Markers für Minimalentzündungen, das C-reaktive Protein (CRP), sind erhöht.

Wie wir uns um den Schlaf bringen

Die Ursachen können einerseits individuell, andererseits auch gesellschaftlich begründet sein: Zu große Belastung und ständige Erreichbarkeit sind moderne Stressoren. Nach einem anstrengenden Arbeitstag sitzen viele in der Freizeit wieder vor dem Computer- oder Fernsehbildschirm. Außerdem arbeiten viele Menschen in Schicht- und Nachtdiensten, wenn eigentlich Zeit zum Schlafen ist. Kunstlicht hat längst den Einfluss des natürlichen Lichts auf den biologischen Rhythmus des Menschen verdrängt und ist nicht nur bei Schichtarbeitern zum dominanten Taktgeber für die innere Uhr geworden. Künstliches Licht ermöglicht es, Fabriken in drei Schichten produzieren zu lassen, Geschäfte rund um die Uhr zu öffnen, ein tolles Nachtleben zu haben und sogar zu Hause in der Nacht noch viele interessante Dinge zu tun.

Diese Lichtverschmutzung hat Folgen für die Gesundheit. Das Licht der Bildschirme, genauer gesagt der Blauanteil, beeinflusst unsere Konzentrationsfähigkeit und Wachheit. Dies ist die eine Seite der Medaille, die andere ist, dass unser Schlaf gestört wird, weil das intensive blaue Licht das Hormon Melatonin unterdrückt. Weil wir den Abend mit künstlicher Beleuchtung immer länger ausdehnen, brauchen die meisten Menschen morgens einen Wecker, um aufzuwachen, und sie sind von ihrem natürlichen Schlaf-Wach-Rhythmus weit entfernt.

Sie schlafen nicht alle,
die mit der Nase schnaufen.
Sprichwort

Kuscheln und Sex wirken entspannend. Dadurch werden körpereigene Endorphine und Oxytocin ausgeschüttet, das Stresshormon Cortisol abgesenkt und der Teil des Gehirns ausgeschaltet, der für Emotionen wie Angst und Nervosität verantwortlich ist.

Alkohol scheint zwar ab einer gewissen Menge den Geist zu entspannen und die Einschlafdauer zu verkürzen, die anderen Schlafphasen geraten jedoch völlig durcheinander.

Im Sport ist es schon lange bekannt, dass Alkohol in größeren Mengen die Regeneration stört.

Statt der üblichen Schlafarchitektur zeigt sich ein komaähnliches Bild. In der Herzratenvariabilitätsmessung ist die Regulation von Sympathikus und Parasympathikus quasi aufgehoben und kehrt erst mit dem zunehmenden Alkoholabbau wieder zurück. Als wolle der Körper später alles nachholen, zeigen sich die typischen nächtlichen Schlafmuster am nächsten Morgen. Wenn man tagsüber allerdings schlechte Erfahrungen gemacht hat, die man besser schnell wieder vergisst, kann es schon einmal erwünscht sein, dass der Alkohol den Schlafzyklus stört. Schon ein Glas Wein sorgt dafür, dass sich eine frische Erinnerung nicht so gut einprägt.

Zuletzt sei noch angemerkt, dass Alkohol in höheren Dosen die Atmung behindert: Er kann Nicht-Schnarcher in Schnarcher verwandeln und Schnarcher in ein Sägewerk.

Bis zu 90 Dezibel erreicht ein Hochleistungsschnarcher. An Schlaf ist für die Partnerin oder den Partner da auch mit einer Familienpackung Ohropax nicht zu denken. Aber auch für den Schnarchenden kann der Schlaf möglicherweise keine Erholung bedeuten. Nämlich dann, wenn Atempausen auftreten, die durch den fehlenden Gasaustausch zu Weckreaktionen führen, die den Körper in höchsten Stress versetzen. Dies wird als Schlaf-Apnoe bzw. Obstruktives Schlaf-Apnoe-Syndrom, OSAS, bezeichnet. Der fehlende erholsame Schlaf macht gereizt, fehleranfällig, wirkt unfallgefährdend und beeinträchtigt das Immunsystem. OSAS hat einen direkten Zusammenhang mit Übergewicht oder einem tiefliegenden Gaumensegel und ist mit hohem Blutdruck, Herzrhythmusstörungen, Schlaganfall- und Herzinfarktrisiko assoziiert. Die Telomere an den Chromosomen verkürzen sich frühzeitig. Es sind sowohl Männer als auch Frauen davon betroffen, letztere allerdings meist erst nach der Menopause.

Ohne Therapie bleibt dem Partner oder der Partnerin oft nur die Flucht aus dem gemeinsamen Schlafzimmer, um selbst zu einem erholsamen Schlaf zu kommen.

In der Realität leiden Männer allerdings stärker darunter, wenn sie alleine schlafen müssen. Auf sie wirkt die Partnerin beruhigend. Frauen hingegen fühlen sich auch in der Nacht für ihren Partner verantwortlich.

Schlafstörungen gehören zu den häufigsten gesundheitlichen Beschwerden und nehmen mit fortschreitendem Alter zu.

Um von Schlafstörungen zu sprechen, müssen einige Bedingungen erfüllt sein. Dazu gehört, dass das Ein- oder Durchschlafen bereits über mehrere Monate und dabei auch mehrfach pro Woche beeinträchtigt ist und zu einer Leistungsminderung untertags führt.

Bereits in der Lebensmitte kann es durch Hormonveränderungen zu sehr belastenden Schlafstörungen kommen, wenn man noch mitten im Beruf steht und eine ordentliche nächtliche Regeneration mehr als nötig hat. Der Mangel an Östrogen kann bis zur Schlaflosigkeit, aber zumindest zu einer veränderten Schlafarchitektur führen, während unter Progesteronmangel die Schlaftiefe abnimmt und der Schlaf sehr leicht störbar wird.

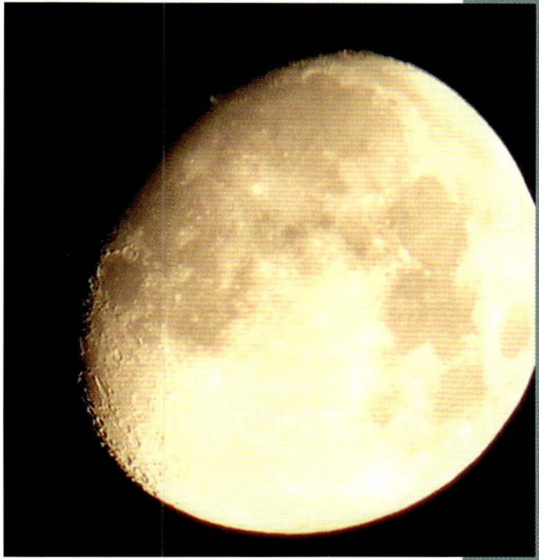

Auch Depressionen, sowohl endogen als auch die Erschöpfungsdepression unter chronischer Stressbelastung, gehen immer mit Schlafstörungen einher, wobei es zu einer verlängerten Einschlafzeit, nächtlichem Aufwachen oft zur selben Zeit und zu einer verkürzten Gesamtschlafzeit kommen kann. Vor allem das vorzeitige Erwachen ein bis zwei Stunden vor der üblichen Aufstehzeit wird als sehr belastend empfunden, da dabei das typische Morgentief der Stimmung mit zwanghaftem Grübeln und Selbstzweifeln verbunden ist. Die Schlafeffizienz insgesamt ist vermindert und die Störung der Schlafkontinuität passt zum Schweregrad der Erkrankung. Auch die Schlafstadien zeigen bei der Depression typische Veränderungen. Anstatt mit einer Tiefschlafphase beginnt der Schlaf mit einer REM-Phase, und insgesamt ist der Anteil des REM-Schlafes vermehrt und der des Tiefschlafes vermindert. Es kann auch zu Phasenverschiebungen kommen, wobei man erst in den frühen Morgenstunden ins Bett geht und dafür bis in den Nachmittag hinein schläft, was längerfristig weitere Körperrhythmen ordentlich durcheinanderbringen kann.

Etwa die Hälfte der Menschen über 65 Jahre klagt auch über chronisch schlechten Schlaf. Im Laufe des Lebens verändert sich zwar die Verteilung von Tief- und Traumschlaf und der Schlaf wird auch insgesamt nicht so tief und leichter störbar. Trotzdem ist schlechter Schlaf keine normale Alterserscheinung.

Entzündliche Prozesse spielen dabei eine wichtige Rolle, weil sie den Schlaf verschlechtern. Umgekehrt wirkt sich eine schlechte Schlafqualität ungünstig auf das Immunsystem aus. Bereits eine durchgemachte Nacht führt zu einer Erhöhung der Entzündungswerte im Blut. Das Immunsystem und seine Fähigkeit, Entzündungen am Laufen zu halten, spielt auch bei Alterungsvorgängen eine entscheidende Rolle. Gleichzeitig verändert sich die hormonelle Situation, da im Alter zunehmend weniger Melatonin und Wachstumshormon gebildet werden. Auch viele Erkrankungen wie zum Beispiel Herzschwäche, Restless-leg-Syndrom oder Blasenprobleme, chronische Schmerzen und zahlreiche Medikamente verursachen Schlafstörungen.

Oft greifen Menschen mit Schlafstörungen in ihrer Not zu Schlaftabletten. Diese bewirken jedoch eher eine Art Narkose als einen gesunden Schlaf mit einer schönen Schlafarchitektur. Schlafmittel nutzen also oft nur kurzfristig und können darüber hinaus schwere Nebenwirkungen haben. Besser ist es, auf eine gute Schlafhygiene zu achten und durch eine genaue Diagnostik zur Ursache der Schlafstörung vorzudringen.

Auf den Punkt gebracht

„Wer schlafen kann, darf glücklich sein", sagte Erich Kästner. Die Wiederherstellung eines Tag-Nacht-Rhythmus und eines erholsamen Schlafs ist das erste Therapieziel bei Stresserkrankungen.

Gesunder Schlaf hat eine Architektur und ausreichend Melatonin zur Verfügung.

Dies lässt den Stresspegel sinken, und über den „Bremser" des vegetativen Nervensystems, den Parasympathikus und das Schlafhormon Melatonin sind antioxidative und entzündungshemmende Kräfte am Werk. Reparatur und Regeneration stehen im Vordergrund, und die entleerte Batterie kann sich langsam wieder aufladen. Schlaf fördert das Gedächtnis, und Lernen und Bewegung fördern den Schlaf. Bessere Schlafqualität bedeutet auch längere Telomere und damit längeres Leben.

Tipps:

- Nach Sonnenuntergang für Computer und Fernseher Blau-Grünlichtfilter verwenden: z.B. freesoftware www.justgetflux.com, Blaufilterbrille.
- Verzichten Sie abends auf taghelle Festbeleuchtung.
- Gehen Sie im Sommer möglichst gegen 23.00 Uhr, im Winter gegen 22.00 Uhr schlafen.
- Gleichen Sie für den Schlaf relevante, gemessene Botenstoffdefizite gegebenenfalls aus. Vermeiden Sie elektromagnetische Einflüsse wie Handys im Kopfbereich. Der Schlafbereich soll kühl, ruhig und finster sein.

Stress und Bewegung

Das effektivste und nebenwirkungsärmste Medikament, das wir kennen, ist Bewegung (nicht Sport). Das Wichtigste dabei ist die Regelmäßigkeit. Oder würden Sie auf den Gedanken kommen, wenn Sie zum Beispiel ein Blutdruckmedikament einnehmen, die Tabletten, die Sie täglich nehmen sollten, aufzusparen, um diese am Wochenende alle auf einmal zu schlucken? So ist es bei der Wirkung der Bewegung auch: Die ganze Woche nichts zu tun, um dann am Wochenende Gewaltmärsche hinzulegen, bringt unserem Körper wenig Benefit.

Ich bezeichne Bewegung auch gerne als artgerechte Haltung. Bei Hühnern machen wir uns Sorgen, ob sie genug Auslauf erhalten – bei uns selbst verschwenden wir keinen Gedanken daran, dass die meisten von uns, mit Jäger-Sammler-Bauplänen ausgestattet, acht Stunden täglich in legebatterieähnlichen Büros untergebracht sind und in erster Linie sitzen – die schlechteste Option übrigens.

Dabei war evolutionär gesehen die Entwicklung der Intelligenz eng an den vielfältigen und kreativen Gebrauch unserer Arme und Beine gebunden. Immerhin ist mehr als ein Drittel des Gehirns nämlich mit der Steuerung und Koordination von Bewegungen beschäftigt.

In den Zeiten des Jäger-Sammler-Daseins war Bewegung natürlich kein Vergnügen, sondern ausschließlich an Nahrungs- und Partnersuche gekoppelt. Und war man einmal satt, wurde die Energie nicht sinnlos verschwendet – man ruhte sich aus. Wenn man also nach einem Essen keinerlei Lust auf Bewegung verspürt, ist dies wohl ein alter Bauplan, der Energieressourcen schonen und aufbauen soll.

Die Zeiten haben sich inzwischen zumindest in unseren Breiten deutlich geändert: Früher war Bewegung gesichert und Essen vielleicht – heute ist Essen gesichert und Bewegung vielleicht ...

Mit Maß und Ziel

Dr. Lynn Cherkas und ihre Kollegen aus London haben Hinweise gefunden, dass ein körperlich aktives Leben auch direkt den Alterungsprozess bremst. Die Forscher untersuchten die Länge der Telomere bei über 2.400 Zwillingen, die um die 50 Jahre alt waren. In der Gruppe der sehr aktiven Teilnehmer waren die Telomere bei gleichem kalendarischen Alter im Schnitt um 200 Nukleotide länger als bei den Couch-Potatoes. Geht man von einem durchschnittlichen Verlust von etwa 20 Nukleotiden pro Jahr aus, entspricht dies einem Vorteil von zehn Jahren Lebenszeit.

Wie immer liegt das Problem im Extrem, und meist bin ich mit Extremen konfrontiert. Was die einen zu wenig machen, machen die anderen zu viel. Wenn der Manager, der am Burn-out schrammt, damit beginnt, leistungsorientiert für den nächsten Triathlon zu trainieren, habe ich Handlungsbedarf.

Worin liegt nun der Unterschied zwischen Bewegung, Sport und Trainingstherapie?

Der Sport in seiner ursprünglichen Form zeichnete sich durch das Leistungs-, Konkurrenz- und Rekordprinzip aus. Sport hat zwar neben dem kämpferischen auch einen spielerischen Kern, der Wettkampf mit anderen und die Leistungsorientierung stehen aber im Vordergrund.

Durch die wachsenden Anforderungen im Leistungssport verstärkte sich die Tendenz zur Professionalisierung im Amateursport. ⅓ bis ¼ aller Unfälle passieren im Sport, wobei heutzutage schon viel unter Sport subsummiert wird, was definitionsgemäß eigentlich unter Bewegung fällt.

Während Sport eindeutig eine Wettkampforientierung hat, „brauchen wir Bewegung, um Neues zu erfahren oder eine Begegnung zu machen", wie bereits Prof. Hans Ruh anmerkte.

In der Bewegung geht es durchaus auch darum, einen individuellen oder auch gemeinsamen Gewinn und Genuss zu erleben.

Training unterscheidet sich von einfacher Bewegung durch zwei Dinge: erstens durch die Regelmäßigkeit der Belastung, die auch die Vorraussetzung für den Einsatz der Bewegung als Medikament ist. Die Regelmäßigkeit bezieht sich auch auf die Ganzjährigkeit oder, wie Herr Prof. Haber es immer ausdrückt, lebenslänglich!

Das Ziel ist eine Erhaltung bzw. Steigerung der Leistungsfähigkeit auf der Basis von Wachstumsprozessen.

Wenn wir davon ausgehen, dass sich der Körper zu jeder Zeit in einer Art Fließgleichgewicht befindet, dann können wir uns vorstellen, dass die Erhaltung dieses Gleichgewichts des „blanken Seins", dieser gewissen Bandbreite, die wir im Ruhezustand bespielen (zum Beispiel Blutdruck, Körpertemperatur und so weiter), Energie benötigt. Dies ist der sogenannte Grundumsatz.

Jede Störung dieser Ruhehomöostase – und damit ist alles gemeint, was mehr Bewegung als Ruhe im Tiefschlaf ist – bedeutet für den Körper „Stress". Jeder Störfaktor benötigt mehr Energie, um bewältigt zu werden. Zusätzliche Energie für Muskeltätigkeit, Lage- und Temperaturwechsel, Immunsystem, Denken und Emotionen ist erforderlich.

In der akuten Stressreaktion haben wir gesehen, dass nach einer geregelten katabolen, also energieverbrauchenden Belastungsphase eine ebenso geregelte anabole, also wiederherstellende Erholungsphase folgen muss. Die Fähigkeit zur Leistung ist immer von der erfolgreichen Regeneration abhängig. Erfolgreich ist diese dann, wenn die verbrauchten Energiedepots wieder aufgefüllt sind und abgebaute Strukturen wiederhergestellt wurden. Dies erfolgt unter der Wirkung anaboler Hormone, wie wir sie schon kennengelernt haben: Wachstumshormon (HGH), Testosteron und Insulin. Das wichtigste Mittel der Erholung im Training ist körperliche, geistige und emotionelle Ruhe.

Wenn wir regelmäßig und richtig trainieren, verbessert sich sowohl die körperliche Leistungsfähigkeit als auch die Erholungsfähigkeit und man ermüdet erst später.

Bewegung als Rhythmus, der guttut

Rhythmische Bewegungsmuster wie Gehen, Laufen, Schwimmen, Kaubewegungen, Atmung und so weiter werden durch neuronale Netzwerke im Gehirn erzeugt und an Umwelterfordernisse angepasst. Der zugrundliegende alternierende Rhythmus wird dabei von einem Netzwerk von Neuronen, sogenannten Oszillatoren, im Gehirn generiert. Nur der Beginn und das Ende der Bewegung werden bewusst kontrolliert, während der Ablauf mehr oder weniger automatisiert ist und entspannend wirkt.

Nicht umsonst verknüpft unsere Sprache Gefühle und Bewegung eng: Gefühle werden durch motorische Aktivität im Körper ausgelebt, etwa durch beschleunigten Herzschlag, ein Lächeln oder ein Stirnrunzeln. Gefühle sind einerseits Initiatoren von Bewegungen, andererseits aktiviert Bewegung das Nervensystem, indem Botenstoffe wie Adrenalin, Noradrenalin und Dopamin ausgeschüttet werden, welche wiederum Gefühle auslösen.

Das motorische und das emotionale System haben sich gleichzeitig entwickelt, sie sind im Gehirn benachbart und eng verknüpft. Gefühle werden durch motorische Aktivität im Körper ausgelebt. Umgekehrt wird Bewegung durch Erkrankung auch eingeschränkt. So können gezielte Bewegungen kurzfristig die Stimmung Depressiver und Ängstlicher verbessern. Da bei Depressiven die vertikalen Bewegungen eingeschränkt sind, löst vor allem Hüpfen positive Gefühle aus. Bei Angstpatienten wirken Wiegerhythmen angstreduzierend. Bewegungen von Seite zu Seite, am besten im Dreivierteltakt, sind dabei am wirksamsten.

Bewegung, eine abwechslungsreiche Umwelt sowie die Abwesenheit von chronischem Stress sind die besten Voraussetzungen für Neuroplastizität.

Wechselnde Fußbewegungen erhöhen den Serotoninspiegel

Wenn Sie unter Angst und Depression leiden, ist Bewegung oft das Letzte, das Sie sich vorstellen können. Es fehlt Ihnen einfach (noch) die Motivation. Wenn Sie aber trotzdem damit beginnen, kann dies der große Wendepunkt im Befinden werden. Bewegung führt sowohl zu psychischen als auch physischen Veränderungen, die die Ängste reduzieren und die Stimmung verbessern. Es kommt zur vermehrten Freisetzung von antidepressiven Botenstoffen wie zum Beispiel Serotonin sowie entzündungshemmenden Substanzen und zur Erhöhung der Körpertemperatur.

Der psychische Benefit besteht in mehr Selbstvertrauen, im Durchbrechen von negativen Gedankenkreisen, in mehr Sozialkontakten und im Vergleich zu anderen oft eingeschlagenen Wegen in einem konstruktiveren Umgang mit der Erkrankung.

Green Exercise

Bereits fünf Minuten Bewegung im Grünen verbessern die Stimmung und heben das Selbstwertgefühl. Der positive Effekt erhöht sich noch, wenn Gewässer wie ein Fluss, See oder das Meer in der Nähe sind.

Bewegung ersetzt Kampf oder Flucht und ist eine Art „zeitverzögerter Stressabbau auf zivilisiertem Weg".

Die Stresswahrnehmung entsteht im präfrontalen Kortex. Als entwicklungsgeschichtlich jüngster Teil verarbeitet dieser Teil des Gehirns permanent eine Flut von Informationen und filtert die relevanten Daten aus, um rationales Handeln zu ermöglichen. Wenn die Reize überhand nehmen, fühlen wir uns überfordert und geraten in Stress. Wir wollen weglaufen oder reagieren aggressiv.

Was passiert dabei im Körper? Die Mitochondrien werden hoch aktiv, um Energie bereit zu stellen, jede Menge freier Radikale werden gebildet, um uns zum Weglaufen oder Kämpfen bereit zu machen. Statt dessen ballen wir aber lediglich die Faust in der Tasche oder holen uns etwas zum Essen.

Wenn nichts mehr geht, muss man den Rechner neu starten

Im EEG lässt sich die elektrische Aktivität im präfrontalen Cortex durch Bewegung deutlich herabsetzen. Bei höheren Belastungen dominiert der motorische Bereich der Hirnrinde, der die Bewegungen steuert. Statt für kognitive und emotionale Prozesse werden die Ressourcen nun zunehmend in Bereichen gebraucht, die etwa für Muskelsteuerung, Atmung und Körperwahrnehmung zuständig sind.

Bereits Gehen ist eine unglaubliche, riesige Rechenleistung unseres Gehirns. Trotz unserer Computermöglichkeiten existiert bis heute noch kein Roboter, der so gehen könnte wie wir, da die Rückmeldungen alle in Echtzeit ablaufen müssen und dies die Fähigkeiten der Prozessoren übersteigt. Je intensiver wir uns bewegen, desto weniger Ressourcen stehen dem präfrontalen Cortex zur Verfügung, und die Aktivität wird heruntergefahren. Der Stress nimmt fühl- und messbar ab.

Anstrengung macht den Kopf wieder frei

Für hohe Intensität in der Bewegung ist eine hohe Selbstkontrolle erforderlich, da wir alle faul sind und ohne Selbstkontrolle sofort in der Anstrengung nachlassen würden. So kann man nicht gleichzeitig schwierige Aufgaben wie zum Beispiel Rechenaufgaben lösen. Die Kapazitäten reichen nicht aus, gleichzeitig kognitiv zu denken und sich anzustrengen. Die Absenkung der Aktivität im präfrontalen Cortex entspricht dann dem schmalen Bereich zwischen Unter- und Überforderung, die als Flow-Zustand bekannt und mit sehr angenehmen Gefühlen verknüpft ist.

An sich eignet sich jede Bewegungsart, es ist nur wesentlich zu erkennen, dass diese Zeit der Abschaltung der Wahrnehmung kein Verlust, sondern ein Gewinn ist. Nachher ist man zwar verschwitzt, aber glücklicher und wieder leistungsfähiger als vorher.

Manche tun's, andere gar nicht

Es gibt sie also, die Menschen, die sich freiwillig bewegen. Sie haben die Erfahrung gemacht, dass es ihnen danach spürbar besser geht. Dies sind zum Beispiel diejenigen mit einer genetischen Verminderung der Enzymleistung der COMT (met/met). Sie benötigen regelmäßige Bewegung. Es kommt durch regelmäßiges Ausdauertraining zu einem Rückgang an Katecholaminen, die bei langsamer COMT überlange Wirkung zeigen. Diese Menschen erholen sich also durch die richtige Aktivität. Geeignet sind vor allem solche Bewegungsformen, bei denen es um die Bewältigung einer Sache geht und nicht um den Wettbewerb mit einem Gegner. Das würde diesen Menschen noch mehr Stress bereiten.

Die COMT-Variante mit dem raschen Abbau (val/val) profitiert wiederum vom regelmäßigen Ausdauertraining durch eine verstärkte Dopaminproduktion im präfrontalen Cortex und damit von einer verbesserten kognitiven Leistung.

Extremsport und Stress

Unverhältnismäßig hohe Ausdauerbelastungen wie beispielsweise Ultralangstreckenläufe über hunderte von Kilometern, aber auch Risikosportarten, bei denen Menschen für ein sportliches Ziel ihre eigene Unversehrtheit riskieren, stellen extreme Formen der Bewegung dar. Diese sind definitiv nicht gesund und ganz klar nicht zu empfehlen. Jeder Marathon nötigt uns alle Energiereserven ab und – viel schlimmer – verbraucht Stammzellen, die wir später benötigen könnten. Das Immunsystem ist danach derart verändert, wie sonst nur bei schweren Erkrankungen.

Es scheint auch so zu sein, dass unser Gehirn der leistungslimitierende Faktor ist. Denn wenn der Wille versagt, bedeutet dies in Extremsituationen oft den Tod.

Hier ist es unser alter Bekannter, der präfrontale Kortex, der durch die Verarbeitung von sensorischem Input und Impulsen des limbischen Systems ein entsprechendes Bewegungsverhalten ermöglicht.

Hinzu kommt, dass nicht jeder, der läuft, auch ein Runners high erlebt, was ich aus eigener Erfahrung bestätigen kann. Schön wäre es gewesen, ist aber in meiner Zeit des Laufens nie passiert: Glücksgefühle und weniger Schmerzen habe ich bei Langstreckenläufen nie erlebt.

Was war mit meinen Endorphinen bloß los, die dies bewirken sollten? Bei der sehr langen Geburt meines ersten Kindes hatte ich die opioidartige schmerzhemmende Wirkung bereits kennengelernt. Im menschlichen Gehirn werden nachgewiesenermaßen auch bereits nach einem zweistündigen Lauf Endorphine ausgeschüttet. Wer also bekommt ein Runners high und ist damit vielleicht auch gefährdet, süchtig nach den hausgemachten Drogen zu werden?

Genetische Analysen könnten in naher Zukunft Erklärungen dafür liefern, weshalb manche Menschen extreme Ausdauersportarten betreiben oder ein sportsüchtiges Verhalten entwickeln. Forscher sprechen bereits von einer „gespenstischen Vorstellung, dass wir laufen, weil unsere Gene das so wollen".

Im Bereich des Extremsports müssen Menschen bereits über eine besonders hohe Selbstkontrolle verfügen, um das große Trainingspensum jahrelang durchzuhalten, das die Voraussetzung für die Bewältigung extremer Ausdauerbelastungen darstellt. Die Fähigkeit, unter Stress selbstreguliertes Verhalten zu zeigen, hängt unter anderem von der genetisch gesteuerten Dopaminverfügbarkeit im präfrontalen Bereich des Gehirns ab. Zu etwa 60 Prozent bestimmt die Catechol-O-Methyltransferase (COMT), wie lange Dopamin wirksam ist. Die höchste Verfügbarkeit liegt in der met/met-Variante vor, wenn die COMT Dopamin besonders langsam abbaut. Eine größere Dopaminverfügbarkeit im präfrontalen Kortex fördert aber nicht in jedem Fall auführende Funktionen, sondern macht gleichzeitig sensibler für Stress. Vor allem bei Frauen vor der Menopause mit dieser Variante nimmt, wie wir nun wissen, die Leistungsfähigkeit durch den Östrogenabbau unter Stress eher ab. Dieser Gender-Unterschied ist möglicherweise eine Erklärung dafür, dass sich vermehrt Männer extremen Belastungen und Risiken aussetzen.

Besonders erfolgreich bewältigte gefahrenreiche Situationen brennen sich noch dazu durch die Stresshormone regelrecht ins episodische Gedächtnis ein und erhalten damit eine große Bedeutung in der persönlichen Biographie.

Abschließend hierzu noch ein typisches Beispiel: Erwin ist den Jacobsweg mit 787 km in 15 Tagen gelaufen. Dies bedeutet 50 km Laufen pro Tag – ohne Pausetag. Auf meine Frage nach seinen Beweggründen antwortet er: „Es geht um die Befriedigung, etwas geschafft zu haben, wo du dich mit deinem Gehirn über deinen Körper hinweggesetzt hast. Die Probleme kommen vom Körper und während der Belastungsphase musst du ständig Strategien entwickeln, um damit umzugehen. Wenn die rechte Hüfte schmerzt, dann versuchst du, dein Gewicht zu verlagern. Dann kommt bereits das nächste Problem. Das Gehirn hat letztlich die absolute Macht über den Körper, und das ist ein tolles Gefühl. Der Körper bekommt erst dann wieder das Sagen, wenn die persönliche Grenze erreicht ist. Dann ist es aus. Voraussetzungen, dass du es schaffst, sind Selbstkontrolle, ein top entwickelter Fettstoffwechsel und dass du dich ständig im aeroben Bereich befindest."

Sie können sich bereits vorstellen, was dies für den Körper bedeutet: wohl alles andere als eine Meditation!

Übertraining ist das Burn-out des Sports

Übertraining wird als Missverhältnis zwischen der Summe der Belastungen und der aktuellen Erholungsfähigkeit definiert. Übertraining kann unabhängig vom Trainingszustand und dem Leistungsniveau auftreten. Die Ursachen sind meist ein dem Leistungszustand nicht angemessenes Training, zu hohe Wochennettotrainingszeit, ein zu hoher Anteil intensiven Trainings und der Verzicht auf zyklische Gestaltung des Trainings. Ebenso kann jede längerfristige Störung der Regeneration durch Schlaflosigkeit, „banale" Erkrankungen wie Infekte, ungenügende Regeneration nach Trainingslager mit hohen Belastungsumfängen oder Ernährungsfehler zum Übertraining führen. Vor allem Hobbyathleten sind gefährdet, die neben ihrem Brotberuf noch ausgedehnte Trainingszeiten und Familie unterbringen wollen, was meist auf Kosten einer effektiven Erholung geht.

Um beim Bewerb ganz vorne dabei zu sein, wird neben beruflicher Überforderung noch diese freiwillige Überlastung in Kauf genommen. Der intrazelluläre ATP-Wert liegt oft deutlich unter der Referenz, wobei chronischer beruflicher oder privater Stress und Marathonlaufen gleich wirksam die Batterie leeren. Die Befunde der Herzratenvariabilität und der Stresshormone ähneln täuschend anderen Stresspatienten. Das Gehirn reagiert auf das Energiedefizit mit Müdigkeit und ständigem Hungergefühl.Spazierengehen im Wald, das wäre oft die richtige Empfehlung, aber wenn doch der Startplatz für den New-York-Marathon bereits teuer gekauft wurde ...

Zeichen und Symptome von Stress
(verändert nach Team Physician Consensus Statement 2006)

Verhaltenssymptome	körperliche Symptome	psychologische Symptome
■ Schlafstörungen ■ Ziellosigkeit ■ Gefühl der Überforderung ■ bessere Trainings- als Wettkampfleistungen ■ Substanzverlust	■ sich krank fühlen ■ kalte, klamme Hände, ■ profuses Schwitzen ■ Kopfschmerzen ■ erhöhter Muskeltonus, Koordinationsstörungen, Appetitlosigkeit	■ negative Selbstgespräche ■ unkontrollierbares negatives Denken, negative Bilder ■ Depressivität ■ Unfähigkeit, sich zu konzentrieren ■ Selbstzweifel, Angstgefühle

Bevor man ein regelmäßiges Training in Angriff nimmt, ist ein Belastungstest in Form einer Ergometrie oder Spiroergometrie unbedingt empfohlen. Bei jüngeren Menschen, um angeborene Rhythmusstörungen auszuschließen, später auch, um die ausreichende Sauerstoffversorgung des Herzens und einen adäquaten Belastungsblutdruck zu überprüfen. Die Diagnostik des autonomen Nervensystems über 24 Stunden mittels Herzratenvariabilität (HRV) und die Bestimmung des intrazellulären ATP ermöglichen neben der VO2max, dem Wert für die maximale Sauerstoffaufnahme, eine Aussage über die sinnvolle Intensität bei chronischer Stressbelastung.

Wichtig ist auch, die Technik jeder Bewegungsart vorerst einmal richtig zu erlernen und nicht einfach irgendwie anzufangen. Egal was Sie tun, tun Sie es richtig und anfänglich unter der Anleitung und den Augen von ausgebildeten TrainerInnen, bei Vorerkrankungen zusammen mit PhysiotherapeutInnen.

Trainingsmethoden

Lange und langsam: Aerobes Ausdauertraining an den meisten Tagen der Woche wie zum Beispiel rasches Gehen oder langsames Laufen verbessert vor allem die Durchblutung und führt zur Ausschüttung von Endorphinen, welche natürliche Schmerzhemmer sind. Die Nutzung des Fettstoffwechsels zur Energiegewinnung wird besonders gefördert. Außerdem wird das Immunsystem aktiviert, und regelmäßige Bewegung reduziert so das Risiko einer Erkältung um 50 %. Wenn eine Ansteckung erfolgt ist, fallen die Symptome bei trainierten Menschen immerhin um 30 % schwächer aus.

Aerobe Energiebereitstellung bedeutet, dass die Leistung unter Verbrennung von Sauerstoff erbracht wird. Ausdauer umfasst Schnelligkeit, Kraft, Beweglichkeit und Koordination und könnte auch als Widerstand gegen Erschöpfung bezeichnet werden oder zeigen, wie fit Sie sind.

Use it or loose it: Krafttraining einmal wöchentlich ist wichtig, um gegen die zunehmende Gebrechlichkeit anzukämpfen, die bereits – ja, Sie lesen richtig – mit 30 Jahren einsetzt! Was nicht gebraucht wird, wird abgebaut – so ökonomisch ist unser Körper! Man kann auch nicht auf Vorrat trainieren, sondern muss dem Körper ständig zeigen, was noch alles gebraucht wird. Dabei sollte der Muskel erschöpft werden, das erfordert ausreichend viele Wiederholungen der Muskelanspannung. Das Gewicht sollte so gewählt werden, dass 8 bis15 Wiederholungen gerade geschafft werden können. Training an Maschinen, elastische Bänder oder freie Gewichte stehen zur Verfügung, wobei die freien Gewichte den Vorteil der Aktivierung von ganzen Muskelketten haben.

Core-Training (ebenfalls einmal wöchentlich durchgeführt) trainiert die Muskeln, die für unsere Rumpfstabilität verantwortlich sind. Hier wird mit dem eigenen Körpergewicht gearbeitet. Core-Training entwickelt sowohl die oberflächliche dynamische Muskulatur als auch die tief liegenden Haltemuskeln. Dabei werden beide Muskelsysteme koordinativ vernetzt. Schlingentraining, Pilates und Yoga zählen zu den Methoden.

Koordination ist alles: Die Bewegungsabläufe und Reaktionsfähigkeit des Körpers werden durch ein regelmäßig durchgeführtes Koordinationstraining verbessert. Mit zunehmendem Alter lässt die Koordinationsfähigkeit als erstes nach. Interessanterweise ist sie auch unter chronischer Stressbelastung besonders eingeschränkt. Wenn man innerlich aus der Mitte geraten ist, zeigt sich dies auch durch das eingeschränkte Gleichgewicht im Außen.

Ein Koordinationstraining stärkt auch die Körperwahrnehmung. Die Trainingsreize werden zum Beispiel über eine instabile Standfläche gesetzt, sodass der Körper ausgleichen muss: ein ständiger Wechsel von Mobilisation und Stabilisation.

Auch Jonglieren zählt zu den Methoden, die Koordinationsfähigkeit und Wahrnehmung trainieren und im Rahmen der Stresstherapie besonders effektiv sind.

So einfach wie möglich: Abgewandelt nach der Methode nach Tabata kann man ein High-Intensity-Training auch am Zimmerfahrrad durchführen. 30 Sekunden mit entsprechendem Widerstand sprinten, dann 90 Sekunden lockeres Treten mit geringem Widerstand, dies wird insgesamt 8-mal wiederholt.

Das Intervalltraining (körperliches Training mit wechselweisen Pausen von intensiver Belastung und Entspannung) stimuliert die Vermehrung von Mitochondrien. Dies ist wesentlich, da sich die Entwicklung von mitochondrialen Schäden im Menschen nach dem 40. Lebensjahr besonders beschleunigt. Wie Stammzellen existieren aber in den Zellen sogenannte Wild-Typ-Mitochondrien, welche mehr Energie produzieren können als geschädigte Mitochondrien. Sie können gleich effizient beide Sorten von Kraftstoff verwenden: Glukose (Abbauprodukt von Kohlenhydraten) und Fettsäuren (Abbauprodukt von Fett).

Diese Art von Training ist sehr effektiv, jedoch nur dann zu empfehlen, wenn keine fortgeschrittene Stresserkrankung vorliegt und die Regeneration durch Schlaf und Tagesstrukturierung gegeben ist.

Manche Menschen sitzen lebenslänglich, ohne dazu verurteilt zu sein (Prof. Gerhard Uhlenbruck):

Allein das Aufstehen …

- aktiviert die gesamte Haltungsmuskulatur,
- reduziert den Bandscheibendruck von 140 bis 190 % beim Sitzen auf 100 % beim Stehen,
- entlastet den Darm,
- aktiviert den Kreislauf,
- vertieft die Atmung und verbessert die Sauerstoffversorgung,
- bewirkt automatisch einen höheren Wachzustand.

Gehen Sie mindestens 10.000 Schritte pro Tag. „Reicht das denn?“, werden Sie vielleicht fragen. Zur Erhaltung der Gesundheit reicht es, sagt die Weltgesundheitsorganisation WHO. Zum Absenken des Blutzuckeranstiegs nach dem Essen reichen 20 Minuten Gehen.

Vielleicht haben Sie es ja bereits ausprobiert, sich morgens einen Schrittzähler angesteckt und am Abend festgestellt, dass Sie an diesem Tag ... ja, wie viele Schritte gemacht haben?

Wenn Sie acht Stunden im Büro sitzen müssen, werden es vielleicht an die 3.000 gewesen sein. Doch bereits eine halbe Stunde zusätzliches Gehen pro Tag kann genügen, um die 10.000er Marke zu erreichen.

Was steht auf Ihrem Rezept? Vermeiden Sie Sitzen, wo Sie nur können. Alles Weitere richtet sich nach Ihrem derzeitigen Energievorrat. Sind Sie völlig erschöpft, ist jedes Training kontraproduktiv! Es kann sogar sein, dass Gehen bereits zu viel Energie fordert. Dann kann man nur Durchbewegen am Ergometer mit lediglich 25 Watt, das ist die niedrigste Stufe, empfehlen. Burn-out-Patienten rate ich auch, täglich an der frischen Luft zu sein.

Ist der ATP-Vorrat ausreichend, sind 10.000 Schritte pro Tag ein guter Anfang. Langfristig ist eine Stunde Bewegung in Summe pro Tag ein gutes Maß. Ausdauer, Kraft und Koordination sollten gleichzeitig trainiert werden.

Was können wir von regelmäßiger Bewegung allein im Ausdauerbereich erwarten?

- Optimierung der Erholungsfähigkeit,
- gesteigerte psychische Belastbarkeit (Stressresistenz, psychische Stabilität),
- stabilere Gesundheit (leidet weniger oft an banalen Infektionskrankheiten),
- Senkung des Blutdrucks (6–7 mmHg in wenigen Wochen, v.a. bei leicht erhöhtem Blutdruck),
- erhöhte Mitochondrienanzahl und -größe,
- Senkung des Alzheimerrisikos um 47 %.

Nur ein mittelmäßiger Mensch ist immer in Hochform (W. S. Maugham): Wir sind rhythmische Wesen, und das Leben ist ein Auf und Ab. Allerdings innerhalb eines gewissen Bereichs. Wenn wir diesen verlassen, merken wir, dass etwas nicht stimmt. Langfristig werden wir davon krank – psychisch und physisch.

Im Sport hat es sich schon herumgesprochen, dass Leistungsfähigkeit von einer gelungenen Regeneration abhängt. Sie erinnern sich: Man kann schon hoch schaukeln, aber es muss auch den Gegenschwung im gleichen Ausmaß in die

Richtung der Erholung geben. Dies gilt auch für den Alltag. Ein gesunder Schlaf ist deshalb eine wertvolle Ressource. Auch untertags gibt es Phasen mit hoher Leistungsfähigkeit, denen Momente der Regeneration folgen sollten. Oft lassen wir diese Pausen ausfallen, um noch mehr erledigen zu können. Meist sind wir dadurch bei weitem nicht so effizient, wie wir denken.

Pause = Gegenteil: Rund 90 Minuten können wir unsere Aufmerksamkeit und Leistungsfähigkeit hoch halten, dann würde unser System minimal 5, optimal 20 Minuten Pause benötigen.

Um Ihnen einen praktischen Tipp mitzugeben: Merken Sie sich nur, dass Pause „Gegenteil" bedeutet und davon abhängt, was Sie zuvor getan haben.

Abschließende Tipps:

Bewegen Sie sich täglich ohne Überlastungen und ohne Wettkampfgedanken, am besten an der frischen Luft. Wenn dies nicht möglich ist, ist es drinnen besser als gar nicht.

Essen Sie Lebensmittel möglichst saisonal und regional.

Vermeiden Sie zu viel einfache Kohlenhydrate und Stärke und einseitige Kostformen ohne Eiweiß.

Achten Sie auf eine richtige Versorgung mit B-Vitaminen (B_6, B_{12}, Folsäure und Biotin), Vitamin D_3 und Omega-3-Fettsäuren.

Vermeiden Sie Belastungen durch Chemikalien, Metalle usw. sowie Infektionen, soweit es in Ihrem Einflussbereich liegt.

Sorgen Sie für einen erholsamen Schlaf und haben Sie Mut zu Pausen.

Erlernen Sie Entspannungsmethoden, die Ihnen entsprechen und dafür sorgen, dass Sie tief in den Bauch atmen. Praktizieren Sie diese täglich.

Durchschnittlich um das 45. Lebensjahr machen sich oft erste Symptome der Schnittstelle von aufsummierten Belastungen und Regulationsfähigkeit bemerkbar.

Hier geht es darum, wieder Entlastungen wie Entzündungsreduktion und Verbesserungen der nachlassenden Regulationsfähigkeit zu erreichen.

Bei entsprechender Familiengeschichte kann es Sinn machen, gewisse Genvarianten bestimmen zu lassen. Auch Telomerlängen können bereits untersucht werden. Sie können daraus gezielte Empfehlungen für Ihr tägliches Leben erwarten. Diese sind persönlich und kein Gießkannenprinzip, Ihr Genom, Ihr Epigenom, Ihr Mikrobiom und Ihre Mitochondrien sind individuell und erklären dies. Denken Sie daran, dass die Präventivmedizin eine Medizin der Gesunden ist und eigentlich dort aufhören muss, wo funktionelle Veränderungen zu strukturellen werden und wo der Mensch zum Patienten der kurativen Medizin wird.

Wege aus dem Stress

Streben nach Wohlbefinden

Wie führe ICH ein Leben in Zufriedenheit? Wie komme ICH zu Ruhe und entkomme dem Disstress? Was kann ICH dazu beitragen? Diese Fragen stellen wir uns oft, und es gibt eine Reihe von Untersuchungen, die sich mit diesem Problemkreis beschäftigen. Lebenszufriedenheit (engl. life satisfaction), subjektives Wohlbefinden (well-being), Lebensqualität (quality of life) und Glück (happiness) sind Variablen, nach denen wir unser Leben auszurichten versuchen. Wie sind diese Begriffe voneinander zu trennen, und was bedeuten sie?

Weltweit beschäftigen sich viele Institutionen mit der Frage des Wohlbefindens, sowohl mit dem des einzelnen Bürgers als auch mit dem einzelner Communities und Staaten. Dabei wird Wohlbefinden gemessen und verglichen. In England wurde von dem Wirtschaftswissenschaftler und Glücksforscher Richard Layard eine Organisation mit dem Namen „Action for Happiness" gegründet. Diese hat es sich zum Ziel gesetzt, weltweit mit kleinen, persönlichen Schritten mehr Frohsinn zu erzeugen. Erwartet wird „eine globale Massenbewegung, die diesen tiefgreifenden kulturellen Wandel" trägt. Die Mitglieder legen ein Art Gelübde ab: „Ich verspreche zu versuchen, mehr Glück und weniger Trübsal in die Welt zu bringen."

Im Folgenden werden hier nun Gedanken und Vorschläge zu einem Leben in Wohlbefinden und Glück dargestellt, die aus unterschiedlichen Kulturen und Geistesrichtungen kommen. Diese Vorschläge sollen es Ihnen ermöglichen, sich selbst ein Bild zu machen, was für Ihr Leben zutreffend und hilfreich sein könnte. Es gibt keinen gesicherten und vorgeschriebenen Weg zu Wohlbefinden und Glück, dem man einfach nachfolgen kann, denn die Wege und Ziele sind zu unterschiedlich. Somit erfordert es Kenntnis und **Arbeit**, einen für sich erfolgreichen Weg einzuschlagen und diesem zu folgen.

Es ist an dieser Stelle zu vermerken, dass die Prinzipien und Ratschläge stets im Kontext zum kulturellen Habitus der jeweiligen Gesellschaft stehen und deswegen sehr unterschiedlich sind. Wie weiter unten dargestellt, haben unterschiedliche Kulturen divergierende Ansichten über die Wege zum Glück. Neben der gerade erwähnten Eigenmächtigkeit sind es vielfach spirituelle und religiöse Zugänge, denen eine besondere Bedeutung für das Wohlergehen zugeschrieben wird. Eine einzelne Glücksregel, die sicher zu einem geglückten Leben führt, gibt es nicht. Es ist aber für jeden Einzelnen von Vorteil, die unterschiedlichen Zugänge zu kennen, um damit die Möglichkeit zu haben, einen für sich gangbaren Weg auswählen zu können.

Am Ende dieses Kapitels befindet sich ein Fragebogen, der es Ihnen ermöglicht, ein Stärken- und Schwächenprofil zu erstellen. Dieses Profil soll auf der einen

Seite eine Hilfeleistung dabei sein, aufzuzeigen, wo Verbesserungen anzustreben sind, soll aber ebenfalls auf die vielen positiven Aspekte des Status quo aufmerksam machen, die hin und wieder übersehen werden.

Wie verbessere ich mein Wohlbefinden?

- Theoretische Befassung mit dem Glücksweg
- Größerer Anteil an sinnvoller Beschäftigung
- Aufstellung eines Stärke-/Schwächenprofils
- Aufstellung einer Liste an Aktivitäten gemäß den angeführten Schwerpunkten
- Vermehrte Durchführung von Aktivitäten, die einem persönlich angenehm sind
- Erhöhte Sozialkompetenz
- Werde kontaktfreudiger
- Werde aktiver
- Verringere die Erwartungshaltung
- Werde optimistischer
- Organisiere dich besser – mache Pläne
- Stelle Negativdenken und Nörgeln ein
- Lebe in der Gegenwart
- Bewerte deinen Glücksfaktor

Subjektives Wohlbefinden – Glück

Der Begriff „Glück" stammt aus dem mittelhochdeutschen Wort *„gelücke"*, was so viel wie Geschick, einen günstigen Ausgang, einen guten Lebensunterhalt bezeichnet. Im deutschen Sprachgebrauch wird das Wort *„Glück"* in mehreren Bedeutungen verwendet und steht sowohl für *Glück haben, Glücksmomente erleben* oder *dauerhaft im Glück leben*. So bezeichnet der Ausspruch: *„Der hat Glück"*, das Eintreten eines mehr oder minder überraschenden positiven Ereignisses, wie zum Beispiel ein Lotteriegewinn. Dieses Glück entspricht dem englischen *luck* oder dem lateinischen *fortuna*. Betrachtet man Glück als Glücksempfindung, so ist das im Sinne von „glücklich sein" (englisch *pleasure* oder *happiness*, lateinisch *beatitudo*, französisch *bonheur)*zu verstehen.

Obgleich Glücksmomenten und Hochgefühlen viel an Bedeutung zukommt, ist es das lang andauernde Glück, das als erstrebenswert gilt. In der Glücksforschung wird der Zustand eines aktuellen Glücksgefühls als *„subjektives Wohlbefinden"* beschrieben. Diese Formulierung weist darauf hin, dass wir Glückszustände mit dem Attribut des Angenehmen belegen, man könnte sogar sagen, dass der Zustand von Glück als Optimum unserer Gefühlskurve verstanden werden kann. Diesen glücklichen Augenblicken können Zeiten kurzen oder langen Unglücks folgen. Es ist überhaupt anzuzweifeln, ob Glück ohne das zeitweilige Vorhandensein negativer Zustände empfunden werden kann. Die Glücksforschung ist der Meinung, dass Glück als solches nur empfunden werden kann, wenn es im Kontext mit weniger glücklichen Lebensphasen steht.

Wie ist deine Lebensqualität?

Der Wohlstand des Einzelnen innerhalb einer Gesellschaft wird heute noch vor allem mit Indikatoren wie dem Bruttosozialprodukt oder dem Einkommen beurteilt. Da Untersuchungen ergeben haben, dass mehr Geld nicht gleichbedeutend mit mehr Lebensfreude verbunden ist, setzt hier langsam ein Umdenken ein. Die entsprechende Anwendung dieser Erkenntnisse in der Politik besteht in einer Verlagerung von dem Anheben des Einkommens einzelner Staatsbürger hin zum Anheben der allgemeinen Lebensqualität. Bei schlechterer Wirtschaftslage und einem immer weiteren Auseinanderklaffen der Einkommen (Einkommensschere) kann diese Vorgangsweise politisch zugänglicher sein. Schon vor einiger Zeit hat der Himalajastaat Bhutan diesen Zugang gewählt, denn dort wird die Wirtschaftsleistung nicht nach dem Bruttosozialprodukt, sondern nach dem Bruttoglücksprodukt gemessen (http://www.undp.org.bt/Governance/GNH/GNH.htm). In dem Film *What happiness is* von Harald Friedl wird sehr anschaulich dargestellt, wie in Bhutan eine Volksbefragung abläuft, die das Wohlbefinden der Bevölkerung erkundet. Die Befragung umfasst die Bevölkerung bis hin in die entlegensten Bergregionen.

In der Quality-of-Life-Forschung versteht man unter Lebensqualität die Qualität der gesellschaftlichen, wirtschaftlichen und politischen Rahmenbedingungen des Lebens als auch die subjektive Bewertung dieser Gegebenheiten Dieses ganzheitliche Denken ist notwendig, um möglichst objektiv diese Bedingungen zu finden, die zum Wohlbefinden eines möglichst großen Teils der Bevölkerung führen könnten.

Ruut Veenhoven, Professor an der Erasmus-Universität in Rotterdam, zerlegt den Begriff „*Lebensqualität*“ in vier Unterbegriffe, die er als

1. allgemeine Lebensbedingungen (livability of environment),
2. persönliche Lebensbedingungen (life-ability of the person),
3. Nutzwert des Lebens für die Anderen (utility of life for the environment),
4. persönliche Wertschätzung des Lebens (appreciation of life by the person)

bezeichnet.

Diese vier Unterbegriffe stellt er in einem Quadranten dar und hebt den Unterbegriff „persönliche Wertschätzung des Lebens“ als den wichtigsten hervor. Dieser wird im englischen Sprachgebrauch vielfach mit dem Begriff *happiness* abgedeckt, der für eine positive Bewertung des ganzen Lebens steht. „Happiness“ ist ausschließlich persönlich erfahrbar, unterscheidet sich dadurch wesentlich von dem Begriff „Lebensqualität“ und geht in Richtung eines *subjektiven Wohlbefindens*.

Allgemeine Lebensbedingungen: Die Verwirklichungschance

Der Ökonom Amartya Sen versuchte bereits in den 80er Jahren des letzten Jahrhunderts ganzheitliche Wohlfahrtsmaßstäbe zu erarbeiten. Der Kerngedanke dieses Konzeptes ist, dass das Ziel der gesellschaftlichen und persönlichen Entwicklung die Vergrößerung der Verwirklichungschancen (capabilities) und Freiheiten des Menschen sein müsse. Das führt dazu, dass realisierbare Lebensentwürfe in eine Lebensgestaltung münden, die mit dementsprechenden Lebensplänen und Präferenzen gefüllt ist. Diese Gedankengänge führen zu dem Begriff Lebenskunst, also zur Fähigkeit, das eigene Leben zu gestalten. Diese Verwirklichungschancen sind von den realen Möglichkeiten des Einzelnen abhängig, also der eigenen Kraft, Ziele zu verwirklichen. Sie sind aber auch vom soziopolitischen Umfeld abhängig (siehe unten), welches einen Satz an Voraussetzungen anbieten muss, damit überhaupt eine Verwirklichungschance bestehen kann.

Es gibt diesbezüglich ein sehr ansprechendes Beispiel, nämlich die Dominikanische Republik. Wer träumt nicht von Sonne, Meer, Sandstrand und blauem Himmel? Das Ergebnis einer Länderabfrage aus den 1960ern zeigt, dass in der Dominikanischen Republik – also gerade dort, wo es all dies gibt – der Glückskoeffizient den niedrigsten je erhobenen Wert aufweist. Jene Erhebung fand 1962 nach dem Sturz des Diktators Rafael Leónidas Trujillo Molina und vor dem Übergang zur Demokratie statt. Es herrschte enorme Unsicherheit, die sowohl von der Furcht der Bewohner des „Inselparadieses“, auf die Straße zu gehen, getragen war, als auch von dem Erwarten einer ungewissen Zukunft. Gemäß dieses Kontextes führte Ed Diener das Ergebnis von 1,6 Punkten auf das Fehlen von politischer Stabilität, persönlicher Sicherheit und ökonomischen Perspektiven zurück.

Allgemeine Lebensbedingungen: Die Verantwortung des Staates

Soziologie und Politikwissenschaft untersuchen, inwieweit Staat und Politik für das Wohlergehen der Gesellschaft verantwortlich sind. Mit diesen Gedankengängen beschäftigten sich in der Antike schon Aristoteles und Platon. Für Aristoteles verwirklicht sich das menschliche Wesen in der *Polis* (Staatsgemeinschaft). Wer die in ihm liegende Tugend und Tüchtigkeit innerhalb der Polis von Natur aus entfaltet, ist glückselig. Vollendet glücklich (*makarios*) kann ein Mensch jedoch erst genannt werden, wenn er mit äußeren Gütern hinreichend ausgestattet ist und sein ganzes Leben lang in Tugend verbringt. Diese Gedankengänge repräsentieren die hohe ethische Verantwortung der führenden Schichten für ein geglücktes Zusammenleben innerhalb eines Gemeinschaftsverbandes. 1776 wurden in der amerikanischen Unabhängigkeitserklärung das Recht auf Freiheit und Leben sowie das Streben nach Glück (*pursuit of happiness*) verankert. In Europa war es die durch die Französische Revolution geschaffene Verfassung von 1793, in der der Verweis auf Glück als Ziel der Gesellschaft in der Erklärung der Menschen- und Bürgerrechte vorangestellt ist. *„Zur Glückserlangung gehören ein freies und geruhsames Leben, der friedliche Genuss der Erfolge der Revolution und die Rückkehr zur Natur."* Erst jüngst wurde vom Kabinett in Großbritannien ein strategisches Papier angefordert, das abklärt, inwieweit politische Zugänge das Lebensglück (happiness) erhöhen können. In diesem 64-seitigen Papier mit dem Titel *Life Satisfaction: the state of knowledge and implications for government* wird der Glücksbegriff aus soziologischer und politischer Ansicht dargestellt. Die Zusammenfassung dieser Expertise weist darauf hin, dass die Forschung nun in der Lage sei, Glücks- und Lebensqualität des Einzelnen und einer Gesellschaft zu quantifizieren und miteinander zu vergleichen. Grundgedanke dieses Zuganges zum Lebensglück ist, dass nicht nur der Einzelne in seiner Selbstverantwortung, sondern sehr wohl die politischen und wirtschaftlichen Vorgaben in der Gesellschaft zur Glückserlangung notwendig sind.

Persönliche Wertschätzung des Lebens und Selbstverantwortung

Bereits die griechische Philosophie stellte den Menschen in den Mittelpunkt und sprach ihm die Kraft zu, sein Leben selbst zu gestalten. In der griechischen Philosophie wurde gelehrt, dass der Mensch aufgrund seines Verstandes in der Lage sei, sein Leben nach sittlichen Grundsätzen einzurichten. Damit legten die Griechen den Grundstein für die Humanwissenschaften, die es sich zur Aufgabe gemacht haben, das menschliche Verhalten zu untersuchen. Vor allem unterscheiden sich die Griechen hiermit grundsätzlich von den Schamanen während der Archaik, die durch unterschiedliche Rituale entweder Vorfahren oder Geister um ein günstiges Schicksal baten. An Stelle der Schamanen waren später die Priester getreten, die ihre Bitten oder Gebete den Göttern vortrugen. Meist waren diese Bitten zusätzlich mit Opfergaben verbunden, sogar Menschenopfer waren möglich. Es blieben weiterhin übernatürliche Kräfte, die es anzubeten oder zu bitten galt, das eigene Schicksal günstig zu gestalten.

Glückserlangung durch Lebenskunst in der antiken Philosophie

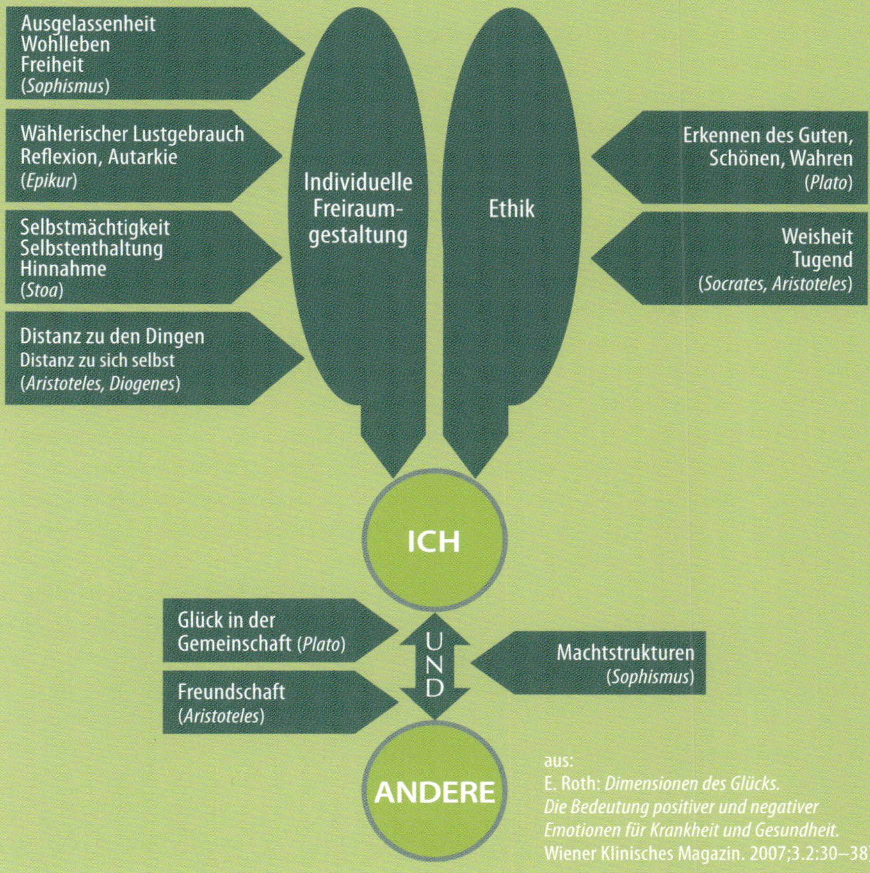

aus:
E. Roth: *Dimensionen des Glücks. Die Bedeutung positiver und negativer Emotionen für Krankheit und Gesundheit.* Wiener Klinisches Magazin. 2007;3.2:30–38)

Für die antike griechische Philosophie ist das Streben nach einem geglückten Leben der zentrale Antrieb, nach welchem unsere Handlungen überwiegend ausgerichtet sind. Jedoch unterliegen sie dem Verantwortungsbereich des Einzelnen und müssen nach ethischen Grundsätzen ablaufen. Dies ist, historisch betrachtet, ein Umdenken, bei welchem das Denken und Handeln des Einzelnen in den Mittelpunkt gestellt wird. Wohlbefinden und Glück sind nicht länger der göttlichen Fügung unterstellt, sondern der Mensch selbst ist für sie verantwortlich.

Wilhelm Schmid (geb. 1953), ein Schüler von Michel Foucault (1926–1984), sieht in dessen Sinne ein erfolgreiches Leben als Kunst. Er setzt bei Foucault an, für welchen Freundschaft, Heiterkeit, Lachen, Humor (Selbstironie) und soziale Ästhetik wichtige Teilbereiche einer geglückten Existenz sind. Sein Buch nennt sich deswegen auch *Philosophie der Lebenskunst*. Eine *reflektierte Lebenskunst* setzt an der Sorge um sich selbst an. Das Für-sich-selbst-Sorgen steht im Mittelpunkt seiner Betrachtungen. Das Erkennen der eigenen Grundstrukturen und der Strukturen der Umgebung ermöglichen dem Individuum, die eigene Wahl zu seinem Leben zu treffen. Glück und Wohlergehen sind also nicht etwas, das man hat, sondern das dann eintritt, wenn eine selbstbestimmte Wahl aus den erkannten realen Möglichkeiten getroffen wird. Das führt zu einer Selbstaneignung des Lebens. Mit der Vernetzung mit den Anderen ergeben sich neue Möglichkeiten zur Erlangung einer Vortrefflichkeit und Glückseligkeit. Wichtig sind Freundschaft, Selbstmächtigkeit (Autarkie), die Festigkeit seiner selbst (Askese) und die Autonomie. Ein bewusster Umgang mit den eigenen Affekten und ein kalkulierter, freimütiger Umgang mit den Lüsten runden das Bild ab. Dieser bewusste Umgang erfordert „Weisheit", „Heiterkeit", „Gelassenheit" und „ein gewisses Maß an Distanz zu sich selbst". Lebenskunst ist somit in gewisser Weise systematisiert und gipfelt letztlich darin, dass Prinzipien, Empfehlungen und Ratschläge aufgestellt werden, unter welchen Bedingungen ein erfolgreiches Leben in Wohlbefinden machbar ist. Jedoch ist Lebenskunst nicht gleichzusetzen mit positivem Denken. Lebenskunst ist laut Wilhelm Schmid auch die Anerkennung des Scheiterns. Es kann nicht stets alles gelingen, und um mit Misserfolg leben zu können, müssen wir uns auch Scheitern eingestehen. Unsere negativen Vorstellungen über das Scheitern sind durch die Gesellschaft gegeben, die es mit Defizit und persönlichem Versagen koppelt. Bewertungsfrei betrachtet, beinhaltet Scheitern einen sehr günstigen Lerneffekt und Anstoß zur Weiterentwicklung. Bei durchgängigem Gelingen bedürfte es keines Reflektierens, keiner Hinterfragung und keiner Veränderung. Viele Menschen nehmen Krankheiten als Scheitern wahr, wobei diese lediglich ein Aspekt des menschlichen Lebens sind, ebenso wie Schmerz, Angst, Ärger und andere unangenehme Zustände. Wie Wilhelm Schmid, so weist auch die indische Ayurveda-Philosophie (siehe unten) explizit darauf hin, dass negative Lebensereignisse als Teil des Lebens gesehen werden müssen.

Fundamente der positiven Emotionen	
Äußere Lebensumstände	Gesundheit, Basisbedürfnisse (physiologische, Sicherheit, Selbstbestimmung)
Positive Psychologie	Vergangenheit: Zufriedenheit, positive gegenüber negativen Erinnerungen stärken Gegenwart: Erfüllung, Kompetenz, Gelassenheit, Hedonismus, Essen, Urlaub, Sex etc. Zukunft: Optimismus, Authentizität, Lebenssinn
Lebenskunst	Engagiertes Leben: Kreativität, Mut, Liebesfähigkeit, Lebensspannung Sinnvolles Leben: Familie, Freunde, soziales Engagement, Spiritualität
Emotionale Konditionierung	Niederschreiben positiver Erlebnisse, Training positiver Erlebnisse, Lachen, Humor, Flow
Mind-/Body-Therapien	Entspannungstechniken, Musik, Filmclips, sportliche Aktivität

(aus: E. Roth: *Dimensionen des Glücks. Die Bedeutung positiver und negativer Emotionen für Krankheit und Gesundheit.* Wiener Klinisches Magazin. 2007;3.2:30–38)

Das Leben ausleben, den Bedürfnissen nachgehen

Der französische Gesellschaftstheoretiker Charles Fourier (1772–1837) veröffentlichte bereits 1803 eine Artikelserie über die „Universale Harmonie", nach der gesellschaftliche Harmonie durch das Ausleben der verschiedenen, in jedem Individuum anders gestreuten Bedürfnisse stattzufinden hat. Fourier nennt dreizehn Bedürfnisse, die sich in mehrere Gruppen gliedern: den Luxustrieb (Luxisme), den Gruppentrieb (Groupisme), drei distributive Passionen (Cabaliste, Composite, Papillon) und die Harmonie. *Luxisme* betrifft die Erfüllung der Sinne, zu schmecken, zu fühlen, zu sehen, zu hören, zu riechen. Dazu braucht man den äußeren und den inneren Luxus, einschließlich gewisser Geldmittel. Der *Groupisme* gründet in dem Bedürfnis jedes Menschen, Freundschaft zu schließen, von seinesgleichen geehrt zu werden, zu lieben und in einer Familie zu leben. Die volle Bestätigung der Sinne und das Zusammenleben in Gruppen genügen aber noch nicht, um den Menschen ein glückliches Leben zu garantieren. Nach Fourier müssen noch die Leidenschaften *Cabaliste*, *Composite* und *Papillon* da-

zukommen. Diese müssen dafür sorgen, dass die Leidenschaften zu innerer und äußerer Harmonie gelangen, dass also die Befriedigung der Bedürfnisse im Einklang mit den anderen und mit der Gesellschaft erfolgen kann.

Die *Cabaliste* ist das Bedürfnis nach Intrige und Wettstreit. Es spornt die Einzelnen zur Leistung an und erhöht ihre Leistungen. Wer dieses Bedürfnis verspürt und nicht mit anderen in Wettstreit treten kann – etwa der Kaufmann im Ruhestand – wird unglücklich und fühlt sich vereinsamt.

Die *Composite* ist das Bedürfnis danach, nicht nur ein Bedürfnis gleichzeitig zu befriedigen. So muss Liebe, um der Trivialität oder der Täuschung zu entkommen, körperliche und seelische Anziehung vereinen.

Ohne Abwechslung wird jeder Genuss mit der Zeit schal und ist nicht mehr geeignet, die Bedürfnisse der Sinne oder die Bedürfnisse der Gemeinsamkeiten zu befriedigen (dieses Bedürfnis wurde erst 1979 – also 142 Jahre nach dem Tod von Fourier – veröffentlicht). Die *Papillon* sichert, indem sie das Fortbestehen solcher Monotonie verhindert, körperliche Gesundheit und geistigen Fortschritt.

Die Bedürfnispyramide nach Abraham A. Maslow

Der amerikanische Pychologe Abraham A. Maslow (1908–1970) meinte, dass Menschen von zwei Arten von Bedürfnissen beeinflusst werden, nämlich von Defizit- und Wachstumsbedürfnissen. Er ordnete diese Bedürfnisse in einer Pyramidenform, wobei die höheren Bedürfnisse innerhalb der Hierarchie erst dann verhaltenswirksam werden, wenn die darunterliegenden Bedürfnisse befriedigt sind. Die Nichterfüllung von Defizit-Bedürfnissen kann Krankheit hervorrufen. Laut Maslow gehört es zu den grundsätzlichsten Bedürfnissen des Menschen, die eigenen Möglichkeiten zu aktivieren. Und gerade an dieser Selbstaktualisierung fehlt es in unserer Gesellschaft.

Die Bedürfnispyramide nach Abraham Maslow:

1. Transzendenz (bezieht sich auf spirituelle Bedürfnisse, sich mit dem Kosmos in Einklang zu befinden)
2. Selbstverwirklichung (das eigene Potential ausschöpfen, bedeutende Ziele verfolgen)
3. Ästhetische Bedürfnisse
4. Kognitive Bedürfnisse (Bedürfnis nach Wissen, nach neuen Anregungen)
5. Selbstwert (nicht: Selbstverwirklichung, sondern man weiß, man wird anerkannt, ist kompetent)
6. Bindung (Zugehörigkeit zu anderen, lieben und geliebt werden)
7. Sicherheit (auch Behaglichkeit, Freiheit von Angst – ein wichtiger Punkt bei der Lebensqualität)
8. Biologische Bedürfnisse (Nahrung, Sauerstoff, Sexualität, Ruhe, Bewegung)

Die Reihenfolge steigt von 8 bis 1 auf, und nach Maslow ist ein Bedürfnis ausgeschaltet, sobald es befriedigt ist.

Das Flow-Konzept: Einswerden mit einer Tätigkeit

Für den Psychologen Mihály Csíkszentmihályi (geb. 1934) ist Glück keine metaphysische Größe, sondern bedeutet persönliches Glück im Alltag in einem sinnerfüllten Leben, in konkreten Beziehungen und Situationen. Neben den Aktivitäten, die Glücksgefühle auslösen, gibt es nach Csíkszentmihályi Aktivitäten, die ein weiteres, erstrebenswertes Gefühl auslösen, das mit dem Glück nah verwandt ist und seiner Meinung nach am besten mit dem Begriff *Flow* zu bezeichnen ist.

Flow bezeichnet nach Csíkszentmihályi den Prozess des völligen Aufgehens im Leben, des Einswerdens mit einer Tätigkeit, neben der alle anderen bedeutungslos werden. Flow entsteht bei Geselligkeit, Aktivitäten wie Reden, Sex, Hobbys, Sport, einem Kinobesuch, dem Nachgehen eines Berufes, Lernen und Autofahren – generell bei Aktivitäten, die weder über- noch unterfordern.

Flow tritt dann ein, wenn Handeln und Bewusstsein eine Einheit bilden. Die Handlung erfolgt unter vollständiger Konzentration und bei Ausblenden aller Ablenkungen, auch Versagensängsten, und man spricht von einem Zustand der Selbstvergessenheit, in welchem Ego und Zeitgefühl aufgelöst sind. Wenn all dies zutrifft, beginnen wir die jeweilige Aktivität zu genießen und sie wird autotelisch, sprich: das Ziel ist in dem Akt selbst und nicht von außen gesetzt. Das Geheimnis eines erfüllten Lebens ist, den *Flow* so oft als möglich zu erleben, auch bei Dingen, die man tun muss.

Heiterkeit als Lebenskunst – Philosophie der Indianer in Amazonien

In dem Buch *Love and Anger in Native Amazonia* von Joanna Overing wird das Zusammenleben der Indianer in Amazonien beschrieben. Das Basiskonzept der Lebenskunst dieser Gruppe ist die sogenannte *conviviality*. *Conviviality* bedeutet Gelassenheit, Heiterkeit, Friedfertigkeit, Symmetrie des Lebens. Mit Heiterkeit ist hierbei nicht das ewige Lächeln gemeint, sondern die Auseinandersetzung mit dem Leben, mit positiven und negativen Gefühlen, also mit einer Akzeptanz des Lebens, so wie es ist, wie es vor einem steht. Wichtig ist das Verhalten innerhalb der Gruppe. Dieses soll freundschaftlich, solidarisch, gemeinschaftsbetont, aber auch spielerisch sein, wobei der Einzelne seine Freiheit, Autonomie, Individualität behält. Was für die Gruppe als bedrohlich empfunden wird, wird in einem Spiel dargestellt, das das Tragische nicht ausklammert.

Glücksstrategien bei den Amazonas-Indianern

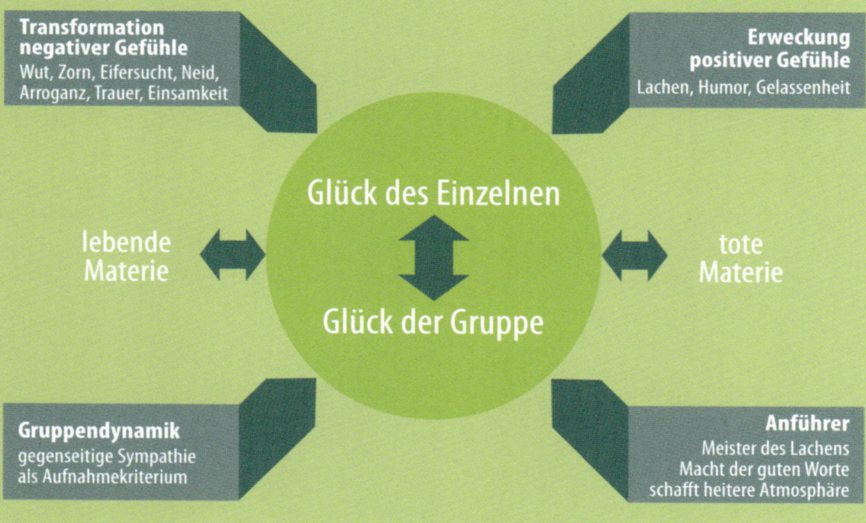

aus: E. Roth: *Dimensionen des Glücks. Die Bedeutung positiver und negativer Emotionen für Krankheit und Gesundheit.* Wiener Klinisches Magazin. 2007;3.2:30–38

Kunst und Kreativität

Ellen Dissanayake sieht in dem Gewinn von Wohlgefühl aus Kunst, Malerei, Musik ein menschliches Bedürfnis mit einem universellen Charakter, der das Leben sinnvoller macht und möglicherweise einen evolutionären Charakter hat. Lebensphilosophie und Erkenntnistheorie von Dissanayake stammen aus den multikulturellen Erfahrungen, die sie in Nigeria, Sri Lanka und Papua-Neuguinea gemacht hat. Ihre Grundthese, dass Kunst Vergnügen, Freude (pleasure) bedeutet und dass diese Kunst früher durch die ausgeführten Rituale allen Mitgliedern der Gesellschaft zur Verfügung stand, wohingegen heute Kunstschaffen elitär besetzt ist, ist sicherlich ein bestechender anthropologischer Zugang zu Glück und Wohlbefinden und deckt sich mit dem Gedankengut von Joanna Overing, wo Glück im Alltag die zentrale These ist.

Welche Hilfe bieten Spiritualität und die Religion an?

Alle Religionen und Religionsgründer sehen die Spiritualität als einen Weg zu einem zufriedenen Leben. Dieser Weg kann mit einem höheren Wesen (Gott) gegangen werden oder über eine tiefe Versenkung in sich selbst, also über eine Meditation. Die Weltreligionen, Hinduismus (Brahmanismus), Buddhismus, Chinesischer Universalismus, Christentum/Judentum und Islam unterscheiden sich aber doch in ihrem Zugang zu dem Göttlichen.

Hinduismus und Buddhismus: Erlösung durch die spirituelle Befreiung des Selbst

Im ***Hinduismus*** sind verschiedene Glaubensströmungen zusammengefasst, in denen unterschiedliche Götter auftreten, die besondere kosmische oder ethische Funktionen zu erfüllen haben. Diese Gottesbilder reichen von der Verehrung von Tieren (Animismus), Pflanzen, Fetischen, Dämonen und Geister bis zum Eingottglauben. Die Götter werden für verschiedene Hilfsleistungen angebetet oder angerufen und es werden ihnen Gaben geopfert. Es gibt aber einen obersten Gott oder Geist, der über alle anderen Götter und auch dem Universum steht. Dieser höchste kosmische Geist (Brahman) ist unbeschreibbar, allmächtig, allwissend, nicht körperlich, ewig und alles durchdringend. Von diesem Geist-Gott leiten sich wohl alle theistischen Götterbilder ab.

Das Spezielle des hinduistischen Denkgebäudes wurzelt in der Wiedergeburt. Alle Lebewesen durchlaufen einen durch die Wiedergeburt gekennzeichneten Kreislauf, Samsara. Während des Lebens wird, je nach Verhalten, gutes oder schlechtes Karma angehäuft. Es gibt genaue soziale und sittliche Vorschriften, die einzuhalten sind. Durch gutes Karma findet Erlösung von der Wiedergeburt statt, wodurch das Aufgehen in die Unendlichkeit möglich wird. Die Glückserwartung im Hinduismus ist somit sehr auf das Jenseits ausgerichtet.

Von den verschiedenen philosophischen Zugängen der indischen Philosophie sei hier kurz der Weg des *Yogas* dargestellt. Der Sanskritbegriff *Yoga* bedeutet Vereinigung oder Paarung. Das Ziel der Vereinigung ist die Vereinigung vom einzelnen Menschen mit seinem Ursprung, seinem wahren Selbst und mit Gott. Zielsetzung ist somit die Überwindung des Materiellen durch das Geistige und die spirituelle Befreiung des eigenen Selbst. Die Yoga-Philosophie wurde in den *Yoga-Sutras* (= Leitfaden) von Patanjali (datiert 2. Jh. v. bis 4. Jh. n. Chr.) niedergeschrieben. Die fünf Leidbringer (Kleshas) sind (1) Unwissenheit, Verblendung, Ignoranz; (2) Ichbezogenheit; (3) Verlangen, Leidenschaft, Bedürfnis nach Festhalten; (4) Ablehnung – Hass, Zorn, Wut, Aggression; (5) Festhalten an Leben, Menschen und Dingen.

Die persönliche Erleuchtung kann durch das Gehen verschiedener Yoga-Wege erreicht werden: Bhakti Yoga (die liebende Verehrung Gottes), Karma Yoga (der Weg der Tat) sowie Jnana Yoga (der Weg des Wissens).

Der ***Buddhismus*** unterscheidet sich vom Hinduismus und anderen theistischen Götterbildern darin, dass Gautama, der als Buddha und Gründer dieser Lehre bekannt ist, sein Wissen und seine Erkenntnis aus eigener Kraft, ohne göttliche Offenbarung gefunden hat. Das Ziel des Buddhismus ist die Erlösung vom Leid in der Alltagswelt mit der Erkenntnis, dass alle Erscheinungen in unserer Welt vergänglich sind. Dieser Weg ist kein kollektiver Weg, jeder kann selbst Leid überwinden. Es ist Sache des Einzelnen, der durch Überwindung des Alltagsbewusstseins zum Überbewusstsein aufsteigt und dort ein mystisches Leben erfahren kann. Dieses ist somit nicht von außen gesetzt. Wichtig ist die geistige Höherentwicklung durch Meditation. Dadurch ist es möglich, Verblendung und Leidenschaft zu überwinden. Der vollkommene Mensch, ein Buddha, hat Hass, Gier und Verblendung von sich abgetan und leidenschaftslos in Weisheit alles Irdische überwunden.

Spirituelle Glückszugänge in China: sich dem Lauf der Dinge anpassen

Der stetige Wandel ist auch ein zentrales Thema der chinesischen Philosophie. Die beiden Urgewalten Yang und Yin sind Ursachen des Wechsels, indem abwechselnd Yang, das Männliche, und Yin, das Frauliche, dominieren. Unser Leben steht im Kräftefeld dieser beiden Urgewalten. Ähnlich wie im Buddhismus beeinflussen sich die Dinge gegenseitig und bewirken das stete Fließen des Seins. Die chinesische Philosophie ist sehr vielfältig, der Fokus hier soll auf den Taoismus und Konfuzianismus beschränkt bleiben.

Prinzipiell ist festzuhalten, dass die Lebenskunst sowohl im indischen als auch im chinesischen Raum einen praktischen Bezug zum Alltag formuliert. Das steht im Gegensatz zum eher philosophischen und theoretisch orientierten Zugang, dem die Lebenskunst in Europa nachgeht. Darüber hinaus gibt es einen starken Teil an Spiritualität, die *„ich-überschreitend"* ausgerichtet ist und eine Verankerung im Überbewusstsein hat. Die Auflösung des Ichs in eine höhere Ordnung oder in Gott wird durch meditative Praktiken angestrebt. Die verwendeten Methoden sind alltags- und lebensnah.

Laut der chinesischen Philosophie gibt es drei Arten von Glück, nämlich das äußere, innere und mystische Glück. Das äußere Glück ist eher unwichtig, es ist das Glück der Sinnenwelt und der materiellen Gegenstände wie Geld und Annehmlichkeiten. Das innere Glück ist wichtiger. Dieses kann durch bestimmte Erlebnisse, wie z.B. Liebe, Zugehörigkeit, Freundschaft, erreicht werden. Das Ziel meditativer Praktiken ist die Erreichung des mystischen Glücks. Der Weise erreicht die Harmonie mit dem *Tao* weniger durch Verstand, Willenskraft und bewusstes Handeln, sondern vielmehr auf mystisch-intuitive Weise, indem er sich dem Lauf der Dinge anpasst. Denn es gibt im Kosmos nichts, was fest ist: *Alles ist dem Wandel unterworfen und der Weise verwirklicht das Tao durch Anpassung an das Wandeln, Werden und Wachsen, welches die phänomenale Welt ausmacht.* Es wird also als klug angesehen, sich möglichst wenig in das Wirken des *Tao* einzumischen oder sich ihm gar entgegenzustemmen. Besser als durch große Kraftanstrengungen werden Ziele verwirklicht, wenn dafür die natürlichen, von selbst ablaufenden Vorgänge genutzt werden, die durch das Tao bestimmt sind. Nach taoistischer Auffassung führt nur die Übereinstimmung mit dem Tao zu dauerhaftem und wahrem Glück, während die Involviertheit in weltliche Angelegenheiten zu einem Niedergang der wahren Tugend (*Te*) führt. Deshalb ist es ratsam, Gleichmütigkeit gegenüber Gütern wie Reichtum und Komfort zu erlangen und sich vor übermäßigen Wünschen zu hüten.

Im Zen-Buddhismus wird als höchstes Ziel das Erreichen von *Satori* angegeben. Satori ist das Erlebnis der Erleuchtung, die eintritt, wenn das universelle Wesen des Daseins erkannt wird. Es ist ein Schlüsselkonzept des Zen-Buddhismus und kann nur in der persönlichen Erfahrung verstanden.

Konfuzius (Kung Fu Tse; 551–479 v.Ch.)versuchte seinen Zeitgenossen eine Lebenseinstellung zu vermitteln, die sich auf die Selbstsorge der Menschen im Diesseits begründet. Diese Lebenseinstellung hat ihre Zentrierung in der Familie und im Staat. Ähnlich wie bei Sokrates gibt es keine persönlichen Aufzeichnungen von ihm, sondern nur solche seiner Schüler oder Verwandten (Enkel). Konfuzius lehrt Verhaltensgrundsätze mit einem tiefen moralischen Inhalt. Grundlage seiner Gesellschaftslehre sind die fünf konfuzianischen Tugenden der gegenseitigen Liebe, der Rechtschaffenheit, der Weisheit, der Sittlichkeit und der Aufrichtigkeit. Ziel ist ein unkorrumpiertes Leben bei gleichzeitiger Erfüllung aller Pflichten gegenüber Familie, Öffentlichkeit und Staat. Ein weiteres wichtiges Paradigma ist der „Mittelweg", also die Ablehnung von Extremen und Einseitigkeiten. Wichtig für ihn sind die Erziehung, und hier die Erziehung zu Anstand und Würde, sowie die Ausbildung von künstlerischem Empfinden.

Jüdische Spiritualität

Von der Vielfalt der jüdischen Tradition sei hier der Zugang von Martin Buber (1878–1965) genannt, da dessen Gottessicht hauptsächlich die Sicht eines inneren Dialogs mit sich selbst und mit Gott ist, dem aber eine therapeutische Wirkung nachgesagt wird. Ein Kennzeichen der jüdischen Spiritualität ist das Gebet beziehungsweise das Gespräch mit Gott. Die Lebenspraxis des jüdischen Gläubigen ist es, dass er selbst eine Thora, ein Gesetz werden soll. Der Mensch soll seine unmittelbare Ethik als Mitgenosse des israelischen Volkes selbst entwickeln. Für Buber ist Geist Dialog, und in diesem Dialog soll der Einzelne seine geistige Ethik finden und diese offenbaren (Dialogphilosophie). Der Mensch kann Gott erst begegnen, wenn er seinem Nächsten wirklich begegnet ist. Heilung bedeutet aus der Perspektive jüdischer Spiritualität Erneuerung der Vergangenheit, auf die Zukunft bezogen. Buber war der erste, der im Wesen der Begegnung den Angelpunkt der medizinisch-psychologischen Therapie erkannte. Schon 1923 sprach er aus, dass die Aufgabe der psychiatrischen Therapie darin liege, die gestörte Beziehung des Patienten zu seiner Welt zu heilen. Buber lotet den tiefsten therapeutischen Sinn anthropologischer Medizin aus, die Heilung nicht als Wiederherstellung des alten Zustandes, sondern als etwas Neues, als „Wachstum von Möglichkeiten" und als „ein positives Gegengewicht" sieht.

Christentum: Jesus Christus, der Erlöser

Die moralische Philosophie des Christentums beruht darauf, dass nur wenige das Glück im aktiven Leben erreichen können und dass Glück nur über Gott erlangt werden kann. Bei diesem Ansatz hat *„pleasure"* oder *Hedonismus* nichts verloren. Was daraus folgt, ist eine Ablehnung der Lust, die deutliche Bedeutung des Intellekts und eine Konzentration auf das „zukünftige" Leben, das die richtige ethische Handlungsweise belohnt. Wie Thomas von Aquin (um 1225–1274) meint, ist *Beatitudo,* also perfektes Glücklichsein, nicht in diesem Leben, sondern erst im nächsten Leben möglich.

Ein zentrales Satz des (heiligen) Augustinus (354–430) lautet: „Suche nicht draußen (das Glück)! Kehre in dich selbst zurück! Im Inneren des Menschen wohnt die Wahrheit. Der Verstand schafft nicht die Wahrheit, sondern er findet sie vor." Dieser Satz erinnert an die indische und chinesische Philosophie, nach der das Glück auch im Inneren und nicht im Äußeren gesucht werden soll.

Es gibt aber Strömungen in der katholischen Kirche, die sich auf anderer Weise dem Glücksbegriff angenähert haben. So hat der Wiener Kardinal Christoph Schönborn 2003 in Rimini anlässlich des *Meeting dei Popoli* einen Vortrag mit dem Titel *Vom geglückten Leben* gehalten. Er leitete ihn ein mit dem Satz: *„Wir sind geschaffen, um glücklich zu sein."* Er sieht diesen Satz als einen Satz des *common sense*, also des Menschenverstandes, der eigentlich keiner philosophischen Deutung bedarf.

In den Lebensregeln von Papst Johannes XXIII. finden sich *„die zehn Gebote der Gelassenheit"*. Diese Gebote sind von einem tiefen weltlichen Inhalt – Gott kommt darin nicht vor, aber Sätze wie: *„Für heute werde ich in der Gewissheit glücklich sein, dass ich für das Glück geschaffen bin – nicht für die ande-*

re, sondern auch für diese Welt", oder: *„Ich werde mich an allem freuen, was schön ist"*, oder: *„Ich werde niemanden anderen korrigieren oder verbessern als mich selbst."* Das zehnte Gebot gipfelt in der Aussage: *„Ich werde mich vor zwei Übeln hüten: der Hetze und der Unentschlossenheit."*

Die Aussagen von Kardinal Schönborn und Papst Johannes XXIII. sind somit weitaus menschlicher und weltlicher zu sehen als jene in der *Katholischen Enzyklopädie,* deren Herzstück darin gipfelt, dass Glück als ein Geschenk Gottes betrachtet werden muss.

Islam: Allah ist bei dir

Koran und Sunna sind die beiden Quellen der göttlichen Gebote, nach denen das sittliche Leben und auch das Verhalten im Alltag im Islam festgelegt sind. Ehrlichkeit und nachbarliche Hilfe gehören zu den sozialen Pflichten, die es einzuhalten gilt. Dieser Ehrenkodex kam aus der Welt der Beduinen, da dieses Verhalten in den rauen Wüstengebieten zum Überleben notwendig war. Im Islam sind Sinnesfreude und Frömmigkeit kein Gegensatz, solange die Vorschriften eingehalten werden. Der Koran ermuntert die Gläubigen die weltlichen Freuden (auch das Sexuelle) bewusst zu genießen, denn das Wohlergehen im Diesseits sei erwünscht. Allerdings ist das Dasein auf Erden nur eine Durchgangsstation und das Heil im Jenseits das eigentliche Ziel.

Bereits 100 Jahre nach dem Tod des Propheten (Mitte des 8. Jahrhunderts) begann man im Kalifenreich die wesentlichen Schriften in den Schlüsseldisziplinen Medizin, Mathematik, Astronomie und Logik ins Arabische zu übersetzen und somit den Wissensschatz der griechischen, alexandrinischen, iranischen und indischen Tradition zugängig zu machen. Daraus entwickelte sich ein hochstehender Zugang zur Wissenschaft, der viele auch im Westen anerkannte Gelehrte hervorbrachte. Im Folgenden seien einige dieser Gelehrten und ihr Zugang zum Gottesbegriff angeführt.

In der Liebesmeditation von Al-Hallādsch (Mansur Al-Hallādsch, 858–922) wird die Liebe zum ALL-EINEN verherrlicht. Er hatte eine „negative" Gottesansicht. Gott ist für den menschlichen Geist nicht erfassbar, genauso wie die Zeit etwas nicht Vorstellbares ist. Er lehrte die Gleichheit aller Religionen.

Ebenso ist für Abū Alī al-Hussein Ibn Abdallāh Ibn Sānā (lat. Avicenna, 980–1037, geboren in Afschana bei Buchara – heute Usbekistan, damals zu Persien gehörig) die Welt eine Selbstentfaltung des Einen (Gottes). Für Avicenna ist die mystische Versenkung das höchste zu erreichende Gut. Bei längerer Meditationsübung erlebt der Geist die göttliche Gegenwart und blickt hin zu der Majestät des Heiligtums.

Der Gelehrte Al-Ghazālī (1085–1111, geboren in Bagdad) erkannte nach einer Zeit der Wanderschaft und Zurückgezogenheit, dass der einzig richtige Weg der Weg der *Sufis* sei, die die beste aller Lebensweisen pflegen. Der Weg der *Sufis* umfasste für Al-Ghazālī die Elemente Reue, Geduld, Dankbarkeit, Furcht vor Gott, Hoffnung auf Rettung, freiwilliges Leben als wandernder Pilger, Verzicht auf alles Weltliche, willenloses Gottvertrauen und mystische Liebe zu Gott.

Dschalalluddin Rumi (1207–1273) wurde in Balch in Nordafghanistan geboren. Sein Vater war ein bekannter Mystiker, der aus Balch infolge der Mongolenstürme flüchtete und letztlich mit seinen Anhängern nach Konya, der Hauptstadt des Seldschukenreiches, ging. Rumis Philosophie beinhaltete, dass es durch die absolute Liebe zu anderen Menschen zu einer Vereinigung kommt und so eine Art gottähnliches und glückliches Zustandsbild entsteht. Die von den Gelehrten dargestellten Lebensprinzipien wurden in der Praxis von den Sufis angewendet. Die übersinnlichen inneren Erfahrungen ekstatischer Art werden von den *Sufis* (und überhaupt von den Mystikern) als Einwirkung göttlicher Kräfte gesehen. Der Weg der Sufis läuft über ein Auslöschen der sinnlichen Wahrnehmung, einer Aufgabe der individuellen Eigenschaften zu einem Sterben des Ego und einer Auflösung in das göttliche Prinzip. Einerseits lehrt der Sufismus, im Hier und Jetzt zu sein, andererseits beinhaltet Sufismus das Wort *Safa*, rein sein. Rein sein bedeutet, gereinigt sein von Egoismus, Dogmatismus, Fanatismus, Unwissenheit und Aberglauben sowie frei zu sein von Beschränkungen durch die soziale Schicht, politische Überzeugung und Herkunft.

Im Subsahararaum: das Abwenden des Unglücks

Zur Spiritualität gehört auch die Welt der Geister und Ahnen, die vor allem im afrikanischen Subsaharagebiet von Bedeutung ist. Dort geht es nicht so sehr um die Erlangung des Glücks, sondern vielmehr um die Abwendung von Unglück. Dies geschieht vielfach über Kontakte mit Geistern und Ahnen. Nicht ein entfernter Schöpfergott, sondern die Seelen der direkten eigenen Vorfahren wachen über Wohl und Wehe der Enkel. Die Toten bleiben ein wesentlicher Teil der Familie, die in geistigen Dingen sogar mächtiger als die Lebenden selbst sind. Beispielgebend sei hier ein Brauch der Mende in Sierra Leone dargestellt, wo sich die Familie, wenn ein Unglück (eine Krankheit) eintritt, am Grab des Ahnen versammelt, ihm Speisen und Trank mitbringt und zum toten Ahnen sagt: „In deinem Schutze lass unsere Augen offen sein für etwas Liebes in der Zukunft." Böse Geister, Zaubersprüche, Angst vor Hexerei, aber auch Magier sind maßgebliche Konstanten, die Unglück auf den Einzelnen oder die Familie überbringen können und diese um die irdischen Freuden bringen.

Wohlbefinden – Ergebnisse aus der Glücksforschung

Wir haben bis jetzt eine Reihe von Möglichkeiten angeführt, die, einzeln betrachtet, das Wohlbefinden (well-being) erhöhen. In jüngster Zeit haben sich weltweit wissenschaftliche Institute etabliert, die Studien durchführen, um Wohlergehen (well-being), Glück (happiness) oder Zufriedenheit zu quantifizieren. Teilweise laufen diese Untersuchungen unter dem Schwerpunkt der positiven Psychologie, deren Hauptpromotor Martin Seligman (geb. 1942) ist. Er führte diesen Wissenschaftszweig in die Psychologie ein, welche sich zuvor fast ausschließlich mit den negativen Seiten des emotionellen Seins beschäftigt hatte und Untersuchungen über mentale Dysfunktionen den größten Forschungsaufwand widmete.

Glückserhebungen werden meistens mit Fragebögen durchgeführt, wobei es verschiedene Möglichkeiten gibt. So existiert eine Reihe von Maßsystemen zur Quantifizierung von Lebensqualität oder Wohlbefinden, die medizinische, psychologische, soziologische und sozioökonomische Inhalte vertritt. Diese Maßsysteme sind teilweise mit simplen Fragestellungen konstruiert, beispielsweise: „Wie zufrieden oder unzufrieden sind Sie mit Ihrem Leben als ein Ganzes aus Ihrer heutigen Sicht?", wobei die Auswertung mit Hilfe einer 10-teiligen Skala erfolgt (Happiness-Index). Von der Arbeitsgruppe um Ronald Inglehart (geb. 1934), welcher ein etablierter Glücksforscher ist, wird die gleiche Frage gestellt, es werden jedoch vier Antwortmöglichkeiten vorgelegt, die lauten:

- Ich bin sehr glücklich.
- Ich bin relativ glücklich.
- Ich bin nicht sehr glücklich.
- Ich bin überhaupt nicht glücklich.

So entsteht eine vierteilige Skala, die von 1 bis 4 reicht.

Es gibt auch Fragebögen mit multiplen Fragen, in denen eine bestimmte Zielrichtung vorgegeben wird, wie Gesundheit, Lebensbefinden oder soziologische Lebensorientierung, auf die hier aber nicht eingegangen werden kann.

Methoden der positiven Psychologie

- Niederschreiben positiver früher Erinnerungen tgl. am Abend.
- Niederschreiben von drei positiven Erlebnissen pro Tag tgl. am Abend (fünf Sinne).
- Visualisierung der besten Zukunftsvorstellung.
- Schreiben eines Dankbarkeitsbriefes an jemanden, der das eigene Leben positiv beeinflusst hat und nie bedankt wurde.
- Führen eines Dankbarkeitstagebuches.
- Zwei Wochen hindurch werden täglich am Morgen, zehn Minuten lang, Eigenschaftswörter (Phrasen) mit positivem Inhalt gelesen.
- Vorsagen von hedonistischen (glücksbringenden) Zuständen auch in nicht angenehmen Situationen.
- Sich seine Charakterstärken vorsagen.

Was trägt zu einem glücklichen Leben bei?

Bereits 1993 errechnete Ruut Veenhofen aus Ergebnissen von einer Reihe von Subgruppen Glücksindizes, die ergaben, dass Menschen umso glücklicher sind, je

- reicher das Land ist (bis zu einer gewissen Einkommensgröße),
- größer die Autonomie und die politische Freiheit im Land ist,
- größer die Gleichberechtigung von Mann und Frau ist,
- kleiner die Unterschiede in den sozialen Schichten sind,
- toleranter der Staat ist,
- größer der Zugang zu Bildung und Information ist,
- kleiner die Arbeitslosenzahl ist und
- je moderner der Staat (Frage der Messbarkeit) ist.

Diese Auflistung zeigt, dass ein gesichertes Einkommen wichtig ist, aber soziale Faktoren wie Toleranz und Autonomie wesentlich zum Glücksempfinden beitragen. Eine Reihe von Untersuchungen hat bestätigt, dass ab einem gewissen Grundeinkommen eine Einkommenssteigerung den Glücksfaktor nicht erhöht.

OECD-Initiative 2013: Wie ist das Leben?

Bei dieser Initiative der OECD (Organisation für wirtschaftliche Zusammenarbeit und Entwicklung) wurden in einer umfassenden Studie verschiedene Variablen über das Wohlbefinden in den OECD-Ländern untersucht. Die Fragen waren:

- Was zeichnet ein besseres Leben aus?
- Wohlergehen und die globale Krise.
- Unterschiedliche Geschlechterrollen.
- Wohlbefinden am Arbeitsmarkt.
- Nachhaltigkeit des Wohlbefindens.

Bestimmt wurden:

- Einkommen,
- Beschäftigungsrate, Arbeitslosenzahl, durchschnittlicher Jahresverdienst,
- Wohnbedingungen, Anzahl der Räume pro Person,
- Gesundheitsstatus, Lebenserwartung,
- Arbeit- und Freizeitbilanz,
- Bildung und Berufsqualifikation,
- soziale Netzwerkabsicherung,
- Bürgerengagement und politisches System,
- Umweltqualität,
- persönliche Sicherheit,
- subjektives Wohlbefinden.

Es gibt einen eigenen Datensatz der Statistik Austria, der sich nur mit Österreich beschäftigt. Aus diesem geht hervor, dass Österreich einen Spitzenplatz einnimmt bei den Themen Verdienstmöglichkeit, Bürgerengagement, soziales Netzwerk, subjektives Wohlbefinden, persönliche Sicherheit, Einkommen, Besitztum und Umweltqualität. Österreich liegt knapp über dem Durchschnitt bei Gesundheit und Wohnmöglichkeit, aber unter dem Durchschnitt bei Bildung, Berufsqualifikation und Arbeits- und Freizeitbilanz.

Persönliche Glücksbringer

In fast allen Studien gelten folgende Verhaltensweisen als Glücksbringer:

- Viel Zeit mit Freunden und Familie und ein intensives Pflegen dieser Beziehungen.
- Dankbarkeit gegenüber dem, was man hat und ist.
- Bereitschaft zu Hilfeleistungen gegenüber Anderen.
- Optimistische Zukunftsvorstellungen.
- Genuss der angenehmen Seiten des Lebens.
- Intensives Leben in der Gegenwart.
- Setzen von erreichbaren Zielen.
- Betreiben von sportlichen oder/und kreativen Tätigkeiten.

Das Glücksrad: Glückszugänge aus den Kulturen der Welt

Im Zentrum des Glücksrads stehen Lebenskunst und Lebenssinn. Die Zugänge sind vielfältig und ergeben individuell verschiedene Schwerpunktsetzungen.

Das Glücksrad

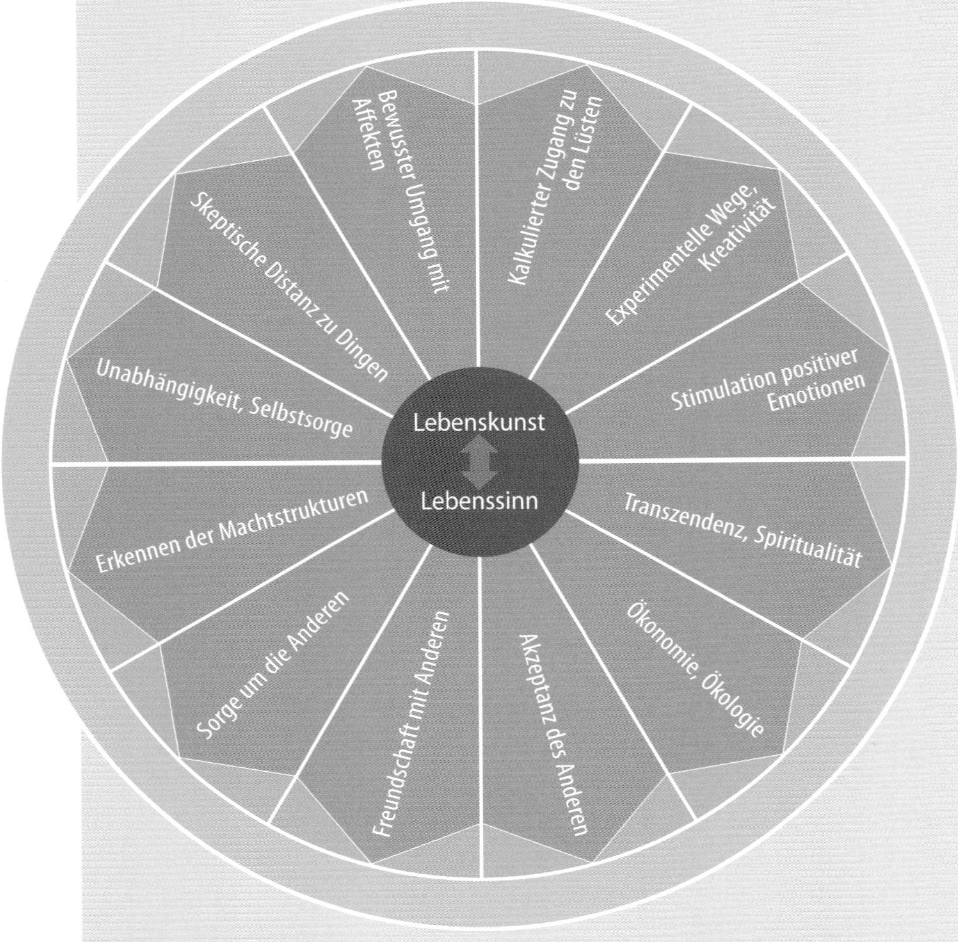

Datum:
durchgeführt am

____

Fundamente der Lebenszufriedenheit

Bitte kreuzen Sie jeweils eine Zahl zwischen 1 und 10 an.

Politisches System/Sozialsystem, in dem ich lebe										
Wertung (1 = nicht zufrieden; 10 = sehr zufrieden)	1	2	3	4	5	6	7	8	9	10
Politische Toleranz										
Politische Stabilität										
Frieden										
Ökonomischer Wohlstand										
Bildungsmöglichkeit										
Kulturelle Möglichkeiten										
Verkehrsinfrastruktur										

Meine soziale Position										
Wertung (1 = nicht zufrieden; 10 = sehr zufrieden)	1	2	3	4	5	6	7	8	9	10
Berufsstatus										
Sozialprestige										
Einkommen										
Bildungsniveau										

Meine persönlichen Beziehungen										
Wertung (1 = nicht zufrieden; 10 = sehr zufrieden)	1	2	3	4	5	6	7	8	9	10
Lebenspartner										
Kinder										
Verwandte										
Freunde										

Meine weltlichen Ressourcen/Freuden

Wertung (1 = nicht zufrieden; 10 = sehr zufrieden)	1	2	3	4	5	6	7	8	9	10
Wohnort										
Wohnsituation										
Basisbedarf										
Vermögen										
Urlaub										
Besitz schöner Dinge										
Sexualität										

Meine physischen und geistigen Ressourcen

Wertung (1 = nicht zufrieden; 10 = sehr zufrieden)	1	2	3	4	5	6	7	8	9	10
Gesundheit										
Selbstsorge										
Positive Vergangenheit										
Unabhängigkeit										

Meine Fähigkeit zur Lebenskunst

Wertung (1 = nicht zufrieden; 10 = sehr zufrieden)	1	2	3	4	5	6	7	8	9	10
Belastbarkeit										
Begeisterungsfähigkeit										
Optimismus										
Bewusster Umgang mit Affekten										
Strategisches Denken, Klugheit										
Kreativität										
Sorge um die Anderen (Sozialkompetenz)										
Spiritualität										
Lebenssinn										

Die Emotionen und wir: Sind wir ihnen ausgeliefert?

Im vorhergehenden Kapitel haben wir über Eigenverantwortung auf dem Weg zu einem geglückten Leben gesprochen. Nun stellen sich einige Fragen, wie beispielsweise:

- Was ist angeboren?
- Wie sind wir durch unsere Erziehung beeinflusst?
- Welche automatisierten Abläufe in unserem Gehirn leiten unsere Emotionen?

Eine *Prädisposition* für das Glück scheint es zu geben. Untersuchungen an eineiigen Zwillingen haben ergeben, dass der korrespondierende Zwilling auch nach Trennung und Aufwachsen bei anderen Eltern (also Stiefeltern) ein ähnliches Glücksempfinden hatte. Darüber hinaus sind Depressionen und Schizophrenie bei Verwandten ersten Grades viermal häufiger als in Verwandtschaftsverhältnissen, bei denen keine Depressionen auftreten. Aus Untersuchungen an Querschnittsgelähmten ist bekannt, dass ein Großteil der Patienten, die vor dem Ereignis glücklich waren, nach weniger als einem Jahr wieder glücklich ist.

Neben dieser genetischen Disposition zeigen andere Untersuchungen, dass das Umgehen mit Emotionen von der Umgebung geprägt ist. Mit Rattenbabys durchgeführte Studien haben gezeigt, dass die postnatale Fürsorge, also die Brutpflege, entscheidend für das emotionelle Verhalten im Erwachsenenalter ist. Vertauscht man Rattenbabys zwischen sorgenden und nicht sorgenden Müttern, so haben die Babys, die von der sorgenden Mutter aufgezogen wurden, ein weitaus besseres emotionelles Wohlbefinden als die andere Gruppe. Babys, die in stressvoller Umgebung aufwachsen, haben veränderte Hirnstrukturen und sind weitaus stressanfälliger als solche, die in einem ruhigen Umfeld aufwachsen. In anderen Worten: Obwohl die Genetik bis zu 50 % an unserem Glücksempfinden beteiligt ist, ist viel Platz dafür, unser emotionales Verhalten durch Analyse und Training zu beeinflussen und sogar umzupolen. Das heißt, dass Empfinden von Glück und Zufriedenheit doch zu einem beträchtlichen Anteil erlernbar sind.

Positive Biochemie

Die Lernfähigkeit unseres Gehirns ermöglicht eine Verhaltensumstellung

Unser neuronales Netzwerk ist durch eine hohe Lernfähigkeit geprägt. Diese Lernfähigkeit hat erstmals 1905 der Neurophysiologe Iwan Petrowitsch Pawlow (1849–1936) beschrieben, als er feststellte, dass sein Hund bereits bei seinem Anblick Speichelfluss hatte, wenn er zu Mittag im weißen Labormantel in den Raum trat, um ihn zu füttern. In seinem Experiment ging Pawlow folgend vor: Während jeder Fütterung ließ er ein Metronom ticken. Nachdem er dies eine Zeit lang getan hatte, stellte er das Metronom in Abwesenheit von Futter oder dem Fütternden an. Er beobachtete, dass der Speichelfluss des Hundes wie gewohnt einsetzte. Dies verdeutlicht ein Lernverhalten: Da die Reize Futter und Metronom über längere Zeit simultan aufgetreten waren, bestand eine gestärkte Kopplung zwischen den zuständigen Neuronen. Lernen und auch Gewöhnung können als Vorgänge verstanden werden, in welchen neuronale Bahnen verstärkt und gestärkt werden. Somit kann uns das Pawlowsche Experiment die Angst nehmen, unser emotionales Verhalten sei in Stein gemeißelt, und die berechtigte Hoffnung geben, dass wir aktiv, etwa durch wiederholtes Durchspielen von Abläufen, in der Lage sind, unser neuronales Netzwerk zu beeinflussen.

Ein bekanntes Beispiel einer Umerziehung kommt aus Ländern, in denen die Speisen besonders scharf gegessen werden, und die Schärfe, meist der Chilischote, als etwas Angenehmes empfunden wird. Dort, im asiatischen und süd-/mittelamerikanischen Raum, wird durch das häufige scharfe Essen eine Warnschranke des Gehirns durchbrochen, die sagt, scharf ist gefährlich. So wurde in diesem Kulturraum scharfes Essen mit einem Hochgefühl verbunden und vergleichsweise mildes Essen, wie das mitteleuropäische Essen, als nichtssagend und schal klassifiziert. Die Konditionierung, scharf ist angenehm, kann somit angelernt und die Schärfe vom Horror zum Genuss konvertiert werden.

Im Gegensatz zu früheren Meinungen, in denen Altern mit Absterben der Neuronen gleichgesetzt wurde, wissen wir heute, dass auch im Alter Neues gelernt werden kann und neue Verbindungen zwischen Neuronen entstehen können. Dieser Lernprozess steht interessanterweise in einer Verbindung mit dem emotionalen Zustandsbild, da dieser bei glücklichen Menschen besser abläuft als bei unglücklichen Menschen oder solchen, die im (Dauer-)Stress sind.

Obwohl das Gehirn nur 2 % des Körpergewichtes ausmacht, verbraucht es 20 % des Gesamtumsatzes an Energie. Bereits eine Sekunde Blutzufuhrunterbrechung führt zu einem kompletten Sauerstoffmangel, sechs Sekunden Unterbrechung zur Bewusstlosigkeit. Das Gehirn und das Rückenmark schwimmen in der Cerebrospinalflüssigkeit (CSF ~ 500 ml), die als Schutz gegen Verletzungen, aber auch als Stoffwechselmedium gilt. Die CSF wird aus dem Plasma regeneriert und innerhalb von drei Stunden ausgetauscht. Das Gehirn ist vielleicht nicht der Sitz des Glücks, trägt aber wesentlich zum Glücklichsein bei. Die Komplexität des Gehirnaufbaus ist aus Zahlen ablesbar. Die Nervenzellen (mehrere hundert Milliarden) sind über Billiarden synaptischer Kontakte verbunden. Die Gesamtlänge aller Nervenfasern im Gehirn entspricht 2 x 384.000 km (Entfernung zum Mond). Diese Zahlen lassen erahnen, welchen komplexen naturwissenschaftlichen Problemen die neurobiologische (Glücks-) Forschung gegenübersteht.

Lassen sich Emotionen gewissen Hirnstrukturen zuordnen?

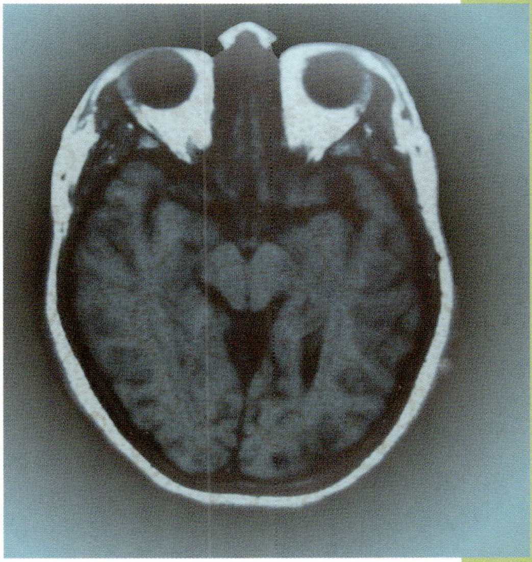

Einsichten über die funktionelle Bedeutung gewisser Hirnregionen gelingen vor allem bei Patienten, bei denen aufgrund eines Unfalls oder eines Tumorgeschehens gewisse Gehirnregionen geschädigt wurden. Andere experimentelle Methoden, um vergleichende Untersuchungen anzustellen, wären Untersuchungen mittels physikalischer oder biochemischer Methoden, wo die Aktivitäten unterschiedlicher Hirnareale in einem Zustand des Glücks oder Unglücks verglichen werden.

Das Ehepaar Hanna (geb. 1942) und António (geb. 1944) Damásio, die beide als Neurophysiologen in Ohio tätig sind und sich seit Jahrzehnten mit der Neurophysiologie beschäftigen, fand heraus, dass Untersuchungspersonen, bei denen nach einem Schlaganfall der linke vordere Stirnlappen beeinträchtigt wurde, eher zu einer depressiven Grundstimmung neigten, wohingegen die Patienten, bei denen der rechte vordere Stirnlappen beeinträchtigt war, sich durch eine andauernde Fröhlichkeit auszeichneten. Wohlbefinden scheint in unserem Gehirn lokalisierbar zu sein.

Patienten mit Hirntumoren oder Unfallopfer mit Schädelverletzungen haben oft erstaunliche oder erschreckende Charakteränderungen, die darauf hinweisen, wie eng Hirnstrukturen und Verhaltensweisen miteinander verknüpft sind. Zusammenhänge von Hirnstrukturen und Verhalten lassen sich in Tierversuchen aus Stimulationsexperimenten, bei welchen spezifische Hirnareale elektrisch stimuliert werden, ableiten. Letztlich ist es die Positronen-Emissions-Topographie (PET), die mit Hilfe bildgebender Verfahren und Verwendung von Isotopen das Sichtbarmachen menschlicher Gehirnareale unter verschiedenen Belastungen ermöglicht.

Die drei Hauptabschnitte des Gehirns – Vorderhirn (Neocortex, Basalganglien, limbisches System, Thalamus, Hypothalamus), Mittelhirn oder Mesencephalon und Hinterhirn (Kleinhirn, Brücke, verlängertes Mark) – arbeiten gleichberechtigt in der Organisation von Verhalten zusammen. Ein hierarchischer, entwicklungsgeschichtlich bedingter Aufbau des Gehirns von niederen Trieben des Hinter- und Mittelhirns bis zu den höheren kognitiven Funktionen des Vorderhirns scheint nicht wirklich zu bestehen. Allerdings liegt im Vorderhirn, im Cortex, die Möglichkeit, sein Verhalten auf Reize sehr schnell zu ändern. Diese rasante Änderungstendenz wird umso inflexibler und gedämpfter, je weiter ventral (inferior) der Vorgang stattfindet.

Das limbische System – Zentrum der Emotionen

Das limbische System wird als das „emotionale Gehirn" angesehen und verwebt emotionale Gefühle mit höheren Gedanken und Wahrnehmungen. Es kommt dadurch zu emotionellen Zuständen wie Ekel, Enttäuschung, Neid, Staunen oder Freude. Das limbische System ist unerlässlich für religiöse und spirituelle Erfahrungen. Elektrische Stimulationen der limbischen Strukturen verursachen bei Versuchen am Menschen traumhafte Halluzinationen, Gefühle der Körperlosigkeit und Sinnestäuschungen, wie sie auch während spiritueller Zustände beobachtet werden. Die wichtigsten Strukturen des limbischen Systems sind der Hypothalamus (funktionell dem limbischen System zugeordnet), die Amygdala und der Hippocampus.

Der Hypothalamus, der evolutionsgeschichtlich gesehen älteste Teil des limbischen Systems, trägt dazu bei, einfache Gefühle wie Wut und Schrecken sowie positive Empfindungen von Freude bis Glückseligkeit entstehen zu lassen. Bei Meditationen und anderen spirituellen Erfahrungen wurde auf Grund der dabei festgestellten vegetativen und hormonellen Veränderungen eine Änderung der Hypothalamusaktivität postuliert. Der Hypothalamus entfaltet seine Aktivität einerseits neuronal, indem die Neurone über ihre Fortsätze elektrische Erregung zu anderen limbischen und vegetativen Zentren senden und andererseits im Hypothalamus Hormone oder Botenstoffe freigesetzt werden, die humoral (über das Blut) in die Blutgefäße der Hypophyse ausgeschüttet werden und dort zelluläre Vorgänge bewirken.

Die Amygdala (auch Mandelkern genannt), die in der Mitte des Schläfenlappens sitzt, vermittelt praktisch alle höheren emotionalen Funktionen wie Liebe, Zuneigung und Freundlichkeit. Außerdem überwacht die Amygdala sämtliche sensorischen Reize im gesamten Gehirn und sucht nach Daten, die darauf hinweisen, dass ein Handeln erforderlich ist, und sie stimuliert unter anderem den Hypothalamus, welcher die vegetative Aktivität beeinflusst. Erregungszustände bewirken eine erhöhte Aktivität der Amygdala (gemessen mit Imaging-Studien), und eine elektrische Stimulation führt zu Unruhe, erhöhtem Herzschlag und Atemfrequenz.

Der Hippocampus wird stark von der Aktivität der Amygdala beeinflusst. Er trägt dazu bei, Emotionen mit Bildern, Erinnerungen und Lernerfahrung zu verbinden. Außerdem ist der Hippocampus in der Lage, die vom vegetativen Nervensystem erzeugten Beruhigungs- und Erregungsreaktionen zu regulieren, um ein emotionales Gleichgewicht aufrecht zu erhalten.

Das ventrale-tegmentale Areal im Hirnstamm bewirkt in Glücksmomenten eine Ausschüttung von Dopamin im Nucleus accumbens. Der Nucleus accumbens schüttet immer bei positiven Signalen Dopamin aus und gilt als Erinnerungs- und Belohnungszentrum für angenehme Gefühle. Auf diese Weise kommt es zu einer Motivation, solche Aktionen zu wiederholen.

Neurotransmitter und Neuromodulatoren: Molekulare Steuerung der Emotionen

Stimmungen, Gefühle und Emotionen unterliegen dem Zusammenspiel von Neurotransmittern und Neuromodulatoren. Der Cocktail dieser Substanzen bestimmt die aktuelle Stimmungslage. Dieser Cocktail hat keine fixe Zusammensetzung, sondern ist variabel und kann durch vielerlei Einflüsse verändert werden. Beispielhaft seien angeführt: Nahrung, (Sonnen)licht, Meditation, Bewegung/Sport, Sex, Drogen und Psychopharmaka. Wir sind keine Gefangenen unserer emotionalen Chemie, sondern können diese durch verschiedene Tätigkeiten signifikant beeinflussen.

Wie unterscheiden sich Neurotransmitter und Neuromodulatoren? Ein Neurotransmitter wird in einem Neuron (Nervenzelle) synthetisiert, freigesetzt, dockt an das benachbarte Neuron an und wird, im Zusammenspiel mit unterschiedlichen Faktoren, innerhalb kurzer Zeit wieder abgebaut bzw. vom aussendenden Neuron wiederaufgenommen. Zu den zentralen Neurotransmittern zählen Dopamin, Noradrenalin, Adrenalin, Acetylcholin, Serotonin und einige Aminosäuren. Neuromodulatoren hingegen greifen direkt in den Stoffwechsel ein, indem sie direkt an Zell-Rezeptoren andocken, ihre Wirkung hält länger an. Sie sind meistens Peptide.

Lust-/Suchtstimulation über Dopamin

Der Zusammenhang zwischen Chemie und Lust wurde in einem berühmten Rattenversuch ersichtlich, bei welchem Ratten mittels Elektroden, die ins Gehirn implantiert worden waren, stimuliert wurden, und diese Stimulierung offenbar als so angenehm empfanden, dass sie sie durch die Betätigung einer Taste immer wieder anforderten. Gemäß neueren Erkenntnissen wurde mit jener Elektrode nicht das Lust-, sondern das Suchtzentrum stimuliert, sodass das Verhalten der Nager eher als Sucht zu deuten ist. Am wirkungsvollsten erwies sich eine Stimulation des absteigenden medialen Vorderhirnbündels (starke Lust, insbesondere starke sexuelle Lust), des lateralen Hypothalamus (vermittelt das Gefühl, dass etwas Aufregendes vor sich geht). Molekulare Mikroinjektionen in Rattengehirnen zeigten, dass vor allem Dopamin für das Belohnungssystem wirksam ist. Eine Blockierung von Dopaminrezeptoren durch Neuroleptika führt zu ahedonistischem Verhalten, d.h. zu Desinteresse an normalerweise Freude und Lust erzeugenden Ereignissen.

Dopamin signalisiert Glück und Lust, aber auch Suchtverhalten. Es lenkt die Aufmerksamkeit auf gewisse positive Stimuli und unterstützt Lernprozesse, und wenn die Aufmerksamkeit auf Ereignisse gelenkt wird, die Belohnung versprechen, wird die Ausschüttung von Dopamin gesteigert. Bei Rattenmännchen bewirkt bereits der Anblick des Weibchens eine um 44 % erhöhte Ausschüttung von Dopamin.

Serotonin – das Glückshormon

Der Transmitter Serotonin ist zwar nur in geringen Mengen im ZNS vorhanden, hat aber aufgrund seiner extensiven Verbindungen ähnliche umfassende Bedeutung wie das Noradrenalin. Im ZNS wirkt Serotonin häufig inhibitorisch (hemmend), aber auch exzitatorische (stimulierende) Wirkungen werden zusehends beschrieben. Serotonin hat im Wesentlichen eine dämpfende Wirkung auf eine Reihe von Verhaltenskategorien und wirkt daher schlafanstoßend. Neben seinen neuronalen Effekten spielt Serotonin in der Regelung des zerebralen Blutflusses und der Gefäßweite eine entscheidende Rolle. Serotonin sorgt für Ruhe, Ordnung und Harmonie, synchronisiert die Aktivitäten verschiedener Hirnregionen und erzeugt so ein absolutes Glücksgefühl.

An dieser Stelle sei das gastroenterologische Nervensystem erwähnt, da Forschungsergebnisse zeigten, dass 95 % des Körperserotonins in den Enterochromaffin-Zellen des Bauchraums gebildet werden. Das gastroenterologische Nervensystem wird heute als „zweites Gehirn" angesehen, denn in diesem befinden sich mit 150 Millionen Neuronen mehr Nervenzellen als im gesamten Rückenmark. Dieses „Bauchhirn" produziert Nervenbotenstoffe und reagiert auf Psychodrogen. Es kann erkranken, eigene Neurosen entwickeln, es fühlt, denkt mit, erinnert sich, und es lässt uns intuitiv aus dem Bauch heraus entscheiden. Von den neuronalen Botenstoffen, die in den Neuronen des Gastrointestinaltraktes erzeugt werden, sind es vor allem Serotonin, Dopamin und Opiate, die wohl auch wesentlich die Gemütslage beeinflussen. Der Bauch kann somit als unglaublich potente Quelle psychoaktiver Substanzen gesehen werden. Seit diesen neuen naturwissenschaftlichen Erkenntnissen muss auch die westliche Medizin bestätigen, dass der Sitz der Gefühle zu einem wesentlichen Teil in der Körpermitte liegt und dass es ein naturwissenschaftliches Korrelat gibt, wenn es vor Glück und Freude im Bauch kribbelt. Sehr viele Meditationstechniken wie das Autogene Training konzentrieren sich auf den Bauchraum, im Speziellen auf das Sonnengeflecht. Glück scheint sich somit biochemisch nicht nur im Kopf, sondern auch (vielleicht vor allem) im Bauch abzuspielen.

Weitere Neurotransmitter und Neuromodulatoren des emotionalen Systems

- **Acetylcholin, Cholezystokinin**: Etwa 10 % der Synapsen des Zentralnervensystems (ZNS) benutzen Acetylcholin als Transmitter. Acetylcholin wirkt im Allgemeinen erregend, vor allem im Cortex. Ein Mangel verhindert Lernen und stört Gedächtnisfunktionen beträchtlich. Cholezystokinin und Acetylcholin sind im Bestrafungssystem wirksam. Das Bestrafungssystem wird gehemmt durch die γ-Aminobuttersäure (GABA).
- **Adrenalin, Noradrenalin**: Adrenalin und Noradrenalin gehören zu der Stoffklasse der Katecholamine, sind auch als Stresshormone bekannt und werden von der Nebenrinde ausgeschüttet. Sie machen kaum mehr als 1 bis 2 % der gesamten Transmittersubstanzen im ZNS aus und sind von hervorragender Bedeutung für Motorik, emotionales Verhalten und Kognition. Noradrenalin entfaltet seine differenten Wirkungen über

unterschiedliche Rezeptortypen an Zelloberflächen (Alpha- und Beta-Wirkungen). Ein zentralvenöser Mangel an Noradrenalin (und Serotonin) bewirkt depressives Verhalten, ein Übermaß an diesen Substanzen kann ein manisches Zustandsbild hervorrufen.

- **Aspartat, Glutamat, γ-Aminobuttersäure**: Die Aminosäuren Aspartat und Glutamat sind die wichtigsten erregenden Neurotransmitter im ZNS. Glutamat ist an der Regelung der Informationsverarbeitung, der ersten kortikoiden Reizanalyse, sowie bei der Steuerung des Kurzzeitgedächtnisses beteiligt. Die γ-Aminobuttersäure (GABA) ist der wichtigste inhibitorische Transmitter im ZNS.
- **Neuropeptide**: Peptide bestehen aus zwei oder mehr Aminosäuren. Wichtige Neuropeptide sind Enkephaline, die verantwortlich für Sucht, positive Verstärkung und Euphorie sind, und ß-Endorphine, die verantwortlich für Schmerzhemmung, Freude, Lern- und Gedächtnisprozesse und Sozialverhalten sind, wobei beide zu den körpereigenen, opiumähnlichen Peptiden (Opioidpeptide) gerechnet werden. Endorphinausschüttungen wurden unter anderem im Trancezustand sowie bei Marathonläufern (große Anstrengung) gefunden. Weitere Neuropeptide sind die Substanz P (verantwortlich für Schmerz, vegetative Effekte, Lernen) sowie die Hormone Vasopressin und Oxytozin (Einfluss auf Lernen, Gedächtnis, Aufmerksamkeit und Bindung).

Drogen sind keine Glücksbringer

Die Macht der Moleküle ist vor allem bei der Einnahme von Drogen ersichtlich. Aus diesem Grund soll hier kurz die Wirkungsweise einiger Drogen andiskutiert werden.

Die Droge **Kokain** erhöht im Belohnungssystem die Dopamin-Konzentration, indem es an den jeweiligen Synapsen die Rückaufnahme von Dopamin in das Neuron hemmt. Der dadurch ansteigende Dopaminspiegel erhöht die Dopaminwirkung und löst im Belohnungssystem Euphorie und Wohlbehagen aus. Eine übermäßige Erhöhung des Dopaminspiegels führt zu einer starken Ich-Bezogenheit, Selbstüberschätzung bis zum Größenwahn, einem Identitätsverlust und damit zu einem Ausklinken aus der Gesellschaft.

Amphetamin erhöht die Dopaminkonzentration im synaptischen Spalt. Abkömmlinge des Phenyläthylamins (Designerdrogen) erhöhen den Spiegel verschiedener monoaminerger Neurotransmitter (Dopamin, Serotonin, Noradrenalin) und haben dadurch ein unterschiedliches Wirkungsspektrum. Da diese Substanzen relativ einfach synthetisiert werden können, sind sie kostengünstig. *N*-Methylamphetamin unterdrückt Müdigkeit, Hungergefühl und Schmerz. Es verleiht kurzzeitig Selbstvertrauen, ein Gefühl der Stärke und dem Leben eine ungewohnte Geschwindigkeit. Zu den Nebenwirkungen gehören Persönlichkeitsveränderungen, Psychosen und Paranoia aufgrund von Schlafentzug oder bei Prädisposition. Eine häufige Einnahme führt zu Gewöhnung und schleichendem Wirkungsverlust, der oft eine Dosissteigerung zur Erzielung der ursprünglichen Wirkung nach sich zieht. Methamphetamin gilt heute unter Modenamen wie Yaba, Ice, Meth oder Crystal als preiswerte Droge mit aufputschender Wirkung. Crystal gehört zu den am stärksten schädigenden Drogen überhaupt, wobei für die rasch zerstörerische Wirkung im Wesentlichen die Verunreinigungen verantwortlich gemacht werden. Der Konsum von Methylamphetamin kann sehr schnell zu einer psychischen Abhängigkeit führen. Das gilt besonders für die Konsumformen Inhalation und Injektion. Toleranzentwicklung und damit einhergehende Dosissteigerungen wurden wiederholt beobachtet. Zeichen einer Überdosierung sind erhöhte Körpertemperatur, Schwitzen und trockener Mund, Schwindelgefühl, Zittern, Kreislaufprobleme mit plötzlichem Blutdruckabfall oder Angstzustände, die bis hin zum Tod führen können.

Ecstasy erhöht vor allem den Serotoninspiegel durch Verhinderung der Rückaufnahme von Serotonin in das Neuron. Ecstasy bewirkt ein „Zusammengehörigkeitsgefühl" und wurde in den siebziger Jahren zerstrittenen Ehepaaren als Liebespille verschrieben. Nebenwirkungen von Ecstasy sind Depressionen, Angstzustände, Übelkeit sowie Kreislauf- und Nierenbeschwerden.

Marihuana und **Haschisch** gehören zu den psychoaktiven Cannabinoiden. Marihuana wird aus getrockneten Blüten und Zweigspitzen, Haschisch aus getrocknetem Blütenharz des indischen Hanfs *Cannabis sativa* gewonnen. Es löst ein „High"-Gefühl aus, verbunden mit Euphorie, Relaxation, Gedächtnislücken und übertriebenen Wahrnehmungsempfindungen. In der Neuropharmakologie der Cannabinoide sind verschiedene Neurotransmitter wie Acetylcholin, GABA, Serotonin, Noradrenalin, opioide Peptide eingebunden.

Die psychoaktive Komponente des **Nikotins** besteht darin, dass es an cholinerge Rezeptoren bindet, die normalerweise auf Acetylcholin ansprechen, was sich primär auf den Wachzustand, die Sensorik, aber auch auf das Belohnungssystem (über Dopamin) auswirkt. Nach vermehrter Zufuhr von Nikotin erhöht sich die Anzahl der nikotinischen Rezeptoren.

Die Zufuhr von **Opiaten** bewirkt eine Schmerzminderung und eine Rauschwirkung mit einem euphorischen Zustandsbild. Opiate wirken über die Morphin-Opiatrezeptoren. Es wird vermutet, dass die verschiedenen Formen der Sucht (Nikotin, Glücksspiel, Workaholic, Alkohol, Kokain, Heroin) auf ähnlichen Opiatrezeptor-vermittelten Mechanismen beruhen, die alle über den Nucleus accumbens des Belohnungssystems wirken. Während Alkohol, Heroin und Morphium Opiatrezeptoren besetzen und dadurch ein Glücksgefühl hervorrufen, verlängert Kokain die Verweilzeit des Dopamins, indem es die Dopaminabgabe der Zellen herabsetzt. Tierexperimentelle Studien haben ergeben, dass Affen von niedrigerem Rang eher kokainsüchtig werden als Leittiere.

Die Flüchtigkeit des Glücksrausches ist nicht nur eine Erfahrung von Drogensüchtigen. Es ist eine Tatsache des täglichen Lebens, dass Dinge, die beim ersten Auftreten eines Ereignisses sehr glücklich gemacht haben, schnell ihre Attraktivität verlieren können. Das rauschhafte Glücksgefühl ist mit einer starken Ausschüttung von endogenen Opiaten (Endorphin, Enkephalin) verbunden, die an sogenannten μ-Rezeptoren des ventralen tegmentalen Areals der Großhirnrinde andocken. Diese Rezeptoren werden offenbar schnell weniger empfindlich und entsprechend schnell lässt der Glücksrausch nach. Ein dauerhafteres Glücksgefühl in Richtung Wohlbefinden erfordert wohl auch eine kognitive Bestätigung, sich dieses Glück verdient zu haben. Ein eudämonisches Glück ist das Glücksgefühl, das eintritt, wenn man etwas geleistet hat. Dieses „verdient zu haben", entspricht dem Belohnungsmechanismus des Gehirns, denn das Glück dürfte phylogenetisch nicht als etwas Separates dastehen, sondern als etwas, das Motivation zur Evolution oder Reproduktion vermittelt. Über diese Schiene ist auch das Glückserleben durch einen Erfolg zu erklären. Allerdings, wie schon oben erwähnt, halten diese Glücksereignisse nicht sehr lange an. Im Gegensatz dazu sind Gefühle der Furcht und Bedrohung länger andauernd. Die Amygdala als Zentrum für Furchtkonditionierung scheint nicht oder nur schwer zu „vergessen".

Präventionsmaßnahmen – Mind-Body-Therapien

Längst hat auch die Biomedizin (Bezeichnung der westlich orientierten Medizin) erkannt, dass der Gesundheitszustand im engen Kontext zum Geistig-Spirituellen steht. Dementsprechend formulierte die WHO eine Neudefinition von Gesundheit: „Gesundheit ist ein Zustand völligen psychischen, physischen und sozialen Wohlbefindens und nicht nur das Freisein von Krankheit und Gebrechen. Sich des bestmöglichen Gesundheitszustandes zu erfreuen, ist ein Grundrecht jedes

Menschen, ohne Unterschied der Rasse, der Religion, der politischen Überzeugung, der wirtschaftlichen oder sozialen Stellung."

Mit dieser Definition löste die WHO Gesundheit aus einer rein biomedizinischen Sichtweise und aus den engen Bezügen des professionellen Krankheitssystems. Gesundheit ist kein einmal erreichter und dann unveränderlicher „Zustand", sondern ein lebensgeschichtlich und alltäglich immer wieder neu und aktiv herzustellendes Gleichgewicht.

Im Sinne dieser Erkenntnis hat man vor allem in den USA an mehreren Universitätskliniken sogenannte Mind-/Body-Abteilungen eingerichtet, wo spirituelle und medizinische Therapie Hand in Hand gehen und versucht wird, einen gesunden Lebensstil mit ausgewählter Ernährung und Bewegung zu propagieren. Am Columbia Presbyterian Hospital in New York, einem führenden Zentrum der Herzchirurgie, werden Patienten vor und nach einer Operation mit Meditation, Musiktherapie, Yoga und Tai-Chi begleitet. In Wien hat sich der Chirurg Raimund Jakesz mit der Bedeutung der Spiritualität im Heilungsprozess auseinandergesetzt.

Im Altertum wurden Ärzte, die sich nur den körperlichen Beschwerden widmeten und keinen Zugang zur geistigen Dimension der Krankheit hatten, als Scharlatane bezeichnet. Im indisch-chinesischem Raum besteht eine jahrtausendalte Erfahrung in Heilverfahren, auf denen moderne Mind-Body-Therapien fußen. In der indo-tibetanischen Medizin ist man bestrebt, dem Patienten/Klienten die Fähigkeiten, Methoden und Zugänge beizubringen, um sich selbst vom Disstress zu befreien. Die Zielsetzung ist zu erkennen, wie ein erfolgreiches, möglichst gesundes Leben gelebt werden kann.

In der Biomedizin ist es die Psychoneuroimmunologie, die versucht, die Verbindung von Psyche und Krankheit wissenschaftlich zu untersuchen. Es gibt Hinweise, dass ein schlechter emotionaler Zustand die Krankheitsanfälligkeit erhöht. Die Neuroimmunologie beschäftigt sich mit der Verbindung von unterschiedlichen Gehirnregionen zum Immunsystem. Folgende Hirn-Körper-Verbindungen sind dabei beteiligt:

- die Hypothalamus-Hypophyse-Nebenrinden-Achse (Kortison, Adrenalin),
- das sympathische Nervensystem (Noradrenalin, Adenosintriphosphat, Adenosin),
- das parasympathische-vagale Nervensystem (Acetylcholin),
- das peptiderge, sensorische Nervensystem (Substanz P, Corticotropin-Releasing-Hormon (CRH), Neuropeptid Y, vasoaktives intestinales Peptid – VIP).

In den Immunzellen kommt es zur Stimulation unterschiedlicher Cytokine, die teilweise in einer Rückkoppelung zum Gehirn stehen und dort Verhaltensadaptionen auslösen.

Negative Emotionen bewirken im Körpermilieu erhöhte Konzentrationen von Cortisol und Katecholaminen (Adrenalin, Noradrenalin) und eine vermehrte Ausschüttung von pro-inflammatorischen Zytokinen. Diese Reaktion ist in einem akuten Stresszustand als positiv zu werten, da sie bei Bedarf einer Flucht hilfreich ist (Katecholamine) oder bei einer akuten Erkrankung zu einer Zentralisierung des Stoffwechsels führt (pro-inflammatorische Zytokine). Doch bei länger andauerndem Stress (oder einer negativen Emotion) verliert der Körper aufgrund der kontinuierlich anhaltenden Gefahrensituation seine Feedbackmechanismen (lang andauernde erhöhte Kortisonspiegel führen zu einem vermehrten Zelltod im Hippocampus bzw. beeinflussen eben dort die Neurogenese). Schwere Depressionen sind mit einem reduzierten Volumen des Hippocampus und des präfrontalen Kortex vergesellschaftet. Die verringerte Neurogenese läuft wahrscheinlich über eine verringerte Synthese des brain-derived neurotrophic factor (BDNF). Das führt zu physiologischen Dysregulationen und negativen Hintergrundgefühlen wie Ermüdung, Aufregung, Krankheit, Spannung, Lethargie, Instabilität, Ungleichgewicht, Dissonanz. Sekundärfolgen sind eine verschlechterte Immunabwehr, Allergien und diverse Organdisfunktionen und Entzündungsreaktionen. Wie man heute weiß, kann eine länger andauernde subklinische Entzündung zum Auftreten von Allergien, Autoimmunerkrankungen, Karzinomerkrankungen und Herz-Kreislauf-Erkrankungen führen. Auch in der Pathogenese von Depressionen und der Arteriosklerose, der Adipositas, im metabolischen Syndrom und bei Schlafstörungen können subklinische Entzündungen Initiationsfaktoren sein. Verantwortlich für dieses weite Spektrum an krank machender Potenz der subklinischen Entzündung sind veränderte Zytokinmuster mit einer Verschiebung im Verhältnis von pro- und anti-inflammatorischem Zytokinspektrum wie einem geänderten Verhältnis von Th1- versus Th2-Zytokinen, was im chronischen Fall zu einem supprimierten Immunsystem führen kann. Pro-inflammatorische Zytokine beeinflussen das vegetative Nervensystem und andere Teile des Hirnstoffwechsels und spielen eine pathogenetische Rolle bei Anorexie, Kachexie, Freudlosigkeit, Depression, Schmerzempfinden und bei Denk- und Merkprozessen. Darüber hinaus hat eine jüngst erschienene Arbeit gezeigt, dass die Freisetzung von Stammzellen aus dem Rückenmark vom sympathischen Nervensystem reguliert wird und dass ein erhöhter Noradrenalinspiegel zu einer verringerten Freisetzung der Stammzellen führt. Das würde heißen, dass Stress auf diesem Weg möglicherweise für eine verringerte Regenerationsfähigkeit der Organe verantwortlich gemacht werden kann. Dieser Pathomechanismus könnte somit ein weiterer erklärender Faktor für viele durch negative Emotionen bedingte Erkrankungen sein.

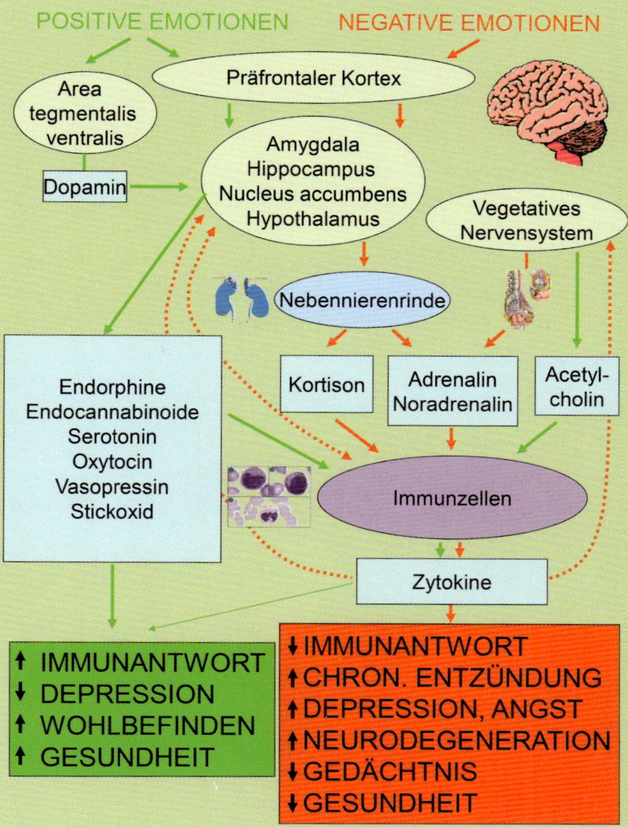

Emotionen und Immunantwort

aus: E. Roth: *Dimensionen des Glücks. Die Bedeutung positiver und negativer Emotionen für Krankheit und Gesundheit.* Wiener Klinisches Magazin. 2007;3.2:30–38

Ernährung (Ernähre dich richtig)

Welchen Einfluss die Ernährung auf unsere Gesundheit und unser Wohlbefinden hat, unterliegt einer andauernden und anregenden Diskussion. Wir werden täglich mit diversen Diätformen überflutet, die uns gesund, rank und schlank machen sollen. Teilweise werden diese Ernährungsformen wie Religionsbekenntnisse gehandhabt. Hier sei prinzipiell festgehalten, dass Ernährung stark vom soziokulturellen Umfeld geprägt ist. Bei uns gilt Schlankheit als Ideal, wohingegen im Südsahararaum, bei den Efik, einem Stamm in Nigeria, die Rundheit der Frau als Schönheitsideal gilt. Dort werden die Bräute vor der Hochzeit einige Wochen unter Aufsicht gemästet und ihr Körper wird dreieckig massiert, um eine glückliche Braut abzugeben. Die Rundheit einer Frau gilt dort als Zeichen einer guten Gesundheit, von Wohlstand und als besonderer sexueller Anreiz.

Entscheidender als das Körpergewicht ist wohl, dass man seinen eigenen Körper liebt und nicht in Stress verfällt, weil dieser nicht irgendwelchen Normen entspricht. Glücklich sein mit Übergewicht ist sicherlich gesünder, als mit Idealgewicht unglücklich zu sein.

Warum gibt es so viele unterschiedliche Ernährungsempfehlungen? An diesen Diskussionen sind neben den ausgebildeten Ernährungswissenschaftlern auch viele selbsternannte Experten beteiligt, die über diverse Medien ihre Ernährungsansichten kundtun. Der Grund für dieses breite Meinungsspektrum liegt darin, dass es sehr schwer ist, kurzfristig zwischen guten und schlechten Ernährungsformen zu unterscheiden, da es sehr lange (oft viele Jahre) dauert, bis sich Fehlernährung in Krankheiten manifestiert. Darüber hinaus sind Ernährungsstudien

enorm aufwändig und mühsam, da die Studienteilnehmer über ihre Ernährungsgewohnheiten täglich Buch führen müssen. Hier sollen einige jener Ernährungsgewohnheiten dargestellt werden, denen fundierte wissenschaftliche Studien eine positive Wirkung zuschreiben.

Als erstes soll hier die **Mediterrane Kost** angeführt werden. Diese ist gekennzeichnet durch einen hohen Anteil an pflanzlichen Lebensmitteln, Getreideprodukten, Olivenöl, Kräutern und Gewürzen sowie den regelmäßigen Verzehr von Fisch bei gleichzeitig reduziertem Konsum an rotem Fleisch und Geflügelfleisch, Milchprodukten, gesättigten Fettsäuren und Salz. Dazu kommt ein regelmäßiger moderater Alkoholgenuss, meist in Form von rotem Wein. Eine große klinische Studie hat erst vor kurzem nachgewiesen, dass diese Art der Ernährung bei älteren Menschen mit einem erhöhten kardiovaskulären Risiko das Fortschreiten der Erkrankung hoch signifikant verringert. Eine andere Untersuchung, die den Effekt einer mediterranen Kost, angereichert mit Nüssen und Olivenöl, bei einer Population mit kardiovaskulären Risikopatienten untersuchte, brachte der Gruppe, die mit dieser Kost ernährt wurde, im Verhältnis zur Vergleichsgruppe einen so großen Überlebenseffekt, dass die Studie vorzeitig abgebrochen werden musste, da es nicht zu verantworten war, die Gruppe mit der nicht mediterranen Kost weiterhin so schlecht zu ernähren. Die hier angeführten Studien weisen nach, dass die Art der Ernährung einen Einfluss auf das kardiovaskuläre Risiko hat. Das kardiovaskuläre Risiko steht im engen Zusammenhang mit dem inflammatorischen Stress, also einem Entzündungsmechanismus. Dieser Entzündungsstress ist teilweise verantwortlich für eine Reihe von Zivilisationserkrankungen, die durch Über- bzw. Fehlernährung und Bewegungsmangel entstehen. Entzündungsmediatoren korrelieren positiv mit der Masse des Bauchfettes und sind mitverantwortlich für Arteriosklerose, also eine Verengung der Gefäße, oder für das metabolisches Syndrom, das eine Vorstufe der Zuckerkrankheit (Diabetes mellitus Typ 2) ist. Diese Erkrankungen verringern nicht nur die Lebensqualität, sondern verringern auch die Lebenserwartung um fünf bis zehn Jahre. Entzündungsfördernde Prozesse werden nun durch Lebensmittel, die einen hohen Anteil einer bestimmten Fettsäureart, nämlich den Omega-6-Fettsäuren, haben, die in Fleisch, Wurst, Schmalz, Innereien und Eigelb enthalten sind, stimuliert. Diese Omega-6-Säuren sind Ausgangsstoffe für entzündungsfördernde Stoffe. Im Gegensatz dazu wirken Omega-3-Fettsäuren, die in Fischen wie Lachs, Hering, Makrele oder auch in Walnüssen, Leinsamen, Weizenkeimen, Soja, Rapsöl sowie Leinöl enthalten sind, entzündungshemmend. Pflanzen produzieren Substanzen zum eigenen Schutz, wie etwa gegen UV-Strahlen und Sauerstoffradikale. Sauerstoffradikale sind hochaggressive Bruchstücke von Sauerstoffatomen, die zell- und gewebezerstörende Effekte ausüben. Sekundäre Pflanzeninhaltsstoffe sind Sauerstoffradikalfänger, hoch potent und haben anti-oxidative, anti-inflammatorische und teilweise anti-karzinogene Wirkstoffe. Zu diesen Wirkstoffen zählen Substanzen wie die Polyphenole sowie die Carotinoide. Bekannt ist das Polyphenol Resveratrol, da es in Weintrauben, aber auch in Himbeeren und Blaubeeren vorkommt. Das Lycopin, der rote Farbstoff der Tomate, hat ebenfalls eine starke anti-oxidative Wirkung, der vor allem in gekochten Tomaten (Ketchup) in leicht verdaulicher Form zur Verfügung steht. Diese Polyphenole sind neben den Vitaminen wichtige Pflanzeninhaltsstoffe, die vielerlei positive Wirkungen haben. Es scheint somit außer Zweifel zu stehen, dass eine mediterrane Ernährung gesund und stressabbauend wirkt.

Ayurveda ist Teil der traditionellen indischen Ganzheitsmedizin, die das Ziel hat, körperliches, mentales und spirituelles Wohlergehen zu erlangen. Ayurveda (das Wissen vom langen Leben) sieht sich auch als eine Lehre, die präventiv und persönlichkeitsbezogen ist. Das vermeintlich neue Schlagwort der personalisierten Medizin ist eigentlich eine Wiederaufnahme der nahezu 5.000 Jahre alten Lehre des Ayurveda. Im Maharishi Ayur-Ved ordnet man jedem Menschen eine individuelle Konstitution zu, also eine bestimmte körperliche und seelische Verfassung, die ihn von anderen Menschen unterscheidet. Der ganzheitliche Ansatz von Ayurveda findet sich wieder im Gedankengut von Aaron Antonovsky (1923–1994), der das System der Salutogenese, also das Studium gesund machender Praktiken, und nicht das System der Pathogenese vertritt (siehe oben). Die Erkenntnis, dass zu einem gesunden und glücklichen Leben das Zusammenspiel biologischer, ökologischer, medizinischer, psychologischer, soziokultureller, spiritueller und metaphysischer Faktoren nötig ist, ist ein wesentlicher Punkt, wenn wir über Gesundheit oder Krankheit nachdenken oder sprechen.

Ayurveda lehrt die Selbstbeobachtung: Welches Essen tut mir gut und wie reagiere ich darauf? Es geht somit bei Ayurveda darum, seinen Körper besser kennenzulernen und seine Ernährung gemäß dem Persönlichkeitstyp einzustellen. Ayurveda empfiehlt Speisen zu essen, die keine langen Transportwege haben, sondern in unmittelbarer Nähe, also regional, kultiviert werden. Einer der Ratschläge lautet: Appetit ist gut – Hunger ist besser, was bedeutet, dass erst nach einer vollständigen Verdauung der letzten Mahlzeit neue Nahrung zu sich genommen werden soll. Es wird auch darauf hingewiesen, wie wichtig es ist, in einem angenehmen

Umfeld zu essen und Stressfaktoren und Gespräche über negative Tageserlebnisse hintan zu halten. Nicht grundlos ist es in indischen Ashrams üblich, das Essen schweigend einzunehmen.

Ohne auf Rezepturen eingehen zu wollen, hier gibt es eine Reihe von Büchern, sind empfohlene Lebensmittel vor allem Reis, Gerste, Hirse, Buchweizen, Mais, Honig, Ghee, Olivenöl, Milch und Milchprodukte, Obst, Gemüse, Hülsenfrüchte (als Eiweißquelle) und diverse Kräuter und Gewürze. Ernährungsphysiologisch könnte diese Kost als vegetarisch mit gebundenen Kohlenhydraten und Sauerstoffradikalfängern bezeichnet werden.

Das Ayurveda-Konzept erweckt immer mehr das Interesse der Biomedizin. Ein erfolgreiches Gesundheitskonzept geht notwendigerweise über die Funktionsfähigkeit einzelner Körperteile hinaus und schließt emotionales Befinden mit ein. In diesem Bereich weist Ayurveda auf die umfassende Bedeutung der Beziehungen der Individuen sowohl untereinander als auch zur Umwelt hin. Im 2500 Jahre alten Standardwerk der Ayurveda-Medizin, dem Charaka Samhita, wird im ersten Kapitel das Erreichen eines hohen Lebensalters in Gesundheit und Vitalität als Zielsetzung angegeben. Ayurveda gibt auch gezielte Anweisungen, wie man mit Stress umgehen soll und hat sich hier im Besonderen mit dem alternden Menschen beschäftigt. Der alternde Mensch soll sich bewusst sein, dass er sich in einem Lebensabschnitt befindet, in dem naturgemäß gesellschaftliche, soziale und gesundheitliche Änderungen ablaufen, und er soll den Lauf der Dinge akzeptieren. Es ist wichtig, dass er auch Selbstverantwortung für seine Gesundheit übernimmt.

Die **vegane Kost** lehnt sich etwas an die Ayurvedakost an, sieht sich auch als ganzheitlich, meidet strikt alle tierischen Produkte, also auch Milch, Honig und Eier. Sie versucht nur solche Lebensmittel als Nahrung zu verwenden, bei denen anzunehmen ist, dass sie frei von Pestiziden und anderen künstlichen Zusätzen sind. Da die vegane Kost praktisch cholesterinfrei ist, bietet sie in dieser Hinsicht sicherlich einen Vorteil. Veganer sind schlanker, haben niedrigere Cholesterinkonzentrationen, einen niedrigeren Blutdruck und ein verringertes Risiko, Herz-Kreislauf-Erkrankungen zu erleiden. Die vegane Kost kann allerdings gefährlich werden und zu einem Proteinmangel führen, wenn nicht genügend pflanzliche Proteine (hauptsächlich in Form von Hülsenfrüchten) zugeführt werden. Außerdem kann es zu einem Mangel an Omega-3-Fettsäuren sowie an Vitamin B_{12}, Vitamin D, Kalzium, Zink und Eisen kommen. Einer ihrer Protagonisten, Attila Hildmann, meint, dass sie wie ein Jungbrunnen wirkt und den Menschen zum (gesunden) Hundertjährigen führt.

Jüngst erschien eine Studie in der angesehenen Zeitschrift JAMA, in die Daten von 73.000 Personen eingingen. Die Studie unterschied zwischen Nichtvegetariern, Vegetariern, Lacto-Ovo-Vegetariern (essen Eier und Milchprodukte), Fisch-Vegetariern und zwischen Teilnehmern, die sich vegan ernährten. Die Sterberate war in dem gesammelten Kollektiv der Nicht-Fleischesser um 12 % geringer, gemessen in einem Beobachtungszeitraum von sechs Jahren, wobei die jeweiligen Sterberaten jeder Subgruppe der Nicht-Fleischesser geringer waren als die der Fleischesser.

Aus biomedizinischer Sicht ist diesen drei Kostformen gemeinsam, dass sie versuchen, über die Kost eine verbesserte Darmfunktion zu erreichen. Das trifft vor allem auf den ayurvedischen Weg zu, bei dem eine Darmreinigung mit Fasten integriert ist und dann ein vegetarischer Kostaufbau stattfindet.

Die Wissenschaft ist zurzeit fasziniert vom **Bakteriom**. Das Bakteriom ist die Summe aller Bakterien im Körper. In unserem Körper befinden sich 10^{14} Bakterien, das sind zehnmal mehr als Körperzellen – wir sind sozusagen ein symbiotisches Wesen der Bakterien. Die Zusammensetzung dieser Bakterien (das Bakteriom) ist unterschiedlich und abhängig von der Art der Nahrung, die wie aufnehmen. Grob gesagt, gibt es Bakterien, die den Stoffwechsel positiv beeinflussen, und solche, die krankheitsfördernd wirken. Implantiert man schlanken Mäusen das Bakteriom übergewichtiger Mäuse, so werden die schlanken Mäuse übergewichtig und entwickeln eine Tendenz zu Diabetes. Doch es wird noch verwunderlicher: Transplantiert man normalen Mäusen das Bakteriom lethargischer Mäuse, so werden diese lethargisch. Das bedeutet wiederum, dass die Bakterien auch unser Verhalten beeinflussen können. Es ist somit kein Wunder, dass im medizinischen Bereich zurzeit bei einigen Erkrankungen mit Stuhltransplantationen als Therapeutikum gearbeitet wird und bereits erstaunliche Erfolge erzielt wurden. Es ist aber wohl noch erstaunlicher, dass Ayurveda dieses Wissen schon vor tausenden Jahren besaß und auch einen Weg anbot, das Bakteriom umzufunktionieren. Das Bakteriom ist es also, das Wesentliches zu unserem Wohlbefinden oder unserem Stress beitragen kann. Es klingt daher vielversprechend, dass wir mit Nahrung – ohne Medikamente – einen so großen Einfluss auf unsere Psyche ausüben können. Doch nicht nur die Nahrung, sondern auch die Bewegung hilft hier mit, denn Bewegung und Sport verändern ebenfalls die Darmflora – durch die Bewegung kommt es zu einer besseren „Durchlüftung“ des Darmes und es ändert sich dadurch die Zusammensetzung des Bakterioms.

Entspannungsübungen und Meditation (Gehe in dich)

Ent-spannen: Hier liegt wohl das größte Geheimnis eines möglichst stressarmen Lebens. Es gibt eine Reihe von Kursen und Workshops, die diese Techniken lehren, aber das wichtigste ist, dass SIE sich mit den Möglichkeiten selbst vertraut machen und in kleinen Schritten versuchen, IHREN Weg der Entspannung zu suchen und diesen schrittweise aufbauen. Das Ziel soll sein, fröhlich und entspannt durch das Leben zu gehen. In vielen Kulturen gibt es Anleitungen zur Entspannung. Die bekanntesten, erfolgreichsten und ältesten Anleitungen kommen wahrscheinlich aus dem indisch-tibetischen und chinesischen Raum wie etwa Yoga oder Zen-Meditation. Im europäischen Raum sind es Muskelrelaxation, Autogenes Training, Atemübungen oder Visualisierungen, die Anleitungen geben, diese innere Ruhe herzustellen. Die Anleitungen zur Entspannung und die Realität klaffen allerdings oft weit auseinander. Das beste Beispiel hier ist wohl Indien. Diese Stille, die dort in den Ashrams vermittelt wird, deckt sich so gar nicht mit dem Straßenbild. Es gibt kaum Hektischeres, als sich im indischen Straßenverkehr fortzubewegen. Die indische Stille, die nur von einem minimalen Teil der Bevölkerung gelebt wird, verdeutlicht, wie schwierig es ist, Konzepte in der Realität umzusetzen.

Im **Autogenen Training** (eigentlich Training für autogene Entspannung) wird Entspannung durch innere Ruhe herbeigeführt. Es ist entkoppelt von einer kulturellen Weltordnung, wie das bei Yoga und Zen der Fall ist. Die Grundlage für diese Entspannungstechnik lieferte Johannes Heinrich Schultz (1884–1970), der feststellte, dass die meisten Menschen in der Lage sind, einen Zustand tiefer Entspannung allein mit Hilfe ihrer Vorstellungskraft zu erreichen. Die beim Autogenen Training entstehende muskuläre Entspannung vermittelt dem Gehirn einen Eindruck von ruhiger Peripherie. Das Autogene Training ist somit eine Art Selbsthypnose, in der Körperfunktionen wie eine bessere Durchblutung und Wärmeproduktion „erdacht" werden, die sich aber auch physikalisch nachweisen lassen. Eine heilsame Wirkung des Autogenen Trainings zeigt sich bei Burn-out, Neurosen, Angstphobien und psychosomatischen Erkrankungen. Autogenes Training wird heute aber ebenso von gesunden Personen angewendet, beispielsweise zur Erhöhung der allgemeinen Lebensqualität, zur Verbesserung sportlicher Leistungen oder des Lernens und zur Steigerung der Leistungsfähigkeit im Managementbereich. Autogenes Training wird in drei Stufen gelehrt, es sei hier kurz die Grundstufe dargestellt. Hier lernt man das Erleben der Schwere, das Erleben der Wärme, die Herzregulierung, die Atmungsregulierung, die Bauchwärme und die Stirnkühlung. Jede dieser Übungen basiert auf der Suggestion eines ruhigen Körperzustandes. Die Wirksamkeit der Technik beruht auf der Annahme, dass der ruhige Körperzustand die Beruhigung des psychischen Zustandes hervorrufen kann. Die Suggestionen erfolgen in kurzen Sätzen. Jede Übung dauert zwischen drei und fünfzehn Minuten und kann durch Autosuggestion, einen Tonträger oder einen Trainer durchgeführt werden. Ziel der Übung ist die Herbeiführung eines Entspannungszustandes. In der Mittelstufe wird eine formelhafte Vorsatzübung eingesetzt, um angstfrei in eine gewisse Situation zu gehen (z.B. das Halten einer Rede), und Stufe drei wird psychoanalytisch konzipiert. Die Grundstufe des Autogenen Trainings kann mit Hilfe eines Trainers in sechs Wochen erlernt werden.

Bei der **progressiven Muskelentspannung nach Edmund Jacobson (PMR)** geht es um die willkürliche kurzzeitige Anspannung gewisser Muskelpartien, wodurch ein Zustand tiefer Entspannung des ganzen Körpers erreicht werden soll. Dabei werden einzelne Muskelpartien in einer gewissen Reihenfolge kurzfristig angespannt, die Anspannung wird kurz gehalten und dann wieder gelöst. Durch den Wechsel zwischen Anspannung und Loslassen kommt es zu einer besseren Körperwahrnehmung, und die Person lernt, mit innerer Unruhe besser umzugehen. Die Methode der progressiven Muskelentspannung wird bei der Behandlung von Angststörungen, aber auch bei arterieller Hypertonie, Kopfschmerzen, Schlafstörungen und chronischem Stress eingesetzt. Es lassen sich damit gute Erfolge erzielen. Die Methode ist leicht erlernbar und rasch umsetzbar. Die Wirkungsweise der PMR ist wissenschaftlich untersucht und ihre Wirksamkeit nachgewiesen. (Im Internet gibt es ein Hörbuch: *www.audible.de/Muskelentspannung*.)

„Today's Must: Doing Nothing." Mit diesen Worten wird eine Kurzzeitmeditation des United State Marine Corps beschrieben, die den Zweck hat, Soldaten zur Entspannung zu bringen und gleichzeitig die emotionale Intelligenz anzukurbeln. Die Soldaten werden angehalten, ruhig zu sitzen und absolut nichts zu tun. Der Hintergrund dieser Übung des Nichtstuns liegt darin, dass wir in unserem digitalen Zeitalter ununterbrochen mit neuen Informationen besprüht werden und so zu einem Defizit an Aufmerksamkeit kommen. Inzwischen ist dieses Nichtstun bereits kommerzialisiert, und es gibt in Amerika für Smartphones Apps mit Anleitungen, um das Nichtstun zu kultivieren. Wichtige Entscheidungen sollen erst nach einer Periode des Nichtstuns getroffen werden.

Dieses Nichtstun oder das Genießen der Stille kommt, geschichtlich betrachtet, aus der Mediation und hat kulturgeschichtlich ihren Ursprung in Indien und China. Mediationen gibt es auch in unserem Kulturkreis – denken sie nur an das Rosenkranzbeten, bei dem über einen langen Zeitraum hinweg, in völliger Hingabe, gebetet wird. Meditationen können von unterschiedlicher Dauer sein, beginnend mit Kurzzeitmeditationen von einigen Sekunden bis zu stundenlang andauernden Meditationen im Zen-Bereich.

Meditation beinhaltet Methoden zur Erzeugung besonders konzentrierter und zugleich offener Bewusstseinszustände. Es geht um das Erlangen tranceähnlicher Zustände, den Zugang zum Unterbewusstsein, um dadurch hohe Aufmerksamkeit und Einsicht zu ermöglichen. Die Meditationskulturen, die es weltweit gibt, haben ihren Ursprung möglicherweise in den Trancepraktiken des Schamanismus. Ziel der Meditation ist die Beschäftigung des Geistes mit sich selbst statt mit den äußeren Objekten.

Prinzipiell gibt es zwei Arten der Meditation: Die Meditation der Geistberuhigung, die oft über den Atem gelenkt wird, und die analytische Einsichtsmeditation, in der man seine Bewusstseinsprozesse betrachtet und versucht, sie verstehend zu durchdringen. Hier baut man Ketten der Erinnerung, von Gefühlen, Bildern, Gedanken auf, bis eine Situation klar erscheint und über Intuition eine Erkenntnis entsteht.

Eine Meditation kann durch eine Entkoppelung gewohnheitsmäßiger Verbindungen von Gedanken, Emotionen, Absichten und Handelsimpulsen neue Lösungsmöglichkeiten ansteuern. Rigide Strukturen werden aufgelöst, und das Dasein gerät in Fluss. Eine Möglichkeit umzuschalten ist die „Meditation über das Gegenteil". Hier wird versucht, die gröbsten Unruheherde, wie Angst, Aggressionen oder Unruhe, damit zu bekämpfen oder auszuschalten, indem die Gedanken in gegenteilige Richtungen, zum Beispiel Freude statt Leid, umgepolt werden. Da zwei entgegengesetzte Bewusstseinszustände nicht gleichzeitig existieren können, muss sich die Qualität des Zustandes ändern.

Der indische Philosoph und spirituelle Lehrer Jiddu Krishnamurti (1895–1986) sah die Meditation als den Weg, die Wahrheit zu erkennen: „Lediglich zu glauben, ist ein Zeichen von Unreife. Religionen und Dogmen bieten innere Sicherheit, verhindern jedoch, die Wahrheit zu finden. Der religiöse Mensch ist nicht der, der glaubt, sondern der, der sucht oder gefunden hat." Eine richtig durchgeführte Meditation führt zur Wandlung der Person, die letztlich in einer Befreiung enden kann. Allerdings sind solche Wandlungen oder Befreiungen oft nicht ohne persönliche Krise möglich, wie die Geschichten berühmter Menschen wie Jesus Christus, Buddha oder Mohammed zeigen. In der buddhistischen Meditation der vierten Versenkungsstufe geht es darum, dass wir im Zustand der

Bewusstheit jeden Gedanken und jedes Gefühl bewusst erleben. Das Fundament der Meditation ist Selbsterkenntnis. Krishnamurti: „Ohne sich selbst zu kennen, führt Meditation, jede Kontemplation, jedes Gebet unvermeidlich zu Illusionen verschiedenster Art, zur Selbsthypnose. Meditation ist das Gewahrwerden eines jeden Gedankens, jeden Gefühls, jeglichen Tuns, und dieses Gefühl kann nur entstehen, wenn Sie nicht mehr verdammen, urteilen oder vergleichen." Kerninhalt dieser Aussage ist, dass man alle Vorurteile fallen lässt und ohne diese dann an eine neue Situation herangeht. So entsteht ein Weg, auf dem alle negativen Emotionen wie Hass, Gier, Eifersucht, Besitzstreben abwesend sind und die Tatsachen des Lebens klar und ohne Angst und skeptischen Zweifel erkannt werden. Diese Art der Emotion hat somit nichts mit Begriffen wie kosmisches Bewusstsein und Ähnliches zu tun. Es ist ein Weg der Selbsterkenntnis, der mit den Worten von Buddha „der Weg der Erleuchtung" ist.

Den Weg des Ichs zu gehen, ist auch energiesparend. In unserer Gesellschaft wird das Ich von so vielen Personen – Eltern, Lehrer, Freunde – definiert und gemacht, dass wir letztlich nicht mehr wissen, wer wir eigentlich sind. Das kostet Kraft, die uns genommen wird und letztlich zum Burn-out führen kann.

Die zweiminütige **Kurzzeitmediation nach Swami Veda Bharati** soll laut ihrem Begründer Swami Veda Bharati (geb. 1933) öfter am Tag durchgeführt werden: beim Aufwachen, vor dem Frühstück, an der Busstation, bei roten Ampeln, vor einer Besprechung etc. Wenn man das eine Woche durchhält, wird einem diese kurze Zeit der Stille ein Bedürfnis werden und man wird sich in dieser kurzen Stille wohl fühlen. Vorzugehen ist wie folgt:

1. Sitze nieder, wo du bist, und lenke deine Aufmerksamkeit dir zu.
2. Wenn du im Kopf frei wirst, wird sich dein Körper entspannen.
3. Konzentriere dich nun auf deinen Atem; atme vorsichtig, langsam und sanft.
4. Nach Beendigung der Ausatmung beginne ohne Unterbrechung mit der Einatmung und konzentriere dich darauf.
5. Nach Beendigung der Einatmung beginne ohne Unterbrechung mit der Ausatmung und konzentriere dich darauf.
6. Versuche nun, für zwei Minuten die Gedanken einzustellen.
7. Fühle nur den Fluss deines Atems.
8. Öffne deine Augen.
9. Erinnere dich während des Tages immer wieder an diese angenehme Stille und den Frieden deiner Sinne.

Meditation beeinflusst nachweislich die Ausschüttung von Hormonen wie Vasopressin, das den Gefäßdruck reguliert, Thyrotropin, das die Schilddrüse anregt, sowie Wachstumshormon und Testosteron. Die Meditation erhöht außerdem die

Konzentration von Neurotransmittern wie Serotonin, Noradrenalin und Dopamin. Mediation beeinflusst somit das vegetative Nervensystem und hier vor allem den Hypothalamus, der wesentlich dazu beiträgt, Gefühle wie Wut und Schrecken sowie positive Empfindungen von Freude bis Glückseligkeit entstehen zu lassen. Die Teilnahme an spirituellen Übungen wie Gebet, Gottesdienst, Mediation und anderen Ritualen senkt den Blutdruck, verlangsamt die Atmung und bewirkt positive Veränderungen des Immunsystems.

Atemübungen

In dem 2004 erschienen Buch *Atemtherapie* von Herbert Edel und Katharina Knauth wurde der therapeutische Komplex der Atmung ausführlich zusammengefasst. Im Vorwort wird darauf hingewiesen, dass die Atemtherapie aus der Phase der reinen Empirie in den Status abgesicherter Therapieverfahren übergetreten ist. Sie ist ein bedeutender Bestandteil der krankengymnastischen und physiotherapeutischen Therapien.

Die beste Stellung, um eine beruhigende Atemübung durchzuführen, ist die Rückenlage. Lege dich auf den Rücken, die Beine fallen leicht auseinander, die Arme liegen locker neben dem Körper, die Handflächen sind nach oben gerichtet, Augen geschlossen. Bei der Bauchatmung, die beruhigend wirkt, geht beim Einatmen der Bauch hinaus, beim Ausatmen hinein. Ein- und Ausatmung sollen ungefähr gleich lang sein, also etwa 3 bis 4 Sekunden. Du kannst diese Übung auch am Sessel sitzend durchführen, wobei die Hände auf den Oberschenkeln ruhen – oder auch am Boden im gekreuzten Yogasitz. Bei der vollständigen Yogaatmung (bei erhöhtem Sauerstoffbedarf) wird zusätzlich beim Einatmen die Brust gedehnt, beim Ausatmen gehen Brust und Bauch hinein.

Die Liste der Methoden und Anwendungen einer Atemtherapie ist lang, und wir wollen uns auf stressreduzierende Belange der Atmung konzentrieren. Es wird Ihnen schon aufgefallen sein, dass sich im Stresszustand die Atmung ändert, die Atemzüge kürzer werden und die Einatmungstiefe flacher. Dieser Vorgang trifft das Dogma der Atemtherapie, nämlich dass die Atmung auf der Ebene des Zentralnervensystems die Bewusstseinsvorgänge des Menschen und damit sein Empfindungs- und Gefühlleben beeinflusst.

Im indischen Raum gibt es eine lange Tradition an Atemübungen, die wissenschaftlich untersucht sind und eine Kontrolle des Atems – Pranayama (Prana = Atem) – ermöglichen. Die alten Yogis hatten festgestellt, dass man mittels bestimmter Atemübungen allerlei Krankheiten heilen, Vitalität wiedergewinnen und die Ausstrahlung verbessern kann.

Erwähnt seien hier zwei weitere Atemübungen aus dem Yogabereich, denen eine Stressverminderung nachgesagt wird, nämlich Kapapabhati, die Schnellatmung, und Anuloma Viloma, die Wechselatmung. Für beide Atmungsarten gibt es ausgezeichnete Anleitungen im Internet, zum Beispiel die von Yoga Vidya. Kapapabhati stärkt das Zwerchfell und die Atemhilfsmuskeln. Durch die Schnellatmung erhöht sich der Sauerstoffgehalt im Blut, durch das Atemanhalten entsteht ein Trainingsreiz, der dazu führt, dass sich die Lungenkapazität erhöht und Kreislauf und Herztätigkeit verbessert werden. Die in Anuloma Viloma angewandte Wechselatmung hilft, die Lungenkapazität zu erhöhen, ist ein gutes Training für Herz und Kreislauf und wirkt harmonisierend auf alle Körpersysteme. Wechselatmung hilft, zur inneren Ruhe und Kraft zu finden. Emotionelle Ungleichgewichte werden umgewandelt in das ruhige Gefühl der Stärke und Kraft.

Wissenschaftlich betrachtet führen die indo-tibetanischen Atempraktiken zu einer Vertiefung der Meditation, und es ist bekannt, dass sowohl die Meditation als auch die Yoga-Atmung das parasympathetische Nervensystem aktivieren und dadurch zu einer Beruhigung führen. Studien haben nachgewiesen, dass Personen, die ein gutes Selbstregulationssystem haben und sich kaum aufregen, eine um das Fünfzigfache erhöhte Wahrscheinlichkeit aufweisen, 15 Jahre länger ohne chronische Erkrankung zu leben sowie ein um die Hälfte reduziertes Risiko, eine Herzattacke zu erleiden. Eine Reihe von Studien zeigt, dass Body-Mind-Interventionen stressbedingte mentale und körperliche Dysfunktionen wie Asthma, hohen Blutdruck, Herzerkrankungen, Verdauungsprobleme, Krebs, Multiple Sklerose und andere Erkrankungen eindämmen. Der gemeinsame Ansatzpunkt dieser positiven Beeinflussungen ist eine Verringerung der sympathetischen und eine Erhöhung der parasympathetischen Aktivität. Richtiges Atmen kann die negativen Auswirkungen von Furcht, Angst und Traurigkeit um 40 % verringern. Ein alter Yoga-Ausspruch meint, dass es wichtig ist, den Samen der negativen Emotionen zu entfernen, bevor er austreibt.

Yoga (stärke Körper, Geist und Seele)

Beim Gedanken an Yoga entstehen vor unserem geistigen Auge Verrenkungen, die offenbar nur knochenlose Menschen durchführen können. Das ist leider eine vollkommen irreführende Vorstellung, die etwa vergleichbar ist mit der Vorstellung, dass Skifahren nur in der Art einer Weltcupabfahrt in Kitzbühel auf der Streif möglich ist. Yogasutra (Yogalehre) basiert auf den Schriften des indischen Gelehrten Patanjali (2. Jh. v. Chr.), der die acht Glieder des Yogas wie folgend definiert: sittliche Zucht, Selbstbeherrschung, richtiges Sitzen, richtiges Atmen, Zurückziehen der Sinne, Konzentration des Denkens, Meditation und tiefe Versenkung. Zielsetzung ist es, eine höhere Form der Selbsterkenntnis durch innere Einkehr zu erreichen.

Yoga ist in, und so gibt es in Deutschland rund fünf Millionen Deutsche, die regelmäßig Yoga betreiben, wobei angeblich jede zweite Frau bzw. jeder vierte Mann bereits einmal Yoga praktiziert hat. In unserem Kulturraum wird Yoga hauptsächlich als Kombination von Atemübungen (Pranayama), Meditation und Körperübungen (Asanas) praktiziert. Diese Dreierkombination dient primär dazu, Ruhe und Ausgeglichenheit zu erreichen. Diese Ruhe und Ausgeglichenheit wird verstärkt durch die Ausführung bestimmter Körperhaltungen (Asanas), die zur Stärkung gewisser Organsysteme führt. Das heißt, dass Yoga nicht nur unterschiedliche Muskelpartien und Sehnen stärkt, sondern in der Tat eine ganzheitliche Wirkung entfaltet. Um erfolgreich Yoga zu betreiben, benötigt es eine Yogaschule oder eine/n YogalehrerIn, die/der getreu das Yoga-Prinzip lehrt und nicht westliche Rekordsucht auf die Yogalehre überträgt. Nur dadurch ist es möglich, die durch eine Überbeanspruchung möglichen gesundheitlichen Schäden zu vermeiden. Rekordsucht – höher, weiter, länger – ist mit dem Yogagedanken nicht zu vereinbaren.

Ein erfolgreiches Stressmanagment beinhaltet zum Beispiel 20 Minuten Yoga, 15 Minuten progressive Muskelentspannung, 15 Minuten Meditation und 5 Minuten Imaging (Comprehensive Lifestyle Managment). In der indo-tibetanischen Tradition versucht man das Stressniveau bei Erkrankungen dadurch zu senken, dass das Bewusstsein erhöht wird, dass Erkrankungen und Altern normale Vorgänge in unserem Lebenszyklus sind und dadurch innere Kräfte freigesetzt werden, die es ermöglichen, der Erkrankung oder dem Alter auf einem niedrigeren Stresslevel zu widerstehen oder es prinzipiell zu akzeptieren.

Besonders hingewiesen sei auf Yoga Nidra, eine Schlafmeditation mit Tiefenentspannung, wo es bei klarem Bewusstsein zu einem Alpha-Zustand kommt. Dieser Alpha-Zustand ist ein Übergangszustand zwischen Wachen und Schlafen und ist besonders erholsam. Studien haben ergeben, dass Yoga Nidra die Herzratenvariabilität erhöht und eine parasympathische Stimulation bewirkt.

Eine Reihe von exakt durchgeführten Studien hat den gesundheitsfördernden Einfluss von Yoga nachgewiesen. So gibt es über 50 kontrollierte Studien aus verschiedenen Ländern, die zeigen, dass Yoga zu einer Verbesserung von Risikofaktoren bei Herzerkrankungen führt. Die Teilnahme an Yoga-Programmen führt zu einer Verbesserung der Lungenfunktion, einer Pulsreduzierung, verringerten Stresshormonen (Kortison, Katecholaminen, Reninkonzentrationen) und einer besseren Regeneration nach einem stressigen Ereignis. Die wissenschaftliche Erklärung für die positiven Effekte, die mit Yoga einhergehen, liegt einerseits in einer Verbesserung der neuroendokrinen Achse und andererseits in einer Stimulierung des parasympathischen Systems (Vagus-Nerv). Außerdem bewirkt Yoga eine Vergrößerung des Hippocampus und scheint altersbedingte Abbauprozesse des Gehirns zu verlangsamen.

Spiritualität (Glaube an Mehr)

Die Spiritualität beschäftigt sich mit den Sinn- und Wertfragen des Daseins, der Welt und der Menschen und besonders der eigenen Existenz und ihrer Selbstverwirklichung im Leben. Spiritualität ist sozusagen ein Mehrwert des Lebens, ein Mehr als der alleinige Glaube an das Materielle. Die verschiedenen Kulturen dieser Welt haben dieses „Mehr" in unterschiedlichster Weise definiert. Dieses „Mehr" sind in der Welt der Schamanen die Geister, die Vorfahren und die Krafttiere, mit denen sie kommunizieren. In der hinduistischen Welt ist es das allumfassende Brahma, in den Kulturen des Alten Orients ist es Inana, die Himmelsgöttin, die den Menschen die sinnliche Lust bringt, in der griechisch-römischen Kultur die göttliche Lichtwelt, die durch Entsagung erreicht werden kann (hier liegt der Ursprung der christlichen Entsagungskultur) und last but not least der all-

umfassende Gott des Judentums, der Christenheit und des Islams. Hier soll aber auch die „neue Religiosität" erwähnt werden, da es unsere pluralistische Gesellschaft ermöglicht, verschiedene religiöse Elemente aus Indien, China, Japan, den Stammeskulturen oder dem Islam u.a. zu kombinieren und diese Kombination zu wählen, die der persönlichen Lebensgeschichte am ehesten entspricht. Das Gemeinsame dieser neuen Religionen ist das Geheimnisvolle, das Transzendente, das fasziniert. Diese neue Religiosität wird stärker von den Frauen geprägt, das alte Patriarchale ist nicht mehr so interessant, wobei sich viele Männer diesem Gedankengut anschließen.

Studien haben ergeben, dass spirituelle Menschen glücklicher sind. Entscheidend scheint zu sein, dass wir mit all unseren Sinnen diese Welt erleben, erfassen und aufnehmen, denn nur so kommen wir in den erwünschten Flow-Zustand, der uns voll die Gegenwart erleben lässt und uns Freude sowie Ruhe bringt. Diese Präsenz und das immer wiederkehrende Staunen und die Neugierde, die wir ja von den Kindern kennen, halten uns ab, in tödliche Routine und Banalität zu verfallen. Transzendenz und Spiritualität – beides ist nur Menschen möglich – sind sozusagen das zusätzliche Salz unseres Lebens.

Viele spirituale Erlebnisse werden im Rahmen von Ritualen erlebt. Rituale zählen zu den ältesten kulturellen Ereignissen der Menschen. Vielfach werden bei Ritualen durch den Einsatz spezieller rhythmischer Komponenten andere Bewusstseinszustände erreicht. Es kommt dadurch zu einer Anregung des limbischen und vegetativen Nervensystems, die dadurch verstärkt wird, dass diese Rituale meistens in Gemeinschaft durchgeführt werden und dadurch die Teilnehmer aus ihrer isolierten Gefühlswelt herausgehoben werden. Die Teilnehmer werden dadurch

Teil eines größeren Ganzen. Dieses größere Ganze kann Gott, aber auch die gesamte Schöpfung, Brahman im Buddhismus oder Atman im Hinduismus sein. Rituale in Gemeinschaft bauen Aggressivität ab, vermitteln Sicherheit und fördern den sozialen Zusammenhalt, indem sie Einzelinteressen zurückstellen. Sie bewirken dadurch auch einen Stressabbau.

Aus neurobiologischer Sicht bewirken menschliche Rituale eine intensive emotionale Entladung, die Gefühle der Sicherheit, der Ruhe oder der Ekstase darstellen. Interessanterweise wirken Rituale dann besonders stark, wenn Verhaltensformen und Ideen miteinander verbunden sind. Wichtig ist offenbar die Synthese aus Rhythmus und Bedeutung. Eine Studie hat gezeigt, dass die Verwendung eines Mantras (eine heilige Silbe, ein heiliges Wort oder ein heiliger Vers, der wiederholend wiedergegeben wird) dann besonders effektiv zu einem veränderten Bewusstseinszustand führt, wenn dieses, im Gegensatz zu einem abstrakten Laut, in Bezug zu einer besonderen persönlichen Bedeutung steht.

Achtsamkeit (Lebe bewusst)

„Bitte seien Sie achtsam. Andere brauchen Ihren Sitzplatz vielleicht notwendiger." Mit dieser Achtsamkeitsübung werden Benutzer der Wiener Linien alltäglich konfrontiert.

Achtsamkeit ist, die Gedanken vollständig auf das Hier und Jetzt zu konzentrieren und den Augenblick zu erleben, ohne ihn zu bewerten. Wir alle haben ausgeprägte Gewohnheiten, die uns daran hindern, das Beste aus unserem Leben zu machen. Achtsamkeit ist es, die die Kraft zu Veränderungen gibt. Unser Gehirn ist in seiner Gedankenwelt hauptsächlich mit der Vergangenheit oder der Zukunft beschäftigt. Das fällt auf, wenn man mit dem Auto fährt und nicht die Umgebung wahrnimmt, in der man sich bewegt, sondern sich in seiner Gedankenwelt befindet. Im Urlaub kann man viel besser abschalten, und man befindet sich mehr im Hier und Jetzt. Und um dieses Abschalten und das Sein in der Jetzt-Zeit geht es bei den Achtsamkeitsübungen. Psychologen berechneten, dass wir während der Hälfte unserer wachen Lebenszeit mit unseren Gedanken ungewollt abschweifen. Dieses Abschweifen ist meistens mit Grübeleien und Sorgen verbunden: Was ist, wenn ... und das kann uns in eine chronische Stresssituation führen. Mark Twain sagte einmal: „Ich bin ein sehr alter Mann und habe unter sehr vielen Unglücken gelitten, von denen die meisten nie eingetroffen sind."

Achtsamkeitsübungen kommen aus dem Buddhismus. Der Religionsstifter Buddha Siddhartha Gautama (563–483 v. Chr.) hielt Achtsamkeitsübungen für eine wichtige Meditationsform. Bei diesen Achtsamkeitsübungen werden fokussierende Wahrnehmungen trainiert, das heißt, man konzentriert sich ausschließlich auf gewisse Sinnenwahrnehmungen, wie z.B. die Atmung. Heute interessieren sich Psychologen, Biologen und Mediziner für diese Achtsamkeitsübungen, die zur Erstellung von Behandlungsprogrammen bei Depressionen, Angstphobien oder Panikattacken führen. Solche Programme sind zum Beispiel die achtsamkeitsbasierende Stressbewältigung (MRBS: Mindfullness-Based Stress Reduction) oder die Mindfullness-Based-Cognitive Therapy (MBCT). Diese Programme lehren die Fähigkeit, unsere Aufmerksamkeit willentlich auf einen Punkt zu richten, indem wir Ablenkungen ausblenden und andererseits Gefühlen und Empfindungen gewahr werden, ohne jedoch die Distanz zu ihnen zu verlieren. Damit gelingt es, Krankheitsbilder wie Depressionen, Angstzustände und chronische Schmerzen erfolgreich zu behandeln. Ein gängiges MBCT-Programm dauert acht Wochen, wobei die Teilnehmer Meditationsaufgaben bekommen und innerhalb dieser ihre tagtäglichen Tätigkeitsabläufe hinterfragen. Die Teilnehmer werden fokussiert, mit den Gedanken in der Gegenwart zu bleiben und ihre Abneigungen zu erkennen. Da die Menschen oft mehr Zeit in ihrem Kopf verbringen als in ihrem Körper, wird versucht, die Aufmerksamkeit auf den Körper zu richten. Regelmäßiges Achtsamkeitstraining hinterlässt offenbar Spuren in gewissen Hirnregionen und scheint zu einem besseren Kommunizieren verschiedener Hirnareale zu führen.

Buddha nennt als die „fünf Hindernisse" den Zweifel, die Unruhe, die Trägheit, die Gier und den Widerwillen. Achtsamkeit ist das Instrument, sie zu erkennen, und ermöglicht es auch, zu analysieren, welches Verhalten uns glücklich stimmt und welche Erfahrungen uns unglücklich machen. Der Körper ist dabei der Sensor, denn der Körper lässt sich nicht belügen. Eine Tatsache, die uns nicht immer glücklich macht, die aber klare Zeichen setzt. Steht eine Situation bevor, die uns wiederkehrend Stress bereitete, so bemerken wir ein leichtes Schwitzen, auch wenn wir uns gegen diese Körperreaktion stemmen. Oft sind wir in der Lage, bei immer wiederkehrenden Gedanken ein Muster zu entdecken, das zu seiner ursächlichen Hinterfragung anreizt. Dadurch werden wir in die Lage versetzt, Vorurteile zu erkennen und diesen zu widerstehen.

Der Zweifel ist ein echter Stressgenerator. Jeder kennt die Situation, in der eine gerade erst getroffene Entscheidung bereits neue Gegenargumente aufwirft und erneut hinfällig wird. Im gedanklichen Für und Wider baut sich eine Stresssituation auf, die uns unangenehm ist. Ein anderer Zweifel ist der Zweifel an uns selbst. Hier sind es die Vergleiche mit den Anderen, die uns unglücklich machen. Aus der Glücksforschung wissen wir, dass ab einem gewissen Einkommen der Glücksfaktor bei höherem Verdienst nicht ansteigt, sondern im Gegenteil sinken kann, wenn wir neidvolle Vergleiche anstellen. Dasselbe gilt für viele andere Bereiche, sei es das Aussehen, die Schulbildung, unser sportliches Auftreten oder anderes. Zweifel kann auch positiv sein, wenn er uns anspornt, eine Lebenssituation zu ändern und wieder in Bewegung zu kommen. Im Buddhismus wird dieser Zustand „der große Zweifel“ genannt.

Die effektivste Art, mit dem Zweifel fertig zu werden, ist das Vertrauen. Vertrauen zu sich selbst, indem man hinhört, hineinhört, auf die eigenen Körperreaktionen achtet, aus diesen zu lernen und ihnen nachzugehen bemüht ist. Die Einsicht kann nur aus eigener Erfahrung kommen. Die amerikanische Psychologin Marsha M. Linehan (geb. 1943) hat die dialektisch-behaviorale Therapie entwickelt, die auf der kognitiven Verhaltenstherapie beruht, aber auch Elemente anderer Therapieeinrichtungen sowie fernöstliche Meditationstechniken umfasst. Dabei ist entscheidend, dass der Therapeut und der Behandelte eine Abmachung unterzeichnen, in der der Behandelte Bereitschaft zeigt, sein Problem verstehen zu lernen. Die Klienten verpflichten sich zur Mitarbeit und Einhaltung von Regeln und Abmachungen. Die Achtsamkeit zielt darauf ab, Situationen objektiv wahrzunehmen und der Wahrnehmung zu vertrauen. Hier fließen Ansätze des Zen ein, mit der Zielrichtung, Gefühle und Verstand in Einklang zu bringen. Bei der Stresstoleranz ist der erste Schritt die Akzeptanz, in diesem Moment im Stress zu sein. Dann soll abgewogen werden, ob die Situation änderbar ist oder nicht. Ist sie nicht änderbar, so erfordert es wieder Akzeptanz, die Situation und die Gefühle zu ertragen.

Mit Achtsamkeit unser Leben und das unserer Mitmenschen zu betrachten, kann uns auch helfen, die Vergänglichkeit zu erkennen, die unser Leben begleitet. Die Erkenntnis, dass die Vergänglichkeit etwas ganz Normales ist, kann uns über Verlustsituationen hinweghelfen, wie über den Verlust eines geliebten Familienmitgliedes, von Hab und Gut, von Gesundheit oder einem herausfordernden Beruf.

Emotionales Leiden wird in der buddhistischen Philosophie als unerfülltes Verlangen nach angenehmeren Empfindungen und einem Nicht-akzeptieren-Wollen interpretiert. Emotionales Leiden geht vielfach Hand in Hand mit Furcht und Angst. Die Angst rührt sich vielfach in Situationen, von denen man den Eindruck hat, dass man sie nicht bewältigen kann. Sie ist meistens auf die Zukunft ausgerichtet und oft mit Irrationalität verbunden, denn die Zukunft ist ja nicht vorhersagbar. Diese oft irrationale Zukunftsangst bringt uns in einen Stresszustand, der mit verschiedenen Anspannungen verbunden ist. Furcht macht sich auch dort breit, wo wir zu fest an Gewohnheiten anhaften und dadurch Angst vor Veränderungen haben.

Grundsätzlich geht es darum, den Wert der Muße wieder zu entdecken. Muße ist etwas anderes als Faulheit, in der Muße nimmt man sich Zeit, selbst zur Ruhe zu kommen und sein Leben zu reflektieren. Diese Reflexion, in der man sich Zeit nimmt, über sich selbst nachzudenken, steigert die Kreativität und ist eine Art Kontrollfaktor des Lebens. Ohne Muße läuft man Gefahr, immer aktiv zu sein, wobei die Wahrnehmungsfähigkeit aber abnimmt und sich oft als Schutzfaktor eine Trägheit einstellt, die zu einer zunehmenden Antriebslosigkeit führen und letztlich zu Burn-out führen kann. Hier ist aber auch darauf hinzuweisen, dass es im Leben immer unterschiedliche Phasen der Antriebsstärke gibt und somit Phasen mit geringer Antriebsstärke etwas völlig Normales sind. Allerdings fordert unsere Gesellschaft, dass wir immer voll da sind und akzeptiert diesen phasenweisen Rhythmus nicht. Welcher Chef fragt seinen Mitarbeiter, ob er bei diesem schönen Wetter nicht eine Runde spazieren gehen und die Arbeit auf die Abendstunden verschieben will?

Hier möchte ich noch einmal auf die Gepflogenheiten bei den Amazonasindianern hinweisen, die den Begriff „Arbeit“ nicht kannten, sondern ihren Tagesablauf mit „Tätigkeiten“ erfüllten. Der Begriff „Arbeit“ ist heute leider vielfach sehr negativ besetzt und wird auch bisweilen mit Ausbeutung gleichgesetzt. Das sind sicherlich Nachwirkungen der Ausbeutung am Beginn der industriellen Revolution, wo vielfach an sieben Tagen der Woche gearbeitet wurde und die Kinderarbeit gang und gäbe war. Heute ist es eine ausgewogene Work-Life-Balance, die vielfach als Wunsch einer beruflichen Karriere ganz oben steht. Zwei Drittel der befragten Absolventen der Johannes-Kepler-Universität in Linz gaben an, dass ihnen eine ausgewogene Work-Life-Balance wichtiger ist als eine Führungsposition.

Die Sucht nach Angenehmem (Lass dich nicht gehen)

Eine der stärksten Triebfedern des menschlichen Daseins ist das Verlangen nach Angenehmem. Die hedonistische Lebensweise, also eine Lebensausrichtung, in der die Erfüllung der Lust im Mittelpunkt steht, wird von vielen Philosophen angeraten. Diese Lusterfüllung sieht man im Allgemeinen auch als zentrales Dogma des griechischen Philosophen Epikur (geb. 341 v. Chr.). Allerdings lehrt schon Epikur, dass diese Lusterfüllung immer unter Verwendung und Kontrolle des Verstandes im Sinne eines gesunden Mittelweges stattfinden soll. Unermessliches Verlangen kann blind machen und unsere Wahrnehmung trüben. Die Erkenntnis, dass wir in Wahrheit oft keine Kontrolle haben über das Kommen und Gehen in unserem Leben, kann uns auch zur Einsicht bringen, was uns wirklich wichtig ist im Leben und Verlangen und Gier verringern. In ein sogenanntes einfaches Leben können wir nur langsam hineinwachsen, der Konsumwunsch lässt sich nicht von heute auf morgen abstellen. Wir müssen erkennen, dass die Befriedigung, die uns die Erfüllung eines Konsumwunsches bietet, nur sehr kurzfristig andauert.

Loslassen (Vertraue auf dich)

Loslassen ist ein beliebtes Wort in der Lebensberatung, und dieses Loslassen geht meistens Hand in Hand mit dem Ratschlag, sich nicht zu binden. Mit Loslassen ist hauptsächlich das Loslassen von den Erwartungen gemeint. Von Erwartungen, die offensichtlich nicht erfüllt werden – oder werden können. Das Nicht-Loslassen-Können ist oft mit negativen Emotionen wie Angst, Trauer, Verzweiflung, Kränkung, Wut verbunden. Loslassen in diesem Sinne ist somit eine Anpassung an ein Ereignis oder eine Situation. Wir akzeptieren etwas, das wir offenbar nicht ändern können. Unter diese Art des Loslassens fallen die Weisheit der Akzeptanz und die Prämisse, das Leben nicht allzu ernst zu nehmen (siehe Humor), denn Ereignisse, auf die wir nicht wirklich Einfluss haben, können jederzeit eintreten und unser Leben krass verändern. Warum ist es oft so schwer, loszulassen? Einerseits ist es die Angst, Vertrautes zu verlieren, und andererseits macht die Ungewissheit, was nachfolgt, Angst.

In Indien wird jedes Jahr im letzten Monat des Jahres (Phalunga – bei uns im März) das farbenprächtige Holi-Fest gefeiert. Dieses Fest markiert nicht nur die Schwelle zum kommenden Jahr, es ist auch ein Fest der Besinnung. Besinnung auf das, was bleibt, wenn alles Vordergründige entfernt ist. Es ist Vergebung und Versöhnung. An Holi sollen die Herzen der Menschen offen sein und alte Streitigkeiten geklärt werden. Es ist die Zeit, um loszulassen, in jedem Sinn des Wortes. Dieser sehr schöne Festgedanke scheint es mir wert, übernommen zu werden, und wir alle sollten einmal jährlich ein Holi-Fest feiern, wo wir diesen Loslass-Gedanken internalisieren und ausüben.

Vertrauen ist aber auch hormonell gesteuert. Die Natur hat uns ein spezielles Hormon, das Oxytocin, mitgegeben, das als Bindungshormon gilt und für soziale Bindungen verantwortlich ist. Das Oxytocin regelt so die Bindung der Mutter an das Kind und auch die Partnerbindung. Es wird besonders stark in den ersten drei Jahren nach der Geburt eines Kindes gebildet, denn in diesem Zeitraum bedarf der Nachwuchs einer besonders starken Betreuung. So sorgt Oxytocin für Liebe und Sorge, steigert aber auch, wie jüngste Untersuchungen zeigen, das Vertrauen in fremde Menschen, indem es die Aktivität der Amygdala verringert. Oxytocin relativiert die aggressive Wirkung von Testosteron.

Resilienz – Widerstandsfähigkeit (Nütze Krisen aus)

In der Ökologie beschreibt Resilienz die Potenz eines ökologischen Systems, Störungen abzufedern, d.h. die Organisation, die vor der Störung bestand, wiederherzustellen. In der Psychologie trat dieser Begriff erstmals in Erscheinung, als man erkannte, dass Kinder, obwohl sie unter schwierigsten Verhältnissen (Armut, kriminelles Umfeld, Flüchtlingskinder) aufgewachsen waren, unbeirrt ihren Weg machten, ohne psychisch auffällig zu werden. Heute steht dieser Begriff ganz allgemein für die Stärke eines Menschen, Unbilden und Schicksalsschläge unbeschadet zu überstehen. Resiliente Personen haben die Überzeugung, dass sie es sind, die über ihr eigenes Schicksal bestimmen.

Heute versucht man die Prinzipien der Widerstandsfähigkeit zu erfassen und Lernsysteme aufzubauen, um sie wirkungsvoll für sich selbst einzusetzen. Diese Bewältigungsstrategien werden mit dem englischen Begriff „Coping“ bezeichnet. Prinzipiell geht es darum, die Hilflosigkeit, welche durch eine Krise entsteht und den Betroffenen glauben macht, ausgeliefert zu sein, zu bewältigen. Das höchste

Lernziel, das es zu vermitteln gilt, ist, dass der Betroffene seine Handlungsmöglichkeiten erkennt und wahrnimmt. Der Betroffene muss auch akzeptieren, dass es normal ist, dass die Krise zu einer vorübergehenden Beeinträchtigung seiner Leistungsfähigkeit führt. Im Chinesischen setzt sich das Schriftzeichen für Krise (wie-ji) aus den Zeichen für Gefahr und Chance zusammen. Die Krise kann somit zur Chance werden, seine Lebenssituation zu ändern, eine längst fällige Entscheidung zu treffen und dadurch zu einer Neuorientierung zu kommen. Dazu ist es notwendig, die Situation von verschiedenen Blickwinkeln aus zu betrachten. Selbstmitleid und Schuldzuweisungen haben hier nichts verloren, und es ist wichtig, aus der Opferrolle herauszugehen. Die Opfermentalität führt zu einer eingeschränkten Wahrnehmung und zu der Gefahr, Ratschläge anderer unreflektiert anzunehmen. Das führt zu einer Einschränkung der eigenen Handlungsfähigkeit und des Handlungswillens. Bevor eine Handlung gesetzt wird, ist es wichtig zu klären, welches Handlungsziel angestrebt werden soll, und dabei ist es notwendig, die eigene Situation umfassend, realistisch und unter Berücksichtigung objektiver Gesichtspunkte zu betrachten.

Faktoren, die die Widerstandsfähigkeit fördern, sind

- Fähigkeiten zur Selbstreflexion,
- emotionale Stabilität,
- Kontaktfähigkeit,
- Humor und
- die positive Erfahrung, frühere Krisen erfolgreich überwunden zu haben.

Außerdem sind Sinnkonzepte von Bedeutung (Familie, Glauben, Freundeskreis, Vorbilder).Viktor Frankl (1905–1997), der Vater der Logotherapie, beschäftige sich ausführlich mit dem Sinnbedürfnis des Menschen. Auch wenn sich die gewohnten Umstände radikal verschlechtern, ist es sinnvoll, ein Konzept zu haben, das dem Leben Sinnhaftigkeit gibt. Diese Sinnhaftigkeit kann eine soziale Leistung sein, eine Hingabe an eine Sache, mit der man besonders verbunden ist, oder eine spirituelle Absegnung. In Krisensituationen ist es außerdem sinnvoll, eine gewisse Akzeptanz dem Schicksal gegenüber zu haben, aber zu versuchen, in dieser Akzeptanz eine Lösung anzustreben. Das führt zu einer Zukunftsorientierung.

Es gibt nun erste naturwissenschaftliche Ergebnisse, die zeigen, dass resiliente Menschen längere Telomere haben (mit Telomeren werden die Enden der Chromosomen bezeichnet). Die Länge der Telomere gilt als ein Maß für die Lebenslänge, da bei jeder Zellteilung die Telomere verkürzt werden. Somit steht die Länge der Telomere in Verbindung mit einem gesunden Lebensstil, stressvollen Ereignissen und genetischer Prädisposition.

Massage (Lass dich fallen)

Die Massage gilt als eines der ältesten Heilmittel der Welt. Massagehandgriffe wurden vom chinesischen Kaiser Huáng Dì bereits 2600 v. Chr. beschrieben. Die indische Gesundheitslehre (Ayurveda) verwendete ebenso die Massage mit ätherischen Ölen als Heilverfahren. Über den griechischen Arzt Hippokrates (460–370 v. Chr.) kam sie schließlich nach Europa und wurde bei den Römern zur Rehabilitation von Gladiatoren eingesetzt. Die Massage geriet dann in Vergessenheit und wurde erst wieder im 16. Jahrhundert vom Alchimisten und Arzt Paracelsus (1493–1541) genutzt. Samuel Hahnemann (1755–1843) integrierte Massagen als therapeutische Ergänzung seiner Arzneibehandlungen in die Homöopathie. In dem mit „Massieren" überschriebenen Paragraphen 290 des *Organon der rationellen Heilkunde* (1810) empfahl er *„das sogenannte Massieren durch eine kräftige, gutmütige Person, welche den chronisch krank Gewesenen, der zwar geheilt, aber noch in langsamer Erholung begriffen ist und noch an Abmagerung, Verdauungsschwäche und Schlafmangel leidet, die Muskeln der Gliedmaßen, der Brust und des Rückens ergreift, sie mäßig drückt und gleichsam knetet. Dadurch wird das Lebensprinzip angeregt, in seiner Gegenwirkung den Tonus der Muskeln und ihrer Blut- und Lymphgefäße wieder herzustellen."* Heute wird die Massage von ausgebildeten Masseuren und Physiotherapeuten durchgeführt. Neben den therapeutischen Heilmassagen gibt es eine Reihe von Wohltumassagen. Massagen werden verwendet zur Steigerung der Durchblutung, zur Beeinflussung des vegetativen Nervensystems, psychischen Entspannung, Entspannung der Muskulatur, Schmerzlinderung und Reduktion von Stress.

Die klassische Massage verfügt über fünf Handgriffe, die aufgrund ihrer Wirkung in den unterschiedlichen Phasen einer Massage angewendet werden:

- Die Streichung ist die angenehmste und entspannendste Massageart, wobei während der Massage sanft Öl am ganzen Körper verteilt wird.
- Die Knetung oder Walkung wird hauptsächlich verwendet, um Verspannungen der Muskulatur und der darunter liegenden Unterhautbindegewebe zu lösen.
- Die Reibung, wo mit Fingerspitzen oder Handballen kreisende Bewegungen durchgeführt werden.
- Die Klopfung, wo durch schlagende Bewegungen der Tonus der Muskulatur verbessert wird.
- Die Vibration, wo durch vibrierende Bewegungen ein Muskelzittern erzeugt wird, das krampflösend wirken kann.

Das Massageangebot ist weitläufig und reicht von der Sportmassage über die schwedische Massage zu Shiatsu-Massagen, Thai-Massagen, Akoida-Massagen, Tempelmassagen bis hin zu erotischen Massagen (Tantra, Nuru, Tao).

Eine gezielte Anwendung dieser verschiedenen Massagetechniken wirkt schmerzlindernd und entspannend und ist wohl ein einfacher und generell zugängiger Weg zur Stressmilderung.

Die positive Wirkung auf eine Schmerzlinderung durch eine Massage ist vielfach wissenschaftlich bewiesen. Als Beispiel sei eine Studie von Campeau et al. angeführt, in der eine signifikante Verringerung des Schmerzniveaus durch eine Massage bei Patienten mit Radiotherapie nachgewiesen wurde. In einem extensiven Review fasste Tiffany Field die publizierten Studien über die positiven Auswirkungen einer Massagetherapie zusammen. Als übergreifende Veränderungen verringert eine Massage die Stressantwort, senkt die Spiegel der Stresshormone (Katecholamine, Cortisol), verringert Ängste und Depressionen und stimuliert die parasympathetische Reaktion.

Lachen, Humor (Sei heiter)

Das Wort Humor oder humor stammt aus dem Lateinischen (*humores*) und hat in seiner ursprünglichen Bedeutung wenig mit etwas Komischem zu tun, denn es wird mit Feuchtigkeit bzw. Flüssigkeit übersetzt. Im englischen Sprachgebrauch wird *humour* zur Beschreibung von Stimmung und Laune verwendet, beschreibt aber auch ein von den Normen und Konventionen abweichendes exzentrisches Verhalten. Dieses Abweichen von genormten Verhalten wird als „humourist" beschrieben, eine Person, die als skurril, seltsam und außergewöhnlich beschrieben wird. Sigmund Freud (1856–1939) bezeichnet den Humor als einen hochstehenden, gesunden Abwehrmechanismus (die siegreich behauptete Unverletzlichkeit des Ichs), der in der Lage ist, Schmerz in Freude zu verwandeln. Er meint, dass es im Witz und Scherz dem Menschen möglich ist, verdrängte sexuelle und aggressive Impulse zu unterdrücken. Diese Definition geht in Richtung des altbekannten Sprichwortes: „Humor ist, wenn man trotzdem lacht." Uns allen ist dieser Spruch bekannt, und trotzdem vergeht uns in vielen unerwarteten Situationen das Lachen. Der Spruch sagt aus, dass wir negative Situationen akzeptieren sollen und deutet eine Überlegenheit des Lachenden an, der eine Bereitschaft zur Heiterkeit zeigt, die selbst dann vorhanden ist, wenn es nichts zum Lachen gibt. (Zum Beispiel im Film *Alexis Zorbas*, da der Protagonist in dem Moment zu lachen beginnt, als die mühsam aufgebaute Materialseilbahn beim ersten Probebetrieb in sich selbst zusammenstürzt.) Humor ist hier eine Strategie, mit der stressreiche Situationen bewältigt werden können. Die „unglückliche Situation" wird in dem Fall eher als eine Herausforderung gesehen, die eine Neubewertung der Situation erfordert. Findet diese Neubewertung der Situation mit Humor statt, so ergibt sich eine neue Offenheit gegenüber dem Problem.

Humor ist aber mehr als Lachen oder Witze erzählen. Humor ist Teil einer Lebenseinstellung, es ist eine Geisteshaltung, nicht immer Probleme zu sehen. Humor senkt den Stress. Die Häufigkeit des Lachens nimmt mit dem Erwachsenwerden ab. Kinder lachen im Schnitt 400 Mal am Tag, Erwachsene nur noch circa 15 Mal. Ob es das Älterwerden selbst ist, durch das wir weniger zu Lachen haben, eine nachwirkende Erziehung zum „(funktions)tüchtigen" Menschen oder ob etwas Anderes ursächlich ist, untersteht der Spekulation. Es steht außer Zweifel, dass Sozialeinflüsse und frühe emotionale Erlebnisse eines Kindes emotionsspezifische Reaktionstendenzen prägen. Es stellt sich nun die Frage, ob Optimismus auch erlernbar ist. Laut dem Glücksforscher Martin Seligman kann man einem zehnjährigen Kind die Fähigkeit des optimistischen Denkens und Verhaltens beibringen, wodurch die Depressionsrate für die Zeitspanne der Pubertät sinkt. Erstrebenswerte Lern-(oder Lehr)inhalte sind Zukunftsorientierung, Hoffnung, Gewandtheit im Umgang mit Menschen, Mut, Arbeitsethik. Entscheidend ist es, eine optimistische Grundhaltung zu erreichen, auf Grund derer stressreiche Anforderungen durch vorhandene Fähigkeiten und Anstrengungen bewältigt werden können (Selbstwirksamkeitserwartungen, Resilienz – siehe oben).

Im Leben sind wir sehr oft mit negativen Ereignissen und Unglück konfrontiert, die uns in Situationen bringen, gegen die wir nichts unternehmen können. Bei diesen Problemen, denen wir sozusagen ausgesetzt sind, kann uns nur eine humorvolle Einstellung helfen, das für uns Negative zu akzeptieren. Dieser Zugang vermeidet unnötigen Stress. Somit kann Humor Stress abbauen und beugt damit Burn-out und Frustration vor. Eine positive Grundeinstellung gegenüber dem Leben versetzt einen in die Lage, den Augenblick zu genießen sowie auch widrigen Lebensumständen gelassen zu begegnen, sie leicht zu nehmen und ihnen eine positive Seite abzugewinnen. Darüber hinaus eröffnet ein humorvoller Zugang zu Problemen auch neue Lösungsansätze. Humor und Lachen können aber auch einen negativen Beigeschmack bekommen, wenn diese dazu verwendet werden, eine gewisse Überlegenheit und die Schwächen anderer zu demonstrieren.

Die Wissenschaft, die sich mit den Auswirkungen des Lachens beschäftigt, nennt man Gelotologie. Humor wird heute wissenschaftlich untersucht, und es gibt eine wissenschaftliche Gesellschaft, die ISHS (International Society for Humor Studies), die dazu jährlich internationale Kongresse abhält. Die Wissenschaft unterscheidet zwischen Erheiterung (als emotionale Reaktion auf humorige Reize), heiterer Stimmung und Heiterkeit als Temperamentsmerkmal. Heiterkeit steht aber auch im engen Zusammenhang zu Ernst und schlechter Laune, die mit der Auslösbarkeit von Erheiterung eng verbunden sind. Die Emotion Erheiterung wird den positiven Emotionen, insbesondere der Freude, zugeordnet und lässt sich als gelöste Erregung beschreiben, die Lust bereitet. Die Erheiterung kann durch das Lachen und Lächeln anderer (bewege dich möglichst in einer erheiternden Umgebung), aber auch durch Erinnern, Imagination oder Suggestion hervorgerufen werden. Der Grad der Potenz der Erheiterung ist aber auch von der (aktuellen) Stimmung und Geisteshaltung abhängig. Bei einer ernsten und nachdenklichen Stimmung ist die Induktion von Erheiterung erschwert und sonst erheiternd wirkende Reize können gegenteilig wirken. Allerdings ist die Erheiterung in der Lage, Zustände, die durch Unlust, Angst oder Spannung auftreten, zu unterdrücken oder abzuschwächen. Lachen wurde deswegen erfolgreich zur systematischen Desensibilisierung von Angst, zur Gegenkonditionierung von Ärgerreaktionen eingesetzt. Lachen und Humor dienen deswegen auch therapeutisch zur Stressbewältigung, Gesundheit, Genesung, Psychotherapie, zur Förderung der emotionalen und kognitiven Entwicklung.

Wie verhält es sich nun mit der schlechten Laune? Der Brockhaus definiert schlechte Laune wie folgend: „Schlechte Laune ist eine Gefühlslage, die im Gegensatz zu anderen Gefühlszuständen weniger zielgerichtet ist, länger andauert, die allgemeine Körperverfassung widerspiegelt und den gleichmäßigen Hintergrund anderer Erlebnisinhalte gibt." Niedergeschlagenheit kann schnell einen Einfluss auf die allgemeine Stimmung bekommen und zur Lebensgrundstimmung des Missmuts oder der Verdrossenheit führen, welche wiederum in Verzweiflung oder Depression enden können. Möglicherweise hat die schlechte Laune aber einen evolutionären Hintergrund, nämlich insofern, dass die schlechte Laune ihrer Umwelt mitteilt, dass etwas nicht in Ordnung ist – oder dass die schlechte Laune zum Anlass genommen wird, darüber nachzudenken, ob es nicht einer Änderung der derzeitigen Lebensumstände bedarf, um die Ursachen der negativen Beeinträchtigungen zu entfernen. Die schlechte Laune kann somit eine motivationale Funktion haben, sein Leben zum Besseren umzufunktionieren. Es scheint somit sinnvoll zu sein, eine immer wiederkehrende schlechte Laune als Motor einer notwendigen Veränderung zu sehen. Schlechte Laune unterscheidet sich insofern von Trauer, als zweiterer eine klare Ursache zugrunde liegt. Die schlechte Laune kann massiv die Lebensqualität beeinflussen, denn sie kann dazu führen, dass schon kleine Widrigkeiten als unüberwindbare Hindernisse erscheinen, was zu einem signifikanten Absenken der Leistungsfähigkeit führen kann. Mit diesem Hintergrundwissen ergibt sich die Anforderung, aus der schlechten Laune rauszukommen und möglichst viele positive Stimulatoren einzusetzen.

An vielen Arbeitsplätzen ist es verpönt, zu lachen, und ein ernstes Gesicht ist erwünscht. Dabei ist Humor eine starke soziale Komponente und kann die Interaktion innerhalb einer Gruppe maßgeblich bestimmen. Viele Studien haben gezeigt, dass Humor ein mächtiges Führungsinstrument ist, da es ein gutes Arbeitsklima schafft, Teamgeist, Kommunikation und Motivation fördert. Viele Führungskräfte haben Angst, dass Humor ihre Autorität untergräbt. Das Gegenteil ist der Fall. Ein Chef, der sich traut, Humor zu zeigen und lustig zu sein, erhöht sein emotionelles Führungsspektrum, sodass in Krisensituationen ernsthaftes Verhalten auch mehr Aufmerksamkeit erweckt. Eine interessante Einstellung zu Humor und Lachen ist bei einigen Stämmen der Amazonasindianer festzustellen. Dort wird derjenige zum Führer bestellt, der am besten tanzt, singt und lacht, weil man ihm zutraut, dass er im Krisenfall die größte Unterstützung bekommt. Mit anderen Worten: Humorvolle Chefs bringen durch ihre Vorbildhaltung die corporate identity leichter an Frau und Mann und tragen gleichzeitig zu einem Stress- und Spannungsabfall innerhalb ihres Aufgabengebietes bei.

Studien haben gezeigt, dass beim Lachen körpereigene Hormone, wie die Katecholamine Adrenalin und Noradrenalin, sowie Endorphine, die zu den endogenen Morphinen zählen, in den Blutkreislauf ausgeschüttet werden. Andere physiologische Effekte des Lachens sind eine Erhöhung des „guten Cholesterins", also des HDLs, eine Stärkung des Immunsystems, eine Verringerung der Entzündungproteine und ein Anstieg von antiviralen Botenstoffen, die die Vermehrung von Tumorzellen hemmen können. Humor scheint auch im Alter eine positive Wirkung im Ertragen von vielleicht nicht so angenehmen Lebenssituationen zu haben. Studien haben ergeben, dass es eine positive Korrelation von Gesundheitsstatus und humorvoller Lebenseinstellung gibt.

Wie so vieles im Leben, ist auch Humor erlernbar und trainierbar. Es gibt Lachseminare (www.bongard-trainings.at; www.lachyoga.at) und im Klinikbereich die cliniClowns (www.cliniclowns.at) und die roten Nasen (www.rotenasen.at).

Musik (Genieße den Klang)

Musik wird schon seit Jahrtausenden verwendet, um Wohlbefinden und Gesundheit zu stärken. Wer lässt sich nicht gerne in Musikklänge hineinfallen und kann über Musik sich und die Umwelt vergessen. Musik und Tanz sind in der Lage, Trancezustände herbeizuführen und dabei negative Emotionen abzubauen. Aus diesem Grund wurden Musik und Rhythmen wohl schon seit Urzeiten in der Welt der Schamanen zu Heilungszwecken eingesetzt. Im griechischen, römischen und arabischen Raum wusste man um die heilende Wirkung von Musik. Im 13. Jahrhundert waren in Ägypten in Krankenhäusern Musiker angestellt, um Kranke in schlaflosen Nächten zu trösten.

Die Deutsche Musiktherapeutische Gesellschaft sieht Musiktherapie als eine praxisorientierte Wissenschaftsdisziplin mit tiefenpsychologischen, verhaltenstherapeutisch-lerntheoretischen, systemischen, anthrosophischen und ganzheitlich-humanistischen Ansätzen. In der rezeptiven Musiktherapie nimmt der Patient die Musik, meistens abgespielt von einem Medium, passiv auf. In der aktiven Musiktherapie ist der Patient durch Spielen eines Instrumentes selbst beteiligt, wobei meistens Musikimprovisationen vorherrschen. Arbeitsfelder der Musiktherapie sind die therapeutische Behandlung von Kindern, Krebspatienten, von Intensivpatienten, von Patienten im Koma oder geriatrischen Patienten. Durchgeführt wird die Musiktherapie von dazu ausgebildeten Musiktherapeuten, die auf die Wünsche und Bedürfnisse der Patienten eingehen, denn der Musikgeschmack ist sehr unterschiedlich und nicht gewünschte Musik (mit)zuhören, kann eine Tortur sein.

In der aktiven Musiktherapie spielt der Therapeut verschiedene Musikstücke vor und beobachtet die Reaktion des Patienten. Er bespricht anschließend mit dem Patienten Gefühle und Emotionen, die der Patient während des Vorspielens bekommt. In der aktiven Musiktherapie bespricht und analysiert der Therapeut die Klangfolge mit dem Patienten.

Heute gibt es ausreichende Literatur, wie Musik oder Klänge (sounds) unser emotionales Hirn beeinflussen. Vor allem der Neurophysiologe Jaak Panksepp (geb. 1943) hat sich schon lange mit diesem Themenkreis befasst. Hier ist es vor allem das rhythmische Element, das unsere Emotionen anspricht. Die Musik ist in der Lage, Stressprozesse und Angstreaktionen zu verringern.

Musik spielt eine wichtige Rolle beim Tanz und begleitet hier gesellschaftliche Ereignisse und Riten, die vielfach dazu dienen, soziale Bindungen zu stärken. Denselben Hintergrund haben Feste und Feiern. Feste haben meistens einen kulturellen Hintergrund und führen wie das Spiel aus der Alltäglichkeit hinaus. Fest (lat. Fanum) verweist auf das Heilige, auf den Ort der Gottheit, wo der Alltag ausgegrenzt ist. Feste finden in einem örtlich und zeitlich abgesteckten Rahmen statt und vermitteln Fröhlichkeit und Freiheit. Da die Feste in Gruppen stattfinden, stärken sie das Gruppenzusammengehörigkeitsgefühl und vermitteln Sicherheit, Wohlstand und Ordnung. Feste sind aber auch eine Flucht aus der Wirklichkeit und führen zu einer Erhöhung der Festteilnehmer. Während des Fests kommt es zu einer Aufwallung der Gefühle und der im Alltäglichen notwendige Triebverzicht mit der Kontrolle der Affekte und die damit verbundene Nüchternheit gehen im Fest zugunsten starker Emotionen, die bis ins Rauschhafte gesteigert werden, auf. Sie können aber auch eine Machtdemonstration darstellen und ein Anzeigen der Hierarchien, wie sehr oft bei Familienfesten zu sehen ist. Da die Feste den Alltag und verhaftete Gedankenketten durchbrechen, sind sie ideal geeignet, um Stress abzubauen.

Der dahinter liegende biologische Mechanismus dieser gesellschaftlichen Riten ist möglicherweise eine verstärkte Ausschüttung der Neuropeptids Oxytocin in der Hypophyse, die gleichzeitig das Gedächtnis stärkt und dadurch die Erinnerung an ein spezifisches Gruppenerlebnis stabilisiert.

Bei gewissen Musikerlebnissen bekommen wir eine Gänsehaut als Reaktion des autonomen Nervensystems. Dieser Vorgang wird mit der englischen Begriff „Chill" bezeichnet und ist Zeichen eines hohen Erregungszustandes, der vom subjektiven Musikempfinden, von der Tonabfolge (überraschendes Fortissimo), aber auch von der emotionalen Empfindsamkeit des Hörers abhängt.

Beziehungen, Lust und Sexualität (Sei du selbst)

Was ist schöner als eine gute Beziehung, was ist schwerer, als diese am Leben erhalten? Was ist trauriger, als wenn sie sich davonschleicht? Beziehungen in Verbindung mit Liebe, Lust und Sexualität sind wesentliche Bestandteile unseres Lebens. Beziehungswelten sind beliebte Romanthemen und ernähren viele Lebensberater. Beziehungen mit Partner, innerhalb der Familie, im Berufsleben bestimmen wesentlich unser Wohlbefinden, aber auch unseren Stresszustand.

Bei einer Scheidungsrate von bis zu 50 Prozent (in städtischen Gebieten) entsteht der Eindruck, dass in unserem Kulturkreis in Bezug auf partnerschaftlich einiges schief zu laufen und ein enormes Erneuerungspotential zu bestehen scheint. Wir müssen umdenken und lernen, wie wir in unserer Gesellschaft, die sich absolute Freiheit auf ihre Fahnen geschrieben hat, mit dem Anderen oder den Anderen umzugehen haben. Die Anforderungen an Beziehungen werden immer größer und die Suche nach dem/der Märchenprinz/prinzessin offenbar immer schwieriger. Der Heidelberger Paartherapeut Arnold Retzer hat sich ausgiebig mit diesem Thema befasst und fasst die Probleme wie folgend zusammen: Die Partner sollen in der Beziehung völlig gleichberechtigt miteinander leben, dabei sollen sie frei sein und doch innig und harmonisch miteinander verbunden sein. Die Liebe soll ewig dauern und der Sex immer aufregend sein. In diversen Schriften (Illustrierte, Lebensberatungsbücher, esoterische Schiften) wird uns zudem weißgemacht, dass solche Erwartungen berechtigt seien. Der Partner soll offensichtlich das bieten, was in der Berufswelt, in der Familie oder von Freunden nicht kommt. Dahinter steht die Ansicht, alles sei machbar und alles ist zu haben. In Wirklichkeit ist aber vieles nicht steuerbar und einfach nicht vereinbar. Die Sehnsucht nach Geborgenheit und der Wunsch nach totaler Autonomie lassen sich einfach nicht unter einem Hut bringen. Freundschaften dauern manchmal länger als Ehen. Offenbar ist es ein Vorteil, freundschaftliche Verhältnisse in Ehen einzubringen. Das ist aber deswegen schwer, weil diese geänderte Beziehung meistens mit einem Verzicht einhergeht, der Unsicherheit hervorrufen kann. Jedoch kann Freundschaft eine Anhaftung und Kritik am Partner verringern und die Toleranz erhöhen. Einen Freund wird man nicht versuchen umzuerziehen, sondern ihn mit all seinen Eigenheiten akzeptieren. Vielleicht gelingt es so, Beziehungen und Ehen erfolgreicher zu führen. In diesem Kapitel können nur punktuell einige Ansätze dargestellt werden, wie in verschiedenen kulturellen Kontexten mit Lust und Sexualität umgegangen wird.

Askese, ein Wort aus dem Griechischen, bedeutet so viel wie Üben und Übungspraxis. In dieser Übungspraxis erhöht der Asket die Fähigkeit zur Selbstkontrolle, um seinen Charakter zu festigen. Das Ziel ist eine disziplinierte Lebensweise, die es ermöglicht, Gedanken und Triebe zu beherrschen. Der Asket verzichtet auf bestimmte Bequemlichkeiten und Genüsse, die für das Lebensideal hinderlich sind. Diese Askese reicht von Nahrungsverzicht, Schlafentzug, Besitzverzicht, Heimatlosigkeit, Zufügung von Wunden und körperlichen Schmerzen bis zur zeitweiligen oder dauerhaften sexuellen Enthaltsamkeit. Im spirituellen Bereich kommt oft noch der Gehorsam gegenüber einer spirituellen Autoritätsperson (Abt, Guru) dazu. Ein Motiv, sich einer Askese zu verschreiben, ist es, durch Übungen gegenüber den Wechselfällen des Lebens gewappnet zu werden.

Im hinduistischen-indischen Askeserezept spielen die Weltablehnung und die Befreiung von der materiellen Welt eine entscheidende Rolle. Bei den frühen Buddhisten galt völlige sexuelle Enthaltsamkeit. Der Zugang zur Sexualität ist im indisch-tibetischen Raum sehr unterschiedlich und reicht von sexueller Mäßigung und Enthaltsamkeit bis zu ausgefeilten Sexualpraktiken im Tantrismus.

Im Gegensatz zu dieser asketischen Enthaltsamkeit steht der shivaitische Tantrismus, dessen Wurzeln 7.000 Jahre zurück ins Indus-Tal und nach Kaschmir reichen. Tantrismus wird in unseren Breiten meistens mit verzwickten Sexualpraktiken in Verbindung gebracht, die im Kamasutra dargestellt werden. In der ursprünglichen Bedeutung bedeutet Tantra aber bewusst wahrnehmen und bewusst mit seinen Emotionen, Sehnsüchten und seiner Körperlichkeit umzugehen. Tantra ist stark weiblich orientiert, und die weibliche Göttin, Shakti, steht im Mittelpunkt. Dieser Shaktismus stand lange im Zentrum des Tantras (also eine uralte und erfolgreiche Art der fraulichen Emanzipation), allerdings wurden später die Texte umgeschrieben und das weibliche Attribut wurde zunehmend in den Hintergrund gestellt. Die Verkörperung der männlichen Energie ist Gott Shiva, für den symbolisch ein Lingam (Penis) verehrt wird. Es ist bei uns wenig bekannt, dass die Verehrung der Geschlechtsorgane auch in unserem Raum früher eine

bedeutende Rolle gespielt hat. Wenn Sie das nächste Mal vor dem Stephansdom in Wien stehen, dann achten Sie einmal auf die beiden Säulen neben dem Eingangsportal. Sie erblicken sie auf der linken Säule einen Phallus und auf der rechten Seite eine Vulva.

Daniel Odier, ein in Genf geborener Tantra-Meister, der jahrelang den Tantrismus in verschiedenen Gegenden Indiens studiert und praktiziert hat, beschreibt den tantrischen Ansatz folgendermaßen: „Unter Aufgabe aller Fixierungen geht es darum, ein der Welt zugewandter Mensch zu werden, lebendig, begehrend, leidenschaftlich und ohne auch nur die geringste Anmaßung, etwas anderes als ein spontanes Lebewesen zu sein."

Im antiken Griechenland spielte vor allem bei den Stoikern das asketische Üben eine herausragende Rolle. Die Beherrschung der Gedanken und Triebe sollte von der Tyrannei der wechselhaften Gemütszustände befreien. Angestrebt wurde die Apathie, also die Zurückdrängung destruktiver Gefühle wie Zorn, Neid, Furcht, Hass, und es sollte im Idealfall die Freiheit des Gemüts von jeder Erregung erreicht werden.

Der griechische Philosoph Epikur steht der Lust sehr differenziert gegenüber: „Ein lustvolles Leben ohne Vernunft, Anstand und Gerechtigkeit ist nicht möglich und umgekehrt ein vernünftiges, anständiges und gerechtes Leben nicht ohne Lust. Wem das nicht möglich ist, der kann nicht lustvoll leben." Er gesteht aber ein, dass die körperliche Lust – oder schon allein die Erwartung körperlicher Lust – Freude und Ruhe bringt.

Der Philosoph der Lebenskunst, Wilhelm Schmid (geb. 1953), gibt der Lust die Rolle, das Selbst in ihr aufzulösen und wieder neu zusammenzusetzen, also starr gewordene Formen des Selbst wieder in Bewegung zu bringen. Die Lust und die Sehnsucht nach Genuss mit dem Anderen, der als hinreißend schön und bejahend gilt, ermöglicht eine eigene Neugestaltung und Bereicherung. Fatalerweise trennt diese Sehnsucht die Individuen wieder voneinander, sobald das Zusammensein mit dem Anderen keinen Genuss mehr verspricht. Michel de Montaigne (1533–1592) redete sogar dem Exzess das Wort und riet, dass sich der junge Mensch sogar häufig dem Exzess hingeben soll, um mit ihm vertraut zu werden. Er fand, dass der Genuss der Lüste für Motivation und Intensität der Existenz steht.

Einen besonders radikalen Zugang zur Sexualität vertrat Charles Fourier (1772–1837), der mit allen Traditionen brach. Für Fourier war die Liebe in all ihren Erscheinungsformen die wichtigste aller Leidenschaften, eine Leidenschaft, die es auszuleben gilt. Er hielt die Liebessitten im 18. Jahrhundert für verlogen und falsch: „In der Zivilisation sind die Liebesbeziehungen, ganz wie die Politik, der Gipfel der Heuchelei. Alle unsere Sitten wie Ehebruch und Hahnreitum, bezahlte Prostitution, Prüderie der Greise, Falschheit der Mädchen und Zügellosigkeit der

Knaben sowie das geheime Luderleben aller Klassen beweisen, dass ein höherer Grad an Verderbtheit nicht möglich ist.“ Es scheint sich somit in den letzten zwei Jahrhunderten nichts Grundsätzliches geändert zu haben. Fourier fand, dass erfülltes Zusammensein eines Paares fast nur außerhalb der Ehe möglich sei. Er war gegen alle Arten der Unterdrückung und forcierte vehement die freie Liebe. Fourier unterschied zwischen der geistigen Liebe, der Herzensbildung, und der materiellen Liebe, der sexuellen Liebe. „Nicht die Vergnügungen sind schädlich, vielmehr die Seltenheit der Vergnügungen, woraus der Exzess entsteht.“ Er erfand eine Drehpunktliebe, eine Beziehung, zu der immer wieder zurückgegangen wird und bezeichnete diese Liebe als den Mittelpunkt der geistigen Liebe. Dieses wiederholte Zurückgehen bezeichnete er als transzendente Treue. Was Fourier hier vertrat, ist ein Zusammenleben der Paare in Harmonie, bei dem vom Partner kein Druck ausgeübt wird und ein enormes Verständnis für den Partner entwickelt wird, um dessen Bedürfnisse zu erfüllen. In diesem Zusammenhang kritisierte Fourier die Unfreiheit der Frau und er meinte, dass „der gesellschaftliche Fortschritt immer mit der zunehmenden Emanzipation der Frau zusammenhängt, und der Rückschritt der Völker seine Ursache in der Schmälerung der weiblichen Freiheiten hat.“

Partnerschaft, Lust und Sexualität sind ein sehr weites Feld mit vielen Zugängen. Der Weg reicht vom absoluten Narzissmus, der Selbstliebe, bis zum Altruismus, also der Selbstaufgabe. In diesem Spannungsfeld liegt auch die Problematik der Partnerschaft. Ein erträgliches Maß an Selbstbewusstsein und Selbstliebe (liebe dich selbst) hilft, um in dem Slalom von Erfolg und Misserfolg der Beziehungsprobleme bestehen zu können. Selbstbewusstsein ist eine der unabdingbaren Voraussetzungen für ein erfolgreiches Zusammenleben. Hier spielt auch der Stolz hinein, der uns hilft, in erniedrigenden Situationen diesen entgegenzutreten oder sie zu verkraften. Vor allem der authentische Stolz, der meistens das Ergebnis eines hart erarbeiteten Erfolges ist und sich vom aggressiven Stolz, der auf hochmütiger Verachtung, Feindseligkeit und Arroganz basiert, unterscheidet, ist hilfreich.

Stressfreies Leben in der Partnerschaft bedarf harter Arbeit, großer Toleranz, eines gesunden Maßes an Selbstvertrauen und des ununterbrochenen Versuches, den Partner zu verstehen. Die Leitlinien, nach denen wir unser partnerschaftliches Leben ausrichten und mit denen uns die Gesellschaft indoktriniert, scheinen nicht mehr zu stimmen, sonst wäre die Scheidungsrate nicht so hoch. Freude und Lust sind aber zentrale Eckpfeiler eines erfolgreichen Zusammenlebens, und wir müssen lernen, die Lebenslust in unser Alltagsleben erfolgreich einzubauen.

Abbildungsnachweis

www.pixelio.de: 4 (Konstantin Gastmann), 25 (birgitH), 28 (Gerd Altmann), 34 (Dieter Schütz), 42 (Cornelia Menichelli), 46 (Stephanie Hofschläger), 48 (Petra Bork), 50 (alt_f4), 52 (Jorma Bork), 54 (Günter Havlena), 57 (Jutta Wieland), 59 (Michael Grabscheit), 61 (Harry Hautumm), 69 (Uschi Dreiucker), 72 (Oliver Haja), 75 (BrandtMarke), 76 (Martin Müller), 88 (Alwin Gasser), 90 (SGS), 96 (Rainer Sturm), 99 (adel), 100 (BrandtMarke), 104 (Hubert Van Roy), 108 (Paul-Georg Meister), 110 (Rainer Sturm), 112 (Karin Jung), 114 (Linda Dahrmann), 115 (Olaf Schneider), 117 (Karina Sturm), 119 (Adolf Riess), 121 (Lupo), 126 (Jürgen Nießen), 133 (Rainer Sturm), 140 (Bernd Kasper), 149 (Regina Kaute), 150 (Bodo Schmitt), 152 (Dieter Schütz), 153 (SarahC.), 163 (M.E.), 165 (Monika Torloxten), 168 (david), 176 (gänseblümchen), 182 (Konstantin Gastmann), 189 (Dr. Stephan Barth), 190 (Daniel Stricker), 199 (Thomas Max Müller), 200 (Uwe Steinbrich), 202 (Rainer Sturm)

Hagen Schaub: 155

MEV: 178

PhotoAlto: 7, 14/15, 17, 37, 44, 81, 85, 87, 94, 103, 106, 124, 134, 136/137, 146, 156, 158, 171, 173, 181, 186, 193, 197, 205, 207

http://en.wikipedia.org: 35 (Blausen.com staff), 83 (Amber Rieder, Jenna Traynor, Geoffrey B. Hall)

Lisa Hahsler: 30

PhotoDisc: 195

http://de.wikipedia.org: 128 (Kyle Cassidy)

Digital Vision: 185